MY WRITING COACH

내신서술형 중3

FEATURES OF MY WRITING COACH

"영어의 활용 능력 향상에 초점을 맞춘 교육의 점층적 변화에 따라 서술형 문제에 대한 중요성이 날로 강조되고 있습니다. 객관식 문제의 해결 능력과는 달리, 서술형의 문제 해결을 위해서는 문법을 정확히 알고, 종합적으로 활용할 수 있는 능력이 필요하며, 단순 암기로는 해결할 수 없는 부분이 존재합니다. 따라서 서술형에서의 감점 요소와 요인은 다양하며 이에 따라 내신 등급에도 큰 영향을 미칠 수 있습니다.

〈EBS MY WRITING COACH〉의 목표는 서술형 문제 해결 능력의 100% 습득입니다. 학교 현장에서 내신 서술형에 실제로 출제되는 다양한 유형의 문제 분석을 통해 주요 문법 포인트별로 빈출 서술형 문제 유형이 정리되어 있으며, 문제 해결에 필요한 문법적, 구조적 학습과 단계별 학습이 가능하도록 설계되어 실질적인 학습 효과를 거둘 수 있습니다."

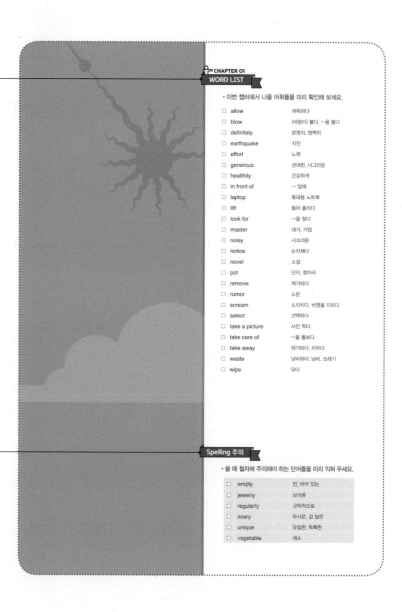

WORD PREVIEW

학습에 들어가기 전 미리 단어를 확인하여 학습의 효과를 최대화할 수 있습니다.

⌐ CHAPTER 01
WORD LIST

• 이번 챕터에서 나올 어휘들을 미리 확인해 보세요.

☐ allow	허락하다
☐ blow	(바람이) 불다, ~을 불다
☐ definitely	분명히, 명백히
☐ earthquake	지진
☐ effort	노력
☐ generous	관대한, 너그러운
☐ healthily	건강하게
☐ in front of	~ 앞에
☐ laptop	휴대용 노트북
☐ lift	들어 올리다
☐ look for	~을 찾다
☐ master	대가, 거장
☐ noisy	시끄러운
☐ notice	눈치채다
☐ novel	소설
☐ pot	단지, 항아리
☐ remove	제거하다
☐ rumor	소문
☐ scream	소리치다, 비명을 지르다
☐ select	선택하다
☐ take a picture	사진 찍다
☐ take care of	~을 돌보다
☐ take away	제거하다, 치우다
☐ waste	낭비하다; 낭비, 쓰레기
☐ wipe	닦다

틀리기 쉬운 단어

서술형에서 빈번한 감점 요인 중의 하나인 철자 오류에 대비하기 위해 틀리기 쉬운 철자를 미리 확인할 수 있습니다.

Spelling 주의

• 쓸 때 철자에 주의해야 하는 단어들을 미리 익혀 두세요.

☐ empty	빈, 비어 있는
☐ jewelry	보석류
☐ regularly	규칙적으로
☐ scary	무서운, 겁 많은
☐ unique	유일한, 독특한
☐ vegetable	채소

MY WRITING COACH

내신서술형 중3

| 교재 내용 문의 | 교재 내용 문의는 EBS 중학사이트 (mid.ebs.co.kr)의 교재 Q&A 서비스를 활용하시기 바랍니다. | 교 재 정오표 공 지 | 발행 이후 발견된 정오 사항을 EBS 중학사이트 정오표 코너에서 알려 드립니다. 교재학습자료 → 교재 → 교재 정오표 | 교재 정정 신청 | 공지된 정오 내용 외에 발견된 정오 사항이 있다면 EBS 중학사이트를 통해 알려 주세요. 교재학습자료 → 교재 → 교재 선택 → 교재 Q&A |

중학 내신 영어 해결사
MY COACH 시리즈

MY GRAMMAR COACH	기초편, 표준편
MY GRAMMAR COACH 내신기출 N제	중1, 중2, 중3
MY READING COACH	LEVEL 1, LEVEL 2, LEVEL 3
MY WRITING COACH 내신서술형	중1, 중2, 중3
MY VOCA COACH	중학 입문, 중학 기본, 중학 실력

서술형 필수 문법 & 빈출 유형 학습

UNIT 01 목적격보어로 명사, 형용사를 쓰는 동사

빈출 유형 보기 영작

우리말과 일치하도록 | 보기 에서 알맞은 동사를 골라 문장을 완성하시오.

보기

| find | keep | call | make |

이 코트가 널 매우 따뜻하게 유지해 줄 거야.

_____

문장력 UP!

주어 이 코트(This coat)

서술어 유지해 줄 거야(미래) → will keep

해석 5형식 ~을 …하게 유지해 주다
S+V+O+OC(매우 따뜻한)

필수 문법

| 1 | 동사 뒤에 목적어와 그 목적어를 설명하는 목적격보어가 있으면 5형식 문장이에요.

4형식	5형식
S+V+간접목적어+직접목적어	S+V+O+목적격보어
She made him a cake.	She made him a doctor.
him ≠ a cake	him = a doctor

* '목적어는 목적격보어다' 또는 '목적어가 목적격보어하다'의 관계

| 2 | 목적어와 목적격보어를 취하는 동사를 알아 두세요.

동사	동사+목적어	목적격보어	의미	목적어와 목적격보어 관계
call	call him	Hoy	그를 Hoy라고 부르다	him = Hoy
name	name him	Hoy	그를 Hoy라고 이름 짓다	him = Hoy
keep	keep the room	clean	그 방을 깨끗하게 유지하다	the room = clean
leave	leave the door	open	그 문을 열린 상태로 두다	the door = open
find	find the book	funny	그 책이 재미있다고 여기다	the book = funny
think	think him	funny	그가 웃긴다고 생각하다	him = funny
make	make him	angry	그를 화나게 만들다	him = angry
	make him	a doctor	그를 의사로 만들다	him = a doctor

* '목적어를 ~하게 만들다'라고 해서 목적격보어를 부사로 쓰지 않아요. 목적격보어는 명사나 형용사만 쓸 수 있어요.

빈출 유형 해결

해설
⊘ 주어, 동사, 목적어를 쓰고 미래 시제이므로 This coat will keep you(이 코트가 널 유지해 줄 것이다)까지 써요.
⊘ 목적어 뒤에 목적격보어로 형용사를 써서 you = (are) very warm의 관계를 나타내요. 우리말로 '~하게'라고 해서 부사를 쓰면 안 돼요.
정답 This coat will keep you very warm.

14 MY WRITING COACH 내신서술형 중3

---

① 빈출 유형

챕터에서 다루고 있는 문법 요목을 유닛별로 나누어 빈출 유형의 문제가 제시됩니다. 학습자들이 문제를 직접 해결해 볼 수 있도록 구성되어 있습니다.

② 문장력 UP

서술형 문제의 가장 기본적인 유형인 '문장 완성, 배열, 영작' 등의 문제를 풀 때, 문장의 성분을 이해하고 시제와 어순에 맞게 쓸 수 있게 하는 단서들이 〈문장력 UP(활용 능력 UP)〉 코너에 제시됩니다. 이로써 빈출 유형별로 문장을 쉽고도 정확하게 쓸 수 있습니다.

③ 필수 문법

문제 해결에 요구되는 필수적인 문법이 정리되어 있습니다. 제시된 빈출 유형을 해결하는 데 어떤 문법적 요소가 요구되는지를 필수 문법을 통해 확인하고 학습할 수 있습니다.

④ 빈출 유형 해결

빈출 유형의 풀이 과정 및 정답을 제시하여 학습자들이 직접 풀어 본 것과 비교해 볼 수 있고, 직접 풀지 않더라도 풀이 과정과 답을 보며 직접 풀이한 것과 같은 효과를 낼 수 있습니다.

FEATURES OF MY WRITING COACH

실전 유형으로 PRACTICE

❶ 빈출 유형 오답 풀이
(PRACTICE 01)

빈출 유형과 동일한 유형의 또 다른 문제와 오답을 보며, 어느 부분이 틀렸고 어떻게 써야 했었는지를 확인하며 학습할 수 있습니다.

❷ 빈출 유형 훈련
(PRACTICE 02-04)

빈출 유형과 동일한 유형의 다른 문제들을 직접 해결하며 배운 내용을 확인 학습할 수 있습니다.

❸ 다양한 서술형 유형 훈련
(PRACTICE 05-10)

해당 유닛에서 학습한 내용을 토대로 빈출 유형 이외의 다양한 유형을 직접 풀어 보며 완벽한 서술형 대비 학습이 가능합니다.

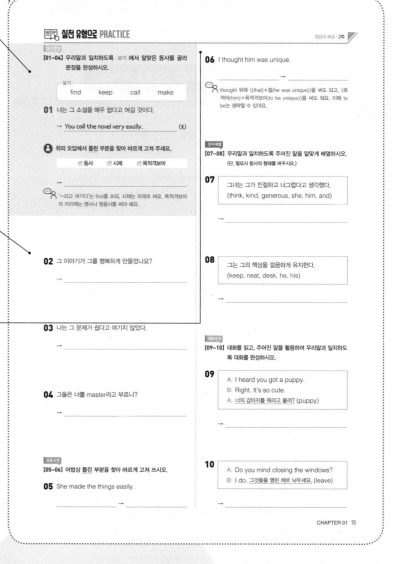

중간고사 · 기말고사 실전문제

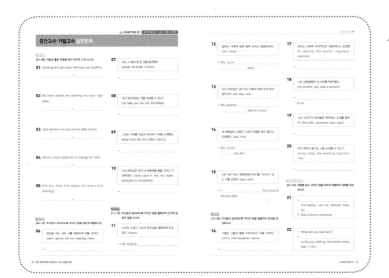

챕터별 실전문제를 제공하여 챕터에서 다룬 여러 유닛의 내용을 종합적으로 복습하고 확인 학습할 수 있을 뿐만 아니라, 학교별 중간고사 · 기말고사의 범위에 맞춘 학습도 가능합니다.

WORKBOOK

본책의 중간고사 · 기말고사 실전문제와 동일하게, 다양한 빈출 유형으로 챕터별로 추가 학습하여 실력을 다질 수 있습니다.

정답과 해설

정답과 함께, 문제 해결에 필요한 필수 문법 및 주의할 포인트를 확인 학습할 수 있습니다.

CONTENTS & STUDY PLAN

> 여러 가지 문법적 요소를 모두 고려하여 써야 하는 서술형 문제의 특성상, 문제가 중점적으로 요구하는 부분을 학습한 것을 토대로 해결하여 쓸 수 있어야 합니다. 이 과정에서 기본적이며 빈번하게 고려해야 하는 관사나 동사 형태 등에 대해 소홀하게 되어 감점을 받는 안타까운 상황이 많이 일어납니다. 본 교재를 학습하기에 앞서 서술형 문제에서 감점 없이 만점을 받는 데 필요한 너무나도 기본적이며 따라서 가장 중요할 수 있는 부분들을 인지하는 것이 실수를 줄이고, 학습의 동기 부여는 물론 학습의 효과를 극대화하는 결과를 가져올 것입니다.

1. 관사 어려운 문장을 잘 써 놓고 이것 때문에 감점을 받으면 가슴이 쓰리다.

우리말과 일치하도록 주어진 말을 활용하여 문장을 완성하시오.

> 내 아빠는 나에게 새 자전거를 가져다주셨다. (bring, bike, new)
> → My dad brought me new bike. (X)

☑ 시제: 동사 bring을 시제에 맞게 과거형 brought로 잘 썼어요.

☑ 어순: 4형식 긍정문 〈동사＋간접목적어(me)＋직접목적어(new bike)〉의 순서로 잘 썼어요.

☒ 관사: 셀 수 있는 단수 명사 bike에 대한 부정관사를 빼먹었어요!

  → My dad **brought me a new bike.** (O)

이 답을 쓴 학습자는 분명히 관사의 법칙을 알고 있을 것입니다. 하지만 직접 써야 하는 서술형 문제의 특성상 4형식 어순과 시제까지 신경을 쓰면서 답을 작성하다 보면, 이런 단순한 실수를 자주 하게 됩니다.

MUST CHECK 모든 명사는 항상! 관사가 필요한지 아닌지, 어떤 관사가 필요한지를 꼼꼼히 확인한다.

2. 전치사 의외로 많이 혼동되는 이것 때문에 감점을 받는 경우가 많다.

우리말과 일치하도록 주어진 말을 활용하여 문장을 완성하시오.

> 여기서 학교까지 뛰어가자. (run, here, to)
> → Let's run here to the school. (X)

☑ 표현: '～하자, ～합시다'라는 의미의 청유문이므로 Let's를 잘 썼어요.

☑ 동사: 〈Let's＋동사원형(run)〉으로 잘 썼어요.

☒ 전치사: '여기서 학교까지'는 '여기서부터 학교까지'라는 의미로 '～로부터'라는 전치사 from을 써야 해요.

  → **Let's run from here to** the school. (O)

이 학습자는 분명히 from의 의미를 알고 있을 것입니다. 하지만 우리말로 표현하지 않는 것들까지 영어로 써야 하는 서술형의 특성상 전치사를 잘못 쓰거나 빼먹는 경우들도 많이 발생합니다.

MUST CHECK 의미에 따라 어떤 전치사를 쓰는지를 알고, <전치사 + 명사>의 형태로 학습하도록 한다.

3. 동사의 현재형 3인칭 단수 주어에 맞는 동사의 현재형은 입이 닳도록 배우지 않았나? 그런데 꼭 틀린다.

대화를 읽고, 주어진 말을 활용하여 대화를 완성하시오.

> A: What does Susan do on weekends?
>
> B: <u>She enjoy playing tennis</u> with her dad. (tennis, enjoy, play) (**X**)

☑ 목적어: 동사 enjoy에 맞는 동명사 목적어(playing)를 잘 썼어요.

☑ 관사: 운동[경기] 앞에는 관사를 쓰지 않으므로 playing tennis로 잘 썼어요.

☒ 동사: 주어가 3인칭 단수이고 시제가 현재임에도 동사에 -(e)s를 붙이지 않았어요.

　　　→ **She enjoys playing tennis** with her dad. (O)

주어가 3인칭 단수일 때, 동사의 현재형은 -(e)s를 붙인다는 것을 여러 번 배웠지만, 막상 동사에 맞는 목적어의 형태와 명사의 관사 등을 신경 쓰다 보면 이런 실수를 하게 됩니다.

MUST CHECK 동사를 쓸 때는 반드시 주어와 시제를 확인해야 한다.

4. 동사의 과거분사형 암기하라고 할 때 암기했어야 했다. 모르면 절대 쓸 수 없는 불규칙 과거분사형!

대화를 읽고, 우리말과 일치하도록 주어진 말을 활용하여 대화를 완성하시오.

> A: Would he like some plants for his birthday?
>
> B: <u>그는 어떤 식물도 길러 본 적이 없어.</u> (grow, never, plants, any)
>
> 　→ <u>He has never growed any plants.</u> (**X**)

☑ 시제: 경험(~한 적 있다)을 나타내는 현재완료 시제를 주어에 맞게 〈has + 과거분사〉로 잘 썼어요.

☑ 부사: never를 조동사인 has와 과거분사 사이에 잘 썼어요.

☒ 과거분사: 현재완료 시제 〈has+과거분사〉에서 과거분사를 잘못 썼어요. grow는 규칙 변화하는 동사가 아니라 불규칙 변화하는 동사로, 불규칙 동사 변화는 꼭 암기해 두어야 해요.

　　　→ **He has never grown any plants.** (O)

시제 판단, 주어에 맞는 has, never의 위치 등 모든 것을 완벽하게 영작했으나, 정작 과거분사의 형태를 잘못 쓴 아쉬운 답이 되었습니다.

MUST CHECK 불규칙 동사 변화는 무조건 암기하라! 172~175쪽에 수록되어 있는 불규칙 동사 변화를 몇 번 보면 나름의 규칙성이 보인다.

5. 동사의 진행형 <be동사 + V-ing>라고 알고는 있지만, 꼭 be동사를 빼먹는다.

우리말과 일치하도록 주어진 말을 활용하여 문장을 완성하시오.

> 내가 그에게 전화했을 때, 그는 샤워하고 있었다. (call, a shower, take)
>
> → When I called him, he taking a shower. (X)

☑ 접속사와 부사절: 접속사 when과 when절의 시제(과거)까지 잘 썼어요.

☑ 표현: take a shower(샤워하다)를 정확하게 알고 있네요.

☒ 진행형: 과거 진행형이라는 것을 분명히 알고 썼지만, was(be동사)를 빼먹었어요.

　→ **When I called him, he was taking a shower.** (O)

이런 실수는 말이 안 된다고 생각할지 모르지만, 실제로 많은 학습자가 진행형의 be동사를 빼먹거나, be동사의 시제를 잘 못 쓰는 실수를 자주 하게 됩니다.

MUST CHECK 시제를 판단한 후에는, 반드시 동사의 형태를 확인해야 한다.

6. 의문문 & 부정문 기본이지만 어순을 생각하다 보면, 항상 시제 등의 기타 실수를 하게 된다.

대화를 읽고, 주어진 말을 활용하여 대화를 완성하시오.

> A: Is he call you last night? (call) (X)
>
> B: No. He doesn't call me last night. Why do you ask? (X)

☑ 의문문: 의문문은 동사를 주어 앞에 써야 한다는 것을 잘 알고 있네요.

☑ 부정문: 일반동사 부정문은 동사 앞에 〈조동사 do/does/did+not〉을 쓰는 것도 알고 있어요.

☒ 조동사: 의문문에서 조동사 do/does/did를 사용하지 않았고, 부정문에서는 시제가 틀렸어요.

　→ A: **Did he call** you last night? (O)

　　 B: No. He **didn't call** me last night. Why do you ask? (O)

막상 쓸 때는 의문문의 어순만 판단하고, be동사인지 일반동사인지를 구분하지 않는 경우들이 많습니다. 부정문은 don't 인지 doesn't인지를 판단하는 데만 집중하여 정작 시제를 놓치는 경우들도 있습니다.

MUST CHECK 의문문과 부정문은 어순 이외에도 주어, 동사, 시제를 모두 꼼꼼히 따져 보아야 한다.

[01]

목적격보어가 있는
5형식 문장

CHAPTER 01
WORD LIST

• 이번 챕터에서 나올 어휘들을 미리 확인해 보세요.

☐	allow	허락하다
☐	blow	(바람이) 불다, ~을 불다
☐	definitely	분명히, 명백히
☐	earthquake	지진
☐	effort	노력
☐	generous	관대한, 너그러운
☐	healthily	건강하게
☐	in front of	~ 앞에
☐	laptop	휴대용 노트북
☐	lift	들어 올리다
☐	look for	~을 찾다
☐	master	대가, 거장
☐	noisy	시끄러운
☐	notice	눈치채다
☐	novel	소설
☐	pot	단지, 항아리
☐	remove	제거하다
☐	rumor	소문
☐	scream	소리치다, 비명을 지르다
☐	select	선택하다
☐	take a picture	사진 찍다
☐	take care of	~을 돌보다
☐	take away	제거하다, 치우다
☐	waste	낭비하다; 낭비, 쓰레기
☐	wipe	닦다

Spelling 주의

• 쓸 때 철자에 주의해야 하는 단어들을 미리 익혀 두세요.

☐	empty	빈, 비어 있는
☐	jewelry	보석류
☐	regularly	규칙적으로
☐	scary	무서운, 겁 많은
☐	unique	유일한, 독특한
☐	vegetable	채소

01 목적격보어로 명사, 형용사를 쓰는 동사

빈출 유형 보기 영작

우리말과 일치하도록 |보기|에서 알맞은 동사를 골라 문장을 완성하시오.

┌ 보기 ┐
| find | keep | call | make |

이 코트가 널 매우 따뜻하게 유지해 줄 거야.

→ _____

> | 문장력 UP |
>
> [주어] 이 코트(This coat)
>
> [동사] 유지해 줄 거야(미래) → will keep
>
> [어순] 5형식 → ~을 …하게 유지해 주다
> S+V+O+OC(매우 따뜻한)

필수 문법

|1| 동사 뒤에 목적어와 그 목적어를 설명하는 목적격보어가 있으면 5형식 문장이에요.

4형식	5형식
S+V+간접목적어+직접목적어	S+V+O+목적격보어
She made him a cake.	She made him a doctor.
him ≠ a cake	him = a doctor

* '목적어는 목적격보어다' 또는 '목적어가 목적격보어하다'의 관계

|2| 목적어와 목적격보어를 취하는 동사를 알아 두세요.

동사	동사+목적어	목적격보어	의미	목적어와 목적격보어 관계
call	call him	Hoy	그를 Hoy라고 부르다	him = Hoy
name	name him	Hoy	그를 Hoy라고 이름 짓다	him = Hoy
keep	keep the room	clean	그 방을 깨끗하게 유지하다	the room = clean
leave	leave the door	open	그 문을 열린 상태로 두다	the door = open
find	find the book	funny	그 책이 재미있다고 여기다	the book = funny
think	think him	funny	그가 웃긴다고 생각하다	him = funny
make	make him	angry	그를 화나게 만들다	him = angry
	make him	a doctor	그를 의사로 만들다	him = a doctor

* '목적어를 ~하게 만들다'라고 해서 목적격보어를 부사로 쓰지 않아요. 목적격보어는 명사나 형용사만 쓸 수 있어요.

빈출 유형 해결

해설
- ☑ 주어, 동사, 목적어를 쓰고 미래 시제이므로 This coat will keep you(이 코트가 널 유지해 줄 것이다)까지 써요.
- ☑ 목적어 뒤에 목적격보어로 형용사를 써서 you = (are) very warm의 관계를 나타내요. 우리말로 '~하게'라고 해서 부사를 쓰면 안 돼요.

정답 This coat will keep you very warm.

보기 영작

[01~04] 우리말과 일치하도록 보기 에서 알맞은 동사를 골라 문장을 완성하시오.

| 보기 |
| find   keep   call   make |

01 너는 그 소설을 매우 쉽다고 여길 것이다.

→ You call the novel very easily. _____ (X)

위의 오답에서 **틀린** 부분을 찾아 바르게 고쳐 주세요.

☑ 동사   ☑ 시제   ☑ 목적격보어

→ _____

 '~라고 여기다'는 find를 쓰되, 시제는 미래로 써요. 목적격보어 의 자리에는 명사나 형용사를 써야 해요.

02 그 이야기가 그를 행복하게 만들었나요?

→ _____

03 나는 그 문제가 쉽다고 여기지 않았다.

→ _____

04 그들은 너를 master라고 부르니?

→ _____

오류 수정

[05~06] 어법상 틀린 부분을 찾아 바르게 고쳐 쓰시오.

05 His entrance made everyone silently.

_____ → _____

06 I thought him was unique.

_____ → _____

thought 뒤에 〈(that)+절(he was unique)〉을 써도 되고, 〈목 적어(him)+목적격보어(to be unique)〉를 써도 돼요. 이때 to be는 생략할 수 있어요.

단어 배열

[07~08] 우리말과 일치하도록 주어진 말을 알맞게 배열하시오. (단, 필요시 동사의 형태를 바꾸시오.)

07

| 그녀는 그가 친절하고 너그럽다고 생각했다. |
| (think, kind, generous, she, him, and) |

→ _____

08

| 그는 그의 책상을 깔끔하게 유지한다. |
| (keep, neat, desk, he, his) |

→ _____

대화 완성

[09~10] 대화를 읽고, 주어진 말을 활용하여 우리말과 일치하도 록 대화를 완성하시오.

09

| A: I heard you got a puppy. |
| B: Right. It's so cute. |
| A: 너의 강아지를 뭐라고 불러? (puppy) |

→ _____

10

| A: Do you mind closing the windows? |
| B: I do. 그것들을 열린 채로 놔두세요. (leave) |

→ _____

02 목적격보어로 to부정사를 쓰는 동사

우리말과 일치하도록 주어진 말을 알맞게 배열하시오.

> 그는 내가 이렇게 일찍 오기를 기대하지 않았다.
> (to, expect, he, come, early, didn't, me, this)

→ _____

┌─────────────────────────────────────┐
│ 🔍 | 문장력 UP | │
│ │
│ 주어 그(He) │
│ │
│ 동사 기대하지 않았다(과거) → didn't expect │
│ │
│ 어순 5형식 → ~가 …하기를 기대하다 │
│ S+V+O(me)+OC(to부정사) │
└─────────────────────────────────────┘

 | 1 | 동사 뒤에 목적어와 그 목적어를 설명하는 목적격보어로 to부정사를 쓸 수 있어요.

I want <u>him</u> to stay. 나는 <u>그가</u> 머물길 원한다.

I want <u>him</u> **not** to stay. 나는 <u>그가</u> 머무르지 않기를 원한다. * to부정사 앞에 not을 붙이면 부정의 의미가 돼요.

I asked <u>him</u> to stay. 나는 <u>그에게</u> 머물라고 부탁했다.

I told <u>him</u> **not** to stay. 나는 <u>그에게</u> 머물지 말라고 말했다.

| 2 | <u>목적격보어로 to부정사</u>를 취하는 동사들을 알아 두세요.

동사	목적어	목적격보어(to부정사)	의미	목적어와 목적격보어 관계
want			그가 머물기를 원하다	
tell			그에게 머물라고 말하다	
ask			그에게 머물라고 부탁[요구]하다	
order			그에게 머물라고 명령하다	him → stay
advise	him	to stay	그에게 머물라고 조언하다	그가 머무른다
expect			그가 머물길 기대[예상]하다	I → stay (×)
allow			그가 머무는 것을 허락하다	
get			그가 머물게 시키다	

| 3 | 목적어와 목적격보어가 <u>수동적 관계</u>이면 to부정사의 수동태인 〈to be + 과거분사〉로 써요.

I want the boxes (to be) removed. 나는 그 상자들이 치워지길 원해. * the boxes = be removed

┌──────┬──┐
│   │ **해설** │
│ 빈   │ ☑ '그는 기대하지 않았다'이므로 부정문으로 써야 하고, 시제는 과거이므로 He didn't expect로 써요. │
│ 출   │ ☑ 목적어와 목적격보어는 '내가 일찍 오기를(me to come)'이 되고, '이렇게 일찍'은 this early로 쓰면 돼요. │
│ 유   │ **정답** He didn't expect me to come this early. │
│ 형   │ │
│ 해   │ │
│ 결   │ │
└──────┴──┘

단어 배열

[01~04] 우리말과 일치하도록 주어진 말을 알맞게 배열하시오. (단, 필요시 형태를 바꾸시오.)

01

나는 그녀에게 나를 도와 달라고 말하지 않았다.
(help, tell, her, me, didn't, I, to)

→ I didn't help her tell to me.　　　　　　(X)

👤 위의 오답에서 <u>틀린</u> 부분을 찾아 바르게 고쳐 주세요.

☑ 동사　　　☑ 목적격보어의 형태

→ _____

💬👤 문장의 동사는 '말하지 않았다'로 써야 하며, tell의 목적격보어는 to부정사로 써서 to help ~가 되어야 해요.

02

그녀는 내가 그 나머지를 먹는 것을 허락하지 않았다. (to, allow, she, eat, the rest, me, didn't)

→ _____

03

나는 그녀에게 나를 돕지 말라고 말했다.
(tell, help, I, her, me, to, not)

→ _____

💬👤 〈tell+목적어+목적격보어(to부정사)〉로 써야 해요. 목적격보어 자리에 오는 '돕지 말라고'라는 의미가 되기 위해서는 to부정사 앞에 not을 쓰면 돼요.

04

우리는 그에게 우리를 공항에 데려다 달라고 부탁했다.
(ask, to, take, him, us, we, the airport, to)

→ _____

오류 수정

[05~06] 어법상 <u>틀린</u> 부분을 찾아 바르게 고쳐 쓰시오.

05 I asked them to not be noisy.

_____ → _____

06 He ordered us not going into the house.

_____ → _____

문장 완성

[07~08] 우리말과 일치하도록 주어진 말을 활용하여 문장을 완성하시오.

07

나는 네가 시간을 낭비하길 원치 않아.
(waste, want)

→ I _____ .

08

나는 그가 나를 이해할 거라고 기대하지 않았어요.
(expect, understand)

→ I _____ .

대화 완성

[09~10] 대화를 읽고, 우리말과 일치하도록 대화를 완성하시오.

09

A: Did anyone come into my room?
B: Me. I had to borrow your mirror.
A: <u>내 방에 들어오지 말라고 네게 말하지 않았니?</u>

→ _____

10

A: There are a lot of things to do.
I definitely need someone to help me.
B: <u>당신은 제가 당신을 도와주길 원하세요?</u>

→ _____

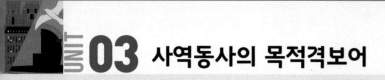

UNIT 03 사역동사의 목적격보어

다음 문장을 주어진 동사를 활용하여 뜻이 같은 문장으로 바꾸어 쓰시오.

> I said yes because of his efforts. (get)

→ His efforts _____ .

| 문장력 UP |

주어 His efforts(그의 노력)

동사 got → ~하도록 만들었다(과거)

어순 5형식 → ~가 …하도록 만들었다
S+got+O+OC(to부정사)

| 1 | 사역동사 make와 have는 목적격보어로 동사원형(원형부정사) 또는 과거분사를 써요.

사역동사	목적어와 목적격보어의 관계	예문	목적격보어의 형태
make / have	능동	I made[had] him close the door. 그가 문을 닫게 했다[시켰다]	동사원형 (him → close)
	수동	I made[had] the door closed. 그 문이 닫히게 했다[시켰다]	과거분사 (the door → closed)

| 2 | let, get, help의 목적격보어의 형태에 대해서도 잘 기억해 두세요.

사역동사	목적어와 목적격보어의 관계	예문	목적격보어의 형태
let	능동	I let him close the door. 그가 문을 닫게 했다(허락)	동사원형
	수동	I let the door be closed. 문이 닫히도록 했다(허락)	
get	능동	I got him to close the door. 그가 문을 닫게 했다[시켰다]	to+동사원형
	수동	I got the door closed. 문이 닫히도록 했다[시켰다]	과거분사
help	능동	I helped him (to) study. 그가 공부하는 걸 도왔다	(to) 동사원형
	수동	It helped him (to) be selected. 그가 선택받도록 도왔다	

* get은 형용사나 현재분사도 목적격보어로 쓸 수 있어요.
get my hands dirty 손을 더럽히다 / get things going 일이 돌아가게 하다

빈출
유형
해결

해설

☑ '그의 노력이 나를 예스라고 말하게 했다.'라고 바꿔 써야 하고, 문장의 시제가 과거이므로 동사를 got으로 써요.

☑ 주어, 동사, 목적어는 His efforts got me(목적어)가 되고, 그 뒤에 to부정사를 이용해 목적격보어를 to say yes라고 써요.

정답 got me to say yes

[01~04] 다음 문장을 주어진 동사를 활용하여 뜻이 같은 문장으로 바꾸어 쓰시오.

01

> Those boxes were removed because of me. (have)

→ I have those boxes to be removed.   (X)

👤 위의 오답에서 틀린 부분을 찾아 바르게 고쳐 주세요.

☑ 시제   ☑ 목적격보어의 형태

→ _____

💬 were removed(치워졌다)는 과거이므로 사역동사 have의 과거형인 had를 쓰고, 목적어와 목적격보어가 수동 관계이므로 목적격보어를 과거분사로 써요.

02

> He closed the door and I didn't stop him. (let)

→ _____

💬 사역동사 let(~가 …하게 놓아두다)의 과거형은 let이에요.

03

> I wiped the table by my mom's order. (make)

→ _____

04

> Sally was carrying her suitcase. So I helped her. (help)

→ _____

[05~06] 어법상 <u>틀린</u> 부분을 찾아 바르게 고쳐 쓰시오.

05 She got us stay home.

_____ → _____

06 She had us to stay home.

_____ → _____

[07~10] 다음 Sam이 지난주에 했던 일들을 적은 표를 보고, 주어진 동사를 활용하여 문장을 완성하시오.

Thursday	walk the dog
Friday	water the flowers in the pots
Saturday	go to a movie with his friends
Sunday	paint the door

07

> On Thursday, Sam's mom _____
> _____. (make)

08

> On Friday, Sam's mom _____
> _____. (have)

09

> On Saturday, Sam's dad _____
> _____. (let)

10

> On Sunday, Sam's dad _____
> _____. (get)

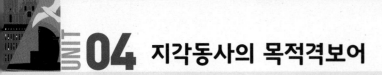

지각동사의 목적격보어

빈출 유형 **한 문장으로 쓰기**

다음 두 문장을 뜻이 같은 한 문장으로 바꾸어 쓰시오.

> They left the house. She didn't see them.

→ She didn't see _____.

┌─────────────────────────────────┐
│ **🔲 | 문장력 UP |**
│
│ **주어** She
│
│ **동사** didn't see(보지 못했다)
│
│ **어순** 5형식 → ~가 …하는 것을 보다
│   S+지각동사+O+OC
└─────────────────────────────────┘

 | 1 | '보다', '듣다', '느끼다' 등의 지각동사는 목적격보어로 <u>동사원형(원형부정사)</u> 또는 <u>현재분사</u>를 써요.

지각동사	목적어	목적격보어	의미
see			그가 들어오는 걸 보다
watch			그가 들어오는 걸 보다
look at			그가 들어오는 걸 보다
notice	him	come in / coming in	그가 들어오는 걸 눈치채다
hear			그가 들어오는 걸 듣다
listen to			그가 들어오는 걸 듣다
feel			그가 들어오는 걸 느끼다

* 진행 중임을 강조할 때는 지각동사의 목적격보어로 현재분사를 써요.

| 2 | 지각동사의 <u>목적어와 목적격보어가 수동적 관계</u>라면 목적격보어를 <u>과거분사</u>로 써요.

I saw <u>a box</u> thrown out of a car. 나는 상자가 차 밖으로 던져지는 걸 봤다.
They watched <u>him</u> taken away. 그들은 <u>그가 끌려가는 걸</u> 봤다.
I felt <u>myself</u> lifted up. 나는 나 자신이 들어 올려지는 걸 느꼈다.

┌──────────┬──┐
│   │ **해설**
│ **빈출** │ ☑ 주어진 두 문장을 한 문장으로 하면 '그녀는 그들이 떠나는 것을 보지 못했다.'로 써야 해요.
│ **유형** │ ☑ 주어, 동사, 목적어를 She didn't see them으로 쓰고, 그 뒤에 지각동사의 목적격보어로 동사원형(원형부정사)이나 현재분사를
│ **해결** │   써요.
│   │ **정답** them leave[leaving] the house
└──────────┴──┘

[01~04] 다음 두 문장을 뜻이 같은 한 문장으로 바꾸어 쓰시오.

01

> He shook his head. Sara noticed it.

→ Sara noticed he to shake his head . (X)

🧑 위의 오답에서 틀린 부분을 찾아 바르게 고쳐 주세요.

☑ 목적어 형태   ☑ 목적격보어 형태

→ Sara noticed _____ .

💬 목적어 자리에는 목적격 대명사를 써야 하며, 지각동사의 목적격보어는 동사원형(원형부정사) 또는 현재분사를 써요.

02

> A family was laughing loudly. He looked at them.

→ He looked at _____
_____

💬 주어진 문장에서 진행 시제를 써서 동작이 진행 중임을 강조하고 있어요. 그러니 한 문장으로 바꿔 쓸 때는 목적격보어로 현재분사를 쓰도록 해요.

03

> They knocked on the door. But he didn't hear it.

→ He didn't hear _____
_____

04

> Someone was coming toward her. She felt it.

→ She felt _____

[05~06] 어법상 틀린 부분을 찾아 바르게 고쳐 쓰시오.

05 I saw a baby carrying to a hospital.

_____ → _____

06 I heard the wind blown.

_____ → _____

[07~08] 우리말과 일치하도록 주어진 말을 알맞게 배열하시오.
(단, 문장의 동사의 형태를 바꾸시오.)

07

> 우리는 그가 걸어 들어오는 것을 봤다.
> (see, walking, we, him, in)

→ _____

08

> 나는 그가 그 성적에 대해 이야기하는 것을 들었다. (listen, talk, I, him, about, to, grade, the)

→ _____

[09~10] 대화를 읽고, 주어진 말을 활용하여 우리말과 일치하도록 대화를 완성하시오.

09

> A: I'm looking for Jason.
>   Have you seen him?
> B: He should be in this building.
>   나는 그가 들어오는 것을 봤어. (see)

→ _____

10

> A: Did you just shake the table?
> B: It wasn't me. It was an earthquake.
>   나는 땅이 흔들리는 걸 느꼈어. (the ground)

→ _____

중간고사·기말고사 실전문제

오류 수정

[01~05]. 어법상 틀린 부분을 찾아 바르게 고쳐 쓰시오.

01 Drinking enough water will keep you healthily.

_____ → _____

02 My mom asked me cleaning my room right away.

_____ → _____

03 Jack wanted me play soccer after school.

_____ → _____

04 Steve's uncle made him to change his mind.

_____ → _____

05 Did you hear him plays the piano this morning?

_____ → _____

단어 배열

[06~10] 우리말과 일치하도록 주어진 말을 알맞게 배열하시오.

06
> 장갑을 끼는 것은 너를 따뜻하게 만들 것이다.
> (warm, gloves, will, you, wearing, make)

→ _____

07
> 나는 그 병이 텅 빈 것을 발견했다.
> (empty, the bottle, I, found)

→ _____

08
> 내가 설거지하는 것을 도와줄 수 있니?
> (do, help, you, me, can, the dishes)

→ _____

09
> 그녀는 커피를 차갑게 유지하기 위해 노력했다.
> (keep, tried, she, the coffee, cold, to)

→ _____

10
> 나의 부모님은 내가 내 여동생을 돌볼 거라고 기대하셨다. (take care of, me, my sister, expected, to, my parents)

→ _____

빈칸 쓰기

[11~15] 우리말과 일치하도록 주어진 말을 활용하여 빈칸에 알맞은 말을 쓰시오.

11
> 그녀의 노래가 그녀의 부모님을 행복하게 만들었다. (make)

→ Her singing _____ _____ _____ _____.

12

엄마는 나에게 집에 일찍 오라고 말씀하셨다.
(tell, come)

→ My mom _____ _____ _____

_____ _____ early.

13

우리 부모님은 내가 9시 이후에 밖에 있게 하지
않으신다. (let, stay, out)

→ My parents _____ _____ _____

_____ _____ after 9 o'clock.

14

내 여동생이 나에게 그녀의 인형을 찾아 달라고
요청했다. (ask, find)

→ My sister _____ _____ _____

_____ her doll.

15

나는 네가 버스 정류장에서 버스를 기다리고 있
는 것을 보았다. (see, wait)

→ I _____ _____ _____ for a bus at
the bus stop.

문장 완성

[16~20] 우리말과 일치하도록 주어진 말을 활용하여 문장을 완
성하시오.

16

그들은 그들의 딸을 지민이라고 이름 지었다.
(Jimin, their daughter, name)

→ _____

17

의사는 그에게 규칙적으로 운동하라고 조언했
다. (advise, the doctor, regularly,
exercise)

→ _____

18

나는 남동생에게 내 사진을 찍게 했다.
(my brother, get, take a picture)

→ _____

of me.

19

그는 누군가가 바이올린 연주하는 소리를 들었
다. (the violin, someone, hear, play)

→ _____

20

내가 세탁기 옮기는 것을 도와줄 수 있니?
(move, help, the washing machine,
can)

→ _____

대화 완성 – 단어 배열

[21~22] 대화를 읽고, 주어진 말을 바르게 배열하여 대화를 완성
하시오.

21

A: _____
(her laptop, use, me, allowed, Kate,
to)
B: She is kind to everyone.

22

A: What did you see here?
B: _____
(a tall guy, walking, the jewelry shop,
saw, I, into)

[대화 완성 - 문장 완성]
[23~24] 대화를 읽고, 우리말과 일치하도록 대화를 완성하시오.

23

> A: Are you smiling at his paintings?
> B: Yes, I am. <u>그의 그림들은 나를 미소 짓게 만들어.</u>

→ His paintings _____.

24

> A: <u>너는 탁자가 흔들린 것을 느꼈니?</u>
> B: I felt it. It was shaking for 5 seconds. That was scary.

→ Did you _____?

[대화 완성 - 빈칸 쓰기]
25 다음 대화가 자연스럽도록 빈칸에 알맞은 말을 쓰시오.

> A: Did you tell him to leave?
> B: No. I told him _____ _____ _____.

[조건 영작]
[26~28] 우리말을 |조건|에 맞게 영작하시오.

26 ┤조건├
joke, make, laugh를 활용하여 6단어로 쓸 것

그녀의 농담이 나의 친구들을 웃게 만들었다.

→ _____

27 ┤조건├
see, run, park를 활용하여 7단어로 쓸 것

나는 미나가 공원에서 달리고 있는 것을 보았다.

→ _____

28 ┤조건├
tell, wear, skirt를 활용하여 9단어로 쓸 것

나의 언니는 나에게 그녀의 치마를 입지 말라고 말했다.

→ _____

[문장 전환]
[29~31] 다음 문장을 괄호 안의 지시에 맞게 바꾸어 쓰시오.

29

> Jason was angry because of my mistake. (동사 make 사용)

→ _____

30

> She got up early because of her mother's phone call. (동사 have 사용)

→ _____

31

> I bought some vegetables because of your advice. (동사 get 사용)

→ _____

[한 문장으로 쓰기]
[32~34] 다음 두 문장을 목적격보어가 포함된 한 문장으로 만드시오.

32

> • The chicken is burning.
> • I can smell it.

→ _____

33

> • People were screaming on the street.
> • I heard them.

→ _____

34

> • Bill was walking along the beach with his dog.
> • Cindy watched him.

→ _____

[35~37] 보기 와 같이 두 문장의 의미가 일치하도록 바꾸어 쓰시오.

┌ 보기 ┐
My aunt said to me, "You can have some cookies."
→ My aunt allowed <u>me to have some cookies</u>.

35

> Jim said to me, "Please open the window."

→ Jim asked _____ .

36

> The father said to his son, "Finish the homework in an hour."

→ The father ordered _____

_____ .

37

> Mr. Smith said to them, "Help your friends."

→ Mr. Smith advised _____ .

그림 영작

38 다음 그림을 보고, 주어진 말을 활용하여 문장을 완성하시오.

(many, make, in front of, nervous, speak)

→ _____

독해형

39 Brian이 친구 Tim에게 받은 다음 메시지를 보고, 질문에 대한 답변을 완성하시오.

> Brian, today is my sister's birthday. Why don't we have a party for her? Can you come to my house by 5 o'clock? It will be rainy this evening, so don't forget to bring your umbrella.

(1) Q: What did Tim ask Brain?

A: Tim _____ Brian _____

by 5 o'clock.

(2) Q: What was Tim's advice for Brian?

A: Tim _____ Brian _____ .

오류 수정 – 고난도

40 다음을 읽고, 틀린 문장 3개를 찾아 틀린 부분을 바르게 고쳐 쓰시오.

> (A) I want you to leave me be alone.
> (B) My classmates think the rumor false.
> (C) We all expected you not be late.
> (D) I looked at a spider came down from the ceiling.
> (E) A lot of people gathered around to watch a boy blowing bubbles.

	문장 기호	틀린 부분	고친 내용
(1)			
(2)			
(3)			

[02]

시제와 조동사

CHAPTER 02
WORD LIST

• 이번 챕터에서 나올 어휘들을 미리 확인해 보세요.

☐ complain	불평하다
☐ device	도구, 장치
☐ flight	비행
☐ get to	～에 도착하다, 닿다
☐ have dinner	식사하다
☐ laugh at	～을 비웃다
☐ miss	놓치다, 그리워하다
☐ move to	～로 이사 가다, 거처를 옮기다
☐ onion	양파
☐ order	주문하다
☐ plastic bag	비닐봉지
☐ restroom	화장실
☐ rude	무례한
☐ shout	고함치다, 외치다
☐ sometime	언젠가
☐ Spanish	스페인어; 스페인 사람[말]의
☐ station	역, 정거장, 부서, 본부
☐ stay up	안 자다
☐ subway	지하철
☐ super	최고의
☐ wait for	～을 기다리다
☐ wash	씻다, 닦다
☐ water-skiing	수상스키
☐ wear glasses	안경을 쓰다
☐ win first prize	일등상을 타다

Spelling 주의

• 쓸 때 철자에 주의해야 하는 단어들을 미리 익혀 두세요.

☐ apologize	사과하다
☐ appointment	약속
☐ argument	논쟁, 논의, 주장
☐ certain	확신하는, 어떤
☐ fault	잘못, 과실
☐ politician	정치가

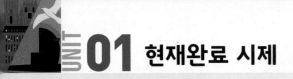 **01 현재완료 시제**

다음 두 문장을 현재완료 시제를 이용하여 한 문장으로 만드시오.

> • She can't call because she lost her phone.
> • And she doesn't have it now.

→ She _____.

 문장력 UP

주어 She → 3인칭 단수

동사 과거부터(잃어버렸다) 현재까지(없다)
　　　→ 현재완료 has lost

어순 She can't call because+S+V+O

 |1| 현재완료 시제(have/has+과거분사)는 과거부터 현재까지 걸친 여러 의미를 표현해요.

[계속] 과거부터 현재까지 '계속'되[하]는 일: '~해 왔다'

She has played tennis for 10 years. 그녀는 10년 동안 테니스를 쳤다[쳐 왔다].
* 과거 시제는 과거에 국한된 일만 표현해요. She played tennis yesterday. 그녀는 어제 테니스를 쳤다.

[경험] 과거부터 현재까지의 '경험': '~한 적이 있다'

She has played tennis just once. 그녀는 딱 한 번 테니스를 쳐 본 적이 있다.

[완료] 과거에 시작한 일이 현재 '완료'되었음: '방금/이미/막 ~했다', '아직 ~ 안 했다'

She has just/already arrived at the station. 그녀는 방금/벌써 역에 도착했다. * 출발 후 도착 완료
She has not arrived yet. 그녀는 아직 도착하지 않았다. * 출발 후 도착 완료 안 됨.

[결과] 과거에 발생한 일의 '결과'가 현재까지 이어짐: '~했다(그래서 지금은 …다)'

I have lost my bike. So I can't lend it. 나는 내 자전거를 잃어버렸다. 그래서 나는 그것을 빌려줄 수 없다.

|2| 현재완료 시제를 쓸지, 현재 또는 과거 시제를 쓸지는 같이 쓰이는 부사나 문맥을 통해 판단해요.

현재완료의 의미	같이 쓸 수 있는 말	현재완료의 의미	같이 쓸 수 있는 말
'~해 왔다' (계속)	for(~ 동안), since(~ 이후로), how long(얼마나 오래)	'~(완료)했다' (완료)	just(방금, 막), already(이미), yet(아직)
'~한 적 있다' (경험)	once(한 번), twice(두 번), before(전에), never(~한 적 없다)	'~했다 (그래서 지금은 …다)' (결과)	because(왜냐하면), so(그래서)

빈출 유형 해결

해설
☑ She can't call because까지는 그대로 쓰고, because 이하의 시제는 과거부터 현재까지 걸친 일을 표현하는 현재완료를 써요. 주어가 3인칭 단수(she)이므로 has lost가 돼요.
☑ because 이하를 주어, 동사, 목적어의 순으로 쓰면 문장이 완성돼요.

정답 can't call because she has lost her phone

한 문장으로 쓰기

[01~04] 다음 두 문장을 현재완료 시제를 이용하여 한 문장으로 만드시오.

01

> • Jina started studying Japanese 3 years ago.
> • She still studies it.

→ Jina have studied Japanese since 3 years. (X)

🧑 위의 오답에서 틀린 부분을 찾아 바르게 고쳐 주세요.

☑ 주어-동사의 수 일치   ☑ 전치사

→ _____

💬🧑 동사는 주어에 맞춰 has studied로 써야 하며, '3년 동안'은 〈for+시간(숫자)〉으로 쓰면 돼요.

02

> • He started painting it three days ago.
> • He still does it.

→ He _____.

03

> • I bought a bike two years ago.
> • I still use it.

→ I _____.

04

> • He began to live here five years ago.
> • He still lives in Korea.

→ He _____.

빈칸 쓰기

[05~06] 우리말과 일치하도록 주어진 말을 활용하여 빈칸에 알맞은 말을 쓰시오.

05

> 너는 한라산에 가 본 적이 있니?
> (ever, be, you, to)

→ _____ _____ _____
_____ Mt. Halla?

06

> 너는 무엇을 입을지 이미 결정했니?
> (decide, already)

→ _____ _____ _____ _____
what to wear?

문장 완성

[07~08] 우리말과 일치하도록 주어진 말을 활용하여 문장을 완성하시오.

07

> 나는 2년 동안 그를 도왔다. (help, for)

→ I _____.

08

> 그녀는 8살부터 그 가수를 좋아했다.
> (love, since, singer)

→ She _____ she was eight.

조건 영작

[09~10] 우리말을 조건에 맞게 영작하시오.

조건
– 괄호 안의 말들을 활용하여 7단어로 쓸 것
– 축약한 단어를 사용하지 않을 것

09 나는 미국에 가 본 적이 전혀 없다.
(never, be, the States)

→ _____

10 그는 그 집을 아직 떠나지 않았다. (yet, leave)

→ _____

빈출 유형 문장 완성

우리말과 일치하도록 주어진 말을 활용하여 문장을 완성하시오.

> 그녀가 도착했을 때, 그는 숙제를 이미 끝냈었다.
>
> (finish, already)

→ When she arrived, he _____.

 문장력 UP

주어 She / he

동사 도착했다(과거) → arrived
끝냈었다(대과거/과거완료)
→ finish의 과거완료형 had finished

어순 접속사+S+V, S+V+O

 필수 문법

| 1 | 더 먼 과거부터 과거까지 걸친 일은 과거완료 시제(had+과거분사)로 표현해요.

[계속] 더 먼 과거부터 과거까지 '계속'되[하]는 일: '~해 왔었다'

When I met her, she had played tennis for 10 years. * 만나기 10년 전부터 만났을 때까지 쳤었다.

[경험] 더 먼 과거부터 과거까지의 '경험': '~한 적이 있었다'

Before she met me, she had played tennis just once. * 만났을 때까지 딱 한 번 쳤었다.

[완료] 더 이전에 시작한 일이 과거에 '완료'되었음: '방금/이미/막 ~했었다', '아직 ~ 안 했다'

When I went there, he had just/already arrived. * 갔을 때(과거), 막/이미 도착해 있었다.
When I went there, he had not arrived yet. * 갔을 때(과거), 아직 도착하지 않았었다.

[결과] 더 먼 과거에 발생한 일의 '결과'가 과거까지 이어짐: '~했었다(그래서 그때는 …였다)'

I couldn't go because I had lost my bike. * 잃어버렸었고, 그래서 갈 수 없었다.

| 2 | 두 가지 과거의 일을 순서대로 쓸 때, 더 먼저 일어났던 일은 과거완료형으로 써요.

과거	과거	시점이 다른 과거의 두 가지 일
He went to bed.	He watched TV.	Before he went to bed, he had watched TV.
그는 잠자리에 들었다.	그는 TV를 봤다.	그는 잠자리에 들기 전, TV를 봤었다.

└→ had watched는 과거(went)보다 이전을 나타내는 '대과거'
라는 것을 알 수 있어요.

빈출 유형 해결

해설

☑ '도착했을 때(과거)' 그 이전에 '이미 끝냈었다(대과거)'이므로 과거완료 시제로 써요.

☑ have finished(현재완료형)에서 have를 had로 바꾸면 과거완료형이 돼요.

☑ homework(숙제)은 주로 정관사 the나 소유격(his)과 같이 써요.

정답 had already finished the[his] homework

문장 완성

[01~04] 우리말과 일치하도록 주어진 말을 활용하여 문장을 완성하시오.

01
> 그는 캐나다로 이사 가기 전에 은행에서 일했었다. (move, work)

→ Before he moved to Canada, <u>he has worked</u> <u>at bank</u>   . (X)

👤 위의 오답에서 틀린 부분을 찾아 바르게 고쳐 주세요.

☑ 시제   ☑ 관사

→ Before he moved to Canada, _____
_____.

💬 '이사 가다(과거)'보다 더 이전 상황인 '일했었다'는 과거완료 시제로 표현하고, 명사 bank는 부정관사 a가 필요해요.

02
> 내가 전화했을 때, 그녀가 막 돌아왔다.
> (come back, just)

→ When I _____, she _____
_____.

03
> 그녀는 Sam이 그녀에게 두 번 전화했었다는 것을 발견했다. (find, call, twice)

→ She _____ that Sam _____
_____.

04
> 나는 그녀를 만났던 적이 없어서 그녀에 대해 몰랐다. (meet, never)

→ I _____ about her because
I _____.

💬 완료 시제의 부정은 have/has/had 다음에 부정어 not이나 never를 쓰면 돼요.

오류 수정

[05~06] 어법상 틀린 부분을 찾아 바르게 고쳐 쓰시오.

05 The train already left when I arrived at the station.

_____ → _____

06 She noticed that the man is there since this morning.

_____ → _____

한 문장으로 쓰기

[07~08] 다음 두 문장을 과거완료 시제를 사용하여 한 문장으로 완성하시오.

07
> • Kate had no money.
> • She lost her wallet.

→ Kate _____
because _____.

08
> • I went to the beach.
> • I never saw a beach.

→ Before _____,
I _____.

도표 영작

[09~10] 다음 표를 보고, 빈칸에 알맞은 말을 쓰시오.

6:30 p.m.	My sister went out.
7:00 p.m.	I finished my homework.
7:30 p.m.	My mom and I had dinner.

09 When I _____ my homework, my sister _____ already _____ _____.

10 Before my mom and I _____ dinner, I _____ my homework.

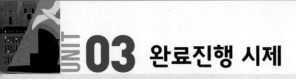

UNIT 03 완료진행 시제

다음 두 문장을 완료진행 시제를 이용하여 한 문장으로 만드시오.

> • He started building it 2 years ago.
> • And he is still building it.

→ He _____

문장력 UP

주어 He → 3인칭 단수

동사 과거(2년 전)부터 시작해서 현재에도 진행 중 → 현재완료진행: has been+현재분사

어순 S+V+O+전치사구 (for: ~ 동안)

| 1 | 과거에 시작된 일이 현재에도 진행 중임을 강조할 때는 〈have/has been + 현재분사〉의 현재완료진행 시제를 써요.

[과거] I started waiting 3 hours ago.

[현재진행] I am still waiting.

[현재완료] I have waited for 3 hours. 나는 3시간 동안 기다려 왔다.

[현재완료진행] I have been waiting for 3 hours. 나는 3시간 동안 기다리는 중이다.
└→ 완료 시제의 have를 쓰고, 뒤에 〈been+현재분사〉를 써요.

| 2 | 과거 이전에 시작되어 과거까지 진행 중임을 강조할 때는 〈had been + 현재분사〉의 과거완료진행 시제를 써요.

[과거완료] I had waited for 3 hours. 나는 3시간 동안 기다렸었다.

[과거완료진행] I had been waiting for 3 hours. 나는 3시간 동안 기다리는 중이었다.
└→ 완료 시제의 have의 과거형인 had를 쓰고, 뒤에 〈been+현재분사〉를 써요.

| 3 | 완료진행형의 형태에 주의하세요.

동사의 진행형	be동사+현재분사
동사의 완료형	have/has/had+과거분사
동사의 완료진행형	have/has/had been+현재분사

빈출 유형 해결

해설

☑ 동사는 과거부터 현재까지 걸쳐 있으면서도 현재 진행 중임을 강조하는 현재완료진행 시제인 have been building으로 써요.

☑ 주어에 맞게 has been building으로 쓰고, 목적어인 it(그것)을 써요.

☑ 2년 전에 시작하여 현재까지 계속되므로 전치사 for(~ 동안)를 써서 '2년 동안'을 표현해요.

정답 has been building it for 2 years

📖 실전 유형으로 PRACTICE

한 문장으로 쓰기

[01~04] 다음 두 문장을 완료진행 시제를 사용하여 한 문장으로 만드시오.

01
> • She started watching the news at nine.
> • And she was still watching it when I came back.

→ <u>She has been watched the news for nine.</u>   (X)

👤 위의 오답에서 <u>틀린 부분</u>을 찾아 바르게 고쳐 주세요.

☑ 시제에 맞는 동사 형태	☑ 전치사

→ _____

💬 '내가 돌아왔던' 시점 이전부터 보고 있었고, 그 시점에도 진행 중이었으므로 과거완료진행 시제(had been+현재분사)로 쓰고, 9시 이후 계속 보고 있으므로 전치사 since를 써요.

02
> • He started reading at noon.
> • He was still reading when I got back.

→ _____ since noon.

💬 '읽기 시작했던(대과거)' 것이 '돌아왔을 때(과거)'까지 이어지는 일이므로 과거완료진행 시제로 표현해요.

03
> • They moved in 2 years ago.
> • They're still living there.

→ They _____ 2 years.

04
> • She called him an hour ago.
> • She is still on the phone.

→ She _____ for an hour.

오류 수정

[05~06] 밑줄 친 부분 중 어법상 틀린 부분을 찾아 바르게 고쳐 쓰시오.

05 Amy <u>has been sick for 5 days</u> when I visited her.

_____ → _____

06 He <u>has been worked there for 10 years.</u>

_____ → _____

빈칸 쓰기

[07~08] 우리말과 일치하도록 주어진 말을 활용하여 빈칸에 알맞은 말을 쓰시오.

07
> 그들은 1시간 동안 불평을 하는 중이다.
> (complain)

→ _____ _____ _____ _____ for an hour.

08
> 우리는 2시간 동안 그 차를 씻고 있었다. (wash)

→ _____
_____ _____ for two hours.

대화 완성

[09~10] 대화를 읽고, 주어진 말을 현재완료진행 시제로 써서 대화를 완성하시오.

09
> A: The weather has been terrible.
> B: Yes, it _____ all day long. (rain)

10
> A: I didn't know you can speak Chinese this well.
> B: I _____ Chinese for three years. (study)

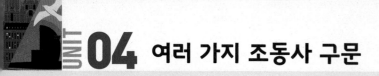

04 여러 가지 조동사 구문

빈출 유형 | 문장 완성

우리말과 일치하도록 주어진 말을 활용하여 문장을 완성하시오.

> 그녀는 그 도서관에서 공부하곤 했다.
> (study, library)

→ She _____

문장력 UP

주어 She

동사 ~하곤 했다(과거의 습관적 동작)
→ used to+동사원형

어순 S+V+전치사구

 | 1 | 기본 조동사 이외의 다양한 조동사 구문의 종류와 쓰임을 알아 두세요.

had better + 동사원형 '~하는 게 낫다'	You'd better not be rude to her. 넌 그녀에게 무례하게 하지 않는 게 낫다.	[축약] 'd better [부정] had better not [의문] Should I ~?
would rather + 동사원형 '차라리 ~하겠다'	I'd rather wait than come back. 저는 다시 오기보다는 차라리 기다리겠어요.	[축약] 'd rather [부정] would rather not [의문] Would you rather ~?
would like to + 동사원형 '~하기를 원하다'	I'd like to wait here. 저는 여기서 기다리길 원해요.	[축약] 'd like to [부정] would not like to [의문] Would you like to ~?

* would like to는 want to보다 정중한 표현이에요.

| 2 | '~하곤 했다'는 〈used to + 동사원형〉을 써요.

We used to meet here. 우리는 여기서 만나곤 했어.

He used to be a nurse. 그는 간호사였어.
└→ 과거의 상태는 '~이었다/~이 있었다'로 해석해요. → There used to be a tree here. 여기 나무 한 그루가 있었어.

* used to와 be used to를 잘 구별하여 사용해야 해요.

used to	+동사원형	~하곤 했다/~이었다/~이 있었다	We used to meet here.
be used to	+동사원형	~하기 위해 사용되다(use의 수동태)	It is used to cut trees.
be used to	+(동)명사	~에 익숙하다	I am used to wearing glasses.

빈출유형해결

해설

☑ 동사는 '공부하곤 했다'라는 과거의 습관적 동작이므로 〈used to+동사원형〉을 이용해서 써요. (be used to로 쓰지 않도록 주의)

☑ 주어, 동사 뒤에 '그 도서관에서'라는 전치사구를 써요. library 앞에 전치사 at과 정관사 the를 빼먹지 않도록 해요.

정답 used to study at the library

문장 완성

[01~04] 우리말과 일치하도록 주어진 말을 활용하여 문장을 완성하시오.

01

> 나는 그와 함께 앉느니 차라리 가지 않겠다.
> (with, go, than, sit, not)

→ I'd not rather to go than sitting with him. (X)

👤 위의 오답에서 **틀린** 부분을 찾아 바르게 고쳐 주세요.

☑ not의 위치   ☑ 동사 형태   ☑ 동급 비교

→ _____

💬 '차라리 ~하겠다'는 〈would rather+동사원형〉으로 쓰고, 그 부정은 동사원형 앞에 not을 써요. than 뒤에는 앞의 비교 대상과 같은 형태로 써야 해요.

02

> 넌 몸이 안 좋으면, 외출하지 않는 게 좋다.
> (go out)

→ If you're not feeling well, _____ .

💬 〈had better+동사원형〉 구문의 부정은 동사원형 앞에 not을 써서 '~하지 않는 게 낫다'의 의미로 나타낼 수 있어요.

03

> 저는 택시를 타느니 차라리 걷겠어요.
> (take, walk)

→ I _____ a taxi.

04

> 지금 주문하시겠어요?
> (order, like)

→ _____ now?

오류 수정

[05~08] 어법상 **틀린** 부분을 찾아 바르게 고쳐 쓰시오.

05 You hadn't better laugh at him.

_____ → _____

06 Would you rather have this than waiting for the next one?

_____ → _____

07 You'd better not to stay up.

_____ → _____

08 I would not rather stay here than be here with him.

_____ → _____

대화 완성

[09~10] 대화를 읽고, 우리말과 일치하도록 주어진 말을 활용하여 대화를 완성하시오.

09

> A: How can you sleep here? It's too cold here.
> B: 나는 여기서 자는 데 익숙해. (sleep)

→ I _____ here.

10

> A: What is this device for?
> B: It's a bottle-opener.
>   그건 이 병들을 여는 데 사용돼. (open)

→ It _____ these bottles.

💬 '~하는 데 사용되다'는 〈be used to+동사원형〉으로 써요. 동사원형 대신 (동)명사가 오면 '~에 익숙하다'의 뜻으로, 이 둘을 잘 구별해야 해요.

05 조동사 + have + 과거분사

빈출 유형 대화 완성

대화를 읽고, 우리말과 일치하도록 대화를 완성하시오.

> A: How was the exam?
> B: I didn't do well.
>   내가 더 열심히 공부했어야 했는데.

→ I _____ .

 문장력 UP

주어 I

동사 공부했어야 했다(과거 일에 대한 후회)
→ should have+과거분사

어순 S+V+부사(비교급)

필수문법

| 1 | 과거의 추측, 가능성, 후회 등을 나타낼 때 〈조동사 + have + 과거분사〉로 써요.

| [might+동사원형] | She might win. 그녀는 이길지도 모른다. * 미래 일에 대한 추측 |
| [might have+과거분사] | She might have won. 그녀는 이겼을지도 모른다. * 과거 일에 대한 추측 |

| [should+동사원형] | She should call. 그녀는 전화해야 한다. * 미래 일에 대한 충고 |
| [should have+과거분사] | She should have called. 그녀는 전화했어야 했다. * 과거 일에 대한 유감/후회 |

| [can+동사원형] | She can't win. 그녀는 이길 수 없다. * 미래 일에 대한 사실/추측 |
| [can have+과거분사] | She can't have won. 그녀는 이겼을 리가 없다. * 과거 일에 대한 추측/의심 |

| 2 | 조동사별로 그 의미 차이를 비교하며 기억해 두세요.

조동사 + have + 과거분사	의미
must have+과거분사	~했음이 분명하다(강한 추측)
may[might] have+과거분사	~했을지도 모른다(약한 추측)
can't[cannot] have+과거분사	~했을 리가 없다(강한 의심)
could have+과거분사	~할 수(도) 있었다(가능성/후회)
should have+과거분사	~했어야 했다(유감/후회)
shouldn't have+과거분사	~하지 말았어야 했다(유감/후회)

빈출 유형 해결

해설
☑ '~했어야 했다'는 과거 일에 대한 후회로 〈should have+과거분사〉로 표현해요.
☑ 주어, 동사를 I should have studied로 쓴 후, 그 뒤에 '더 열심히'를 비교급 harder로 쓰는 것에 주의하세요.

정답 should have studied harder

대화 완성

[01~04] 대화를 읽고, 우리말과 일치하도록 주어진 말을 활용하여 대화를 완성하시오.

01

> A: Is it true that Jane got a C?
> B: She's the smartest kid in the class.
> 그녀가 그 수학 시험에서 C를 받았을 리 없어.
> (get)

→ She can't get a C on math exam. (X)

😊 위의 오답에서 틀린 부분을 찾아 바르게 고쳐 주세요.

☑ 문맥에 맞는 조동사 표현   ☑ 관사

→ _____

💬 '~했을 리가 없다'는 과거의 일에 대한 강한 의심/추측으로 〈can't[cannot] have + 과거분사〉의 형태로 써야 하며, math exam 앞에는 정관사 the를 써요.

02

> A: Where is my phone?
> B: You were in the restroom.
> 넌 화장실에 그것을 두고 온 게 틀림없어. (leave)

→ _____

03

> A: Why did you tell her?
>   She is now angrier than before.
> B: 난 그녀에게 말하지 말았어야 했어. (tell)

→ _____

04

> A: Why isn't he coming?
> B: 그는 그 약속을 잊어버렸을지도 몰라.
>   (forget, the appointment)

→ _____

빈칸 쓰기

[05~06] 우리말과 일치하도록 주어진 말을 활용하여 빈칸에 알맞은 말을 쓰시오.

05 너는 어젯밤에 그 경기를 봤어야 했다. (watch)

→ _____ _____ _____ _____ the game last night.

06 너는 그에게 거짓말하지 말았어야 했다. (lie)

→ _____ _____ _____ _____ to him.

문장 완성

[07~08] 우리말과 일치하도록 주어진 말을 활용하여 문장을 완성하시오.

07 그녀가 졌을 리가 없다. (lose)

→ She _____.

08 그는 숙제를 끝마쳤던 것이 틀림없다. (finish)

→ _____ the homework.

오류 수정

[09~10] 대화를 읽고, 어법상 틀린 부분을 찾아 그 기호를 쓰고 바르게 고쳐 쓰시오.

> A: I heard Benjamin and Tom had a big argument the other night.
> B: (A) I shouldn't invite them.
> A: It's not your fault. (B) They should apologize to you.
> B: Do you think (C) Benjamin might say something rude to Tom that night?
> A: (D) Benjamin can't have done something like that. He is a super nice guy.

09 _____ → _____

10 _____ → _____

중간고사·기말고사 실전문제

오류 수정

[01~05] 어법상 틀린 부분을 찾아 바르게 고쳐 쓰시오.

01 Sally is sad because her dog has died 2 days ago.

_____ → _____

02 Tim has already finished his homework when I came home.

_____ → _____

03 She was not been using plastic bags for two months.

_____ → _____

04 You'd not better buy more chocolate.

_____ → _____

05 The flight from Paris should arrive an hour ago.

_____ → _____

단어 배열

[06~10] 우리말과 일치하도록 주어진 말을 알맞게 배열하시오.

06
> 나는 수상스키 타는 것을 한 번 시도해 본 적 있다. (tried, I, once, have, water-skiing)

→ _____

07
> 나는 가방을 버스에 두고 왔다는 것을 깨달았다. (the bus, had, found, I, left, my bag, that, on, I)

→ _____

08
> 나는 한 시간 동안 내 사촌 동생을 기다리고 있다. (my cousin, an hour, I, been, waiting for, have, for)

→ _____

09
> 나는 만원 지하철을 타느니 차라리 걷겠다. (take, would, than, a crowded subway, I, rather, walk)

→ _____

10
> 그는 어젯밤에 늦게 잠자리에 들었음이 분명하다. (must, last night, he, have, to bed, late, gone)

→ _____

빈칸 쓰기

[11~15] 우리말과 일치하도록 주어진 말을 활용하여 빈칸에 알맞은 말을 쓰시오.

11
> 형이 집에 도착했을 때, 우리는 이미 점심 식사를 마쳤었다. (come, finish)

→ When my brother _____ _____, we _____ _____ _____ _____.

12

그 소년은 이전에 무지개를 본 적이 없다.
(see)

→ The boy _____ _____ _____ a rainbow before.

13

우리는 오전 10시부터 계속 농구를 하고 있다.
(play)

→ We _____ _____ _____ _____ 10 a.m.

14

나는 달콤한 무언가를 먹고 싶다. (would, eat, like)

→ I _____ _____ _____ _____ something sweet.

15

그녀가 네 전화번호를 잊었을지도 모른다.
(may, forget)

→ She _____ _____ _____ your phone number.

문장 완성

[16~20] 우리말과 일치하도록 주어진 말을 활용하여 문장을 완성하시오.

16

나의 이모는 15년 동안 스페인어를 가르쳐 왔다. (Spanish, teach, my aunt, 15 years)

→ _____

17

너는 지금 당장 집에 가서 쉬는 게 좋겠다.
(go home, had better, get some rest)

→ _____

18

그 정치인은 정직했어야 했다.
(be, should, the politician, honest)

→ _____

19

나는 매주 토요일에 영화를 보곤 했다.
(a movie, watch, use, every Saturday)

→ _____

20

내 남동생은 숙제를 끝냈을지도 모른다.
(his homework, may, my brother, finish)

→ _____

대화 완성 – 단어 배열

[21~22] 대화를 읽고, 주어진 말을 바르게 배열하여 대화를 완성하시오.

21

A: Do you know why Kate is late?
B: _____
(must, she, have, her bus, missed)

22

A: _____
(ever, have, you, to Europe, before, been)
B: No, I haven't. I want to visit Paris.

[23~24] 대화를 읽고, 우리말과 일치하도록 대화를 완성하시오.

23

A: I shouted at my grandma.
B: 너는 그녀에게 소리치지 않았어야 했다.

→ You _____ .

24

A: Wow, your sister speaks French very well. Is she learning it?
B: Yes, she is. 그녀는 8년 동안 프랑스어를 배워 왔어.

→ She _____ .

대화 완성 - 빈칸 쓰기

25 다음 대화가 자연스럽도록 빈칸에 알맞은 말을 쓰시오.

A: What would you like to drink?
B: It's very cold outside. I _____
_____ _____ _____
something hot.

조건 영작

[26~28] 우리말을 |조건|에 맞게 영작하시오.

26
┤조건├
– classmate, play, soccer를 활용하여 9단어
로 쓸 것
– 현재완료진행 시제를 이용할 것

나의 반 친구들이 3시간 동안 축구를 하고 있다.

→ _____

27
┤조건├
arrive, event, already, finish를 활용하여 10
단어로 쓸 것

내가 학교에 도착했을 때, 그 행사는 이미 끝나 있었다.

→ _____

28
┤조건├
must, wash, dishes를 활용하여 7단어로 쓸 것

나의 삼촌이 설거지를 했음이 분명하다.

→ _____

문장 전환

[29~31] 다음 문장을 |보기|와 같이 괄호 안의 지시에 맞게 바꾸어 쓰시오.

┤보기├
It's certain that my mom made some onion soup for me. (조동사 must 사용)
→ My mom must have made some onion soup for me.

29 I'm sorry that I didn't listen to my teacher.
(조동사 should 사용)

→ I _____ .

30 I'm sure that Jessica lived in London.
(조동사 must 사용)

→ Jessica _____ .

31 It is possible that Chris won first prize.
(조동사 may 사용)

→ Chris _____ .

한 문장으로 쓰기

[32~34] |보기|와 같이 다음 두 문장을 한 문장으로 만드시오.

┤보기├
Sally started playing the piano two hours ago. She is still playing the piano.
→ Sally has been playing the piano for two hours.

32 The baby began to cry 30 minutes ago. He is still crying.

→ _____

33 Amy started living in Vancouver five years ago. She is still living in Vancouver.

→ _____

34 It began to rain last night. It is still raining.

→ _____

[35~37] 보기 와 같이 괄호 안에 주어진 접속사와 과거완료 시제를 이용하여 두 문장을 한 문장으로 만드시오.

보기
Charlie didn't have money. He lost his wallet. (because)
→ Charlie <u>didn't have money because he had lost his wallet.</u>

35
Daniel lived in New York. Then, he moved to Tokyo. (before)

→ Daniel _____.

36
Emily got to the theater. The movie already started. (when)

→ The movie _____.

37
Jim got angry. His sister broke his laptop. (because)

→ Jim _____.

38 다음 그림을 보고, 주어진 말을 활용하여 문장을 완성하시오.

(doing, two hours, her homework)

→ Nancy _____.

39 다음 Tim의 하루 일정을 정리한 표를 보고, 아래 문장을 완성하시오.

6 p.m.	I finished cleaning my room.
7 p.m.	My sister came home.
9 p.m.	My brother went to bed.
10 p.m.	I finished my homework.

(1) When my sister came home, I _____
_____.

(2) When I finished my homework, my brother
_____.

40 대화를 읽고, 틀린 문장 3개를 찾아 틀린 부분을 바르게 고쳐 쓰시오.

A: (A) I heard you can speak Spanish!
(B) Where did you learn it?
B: (C) I learned it in Cuba. (D) I used to living there.
A: (E) Wow, you must had a great time.
B: (F) Yes. Cuba is a beautiful country.
A: (G) I would like visiting there sometime.

	문장 기호	틀린 부분	고친 내용
(1)			
(2)			
(3)			

CHAPTER

[03]

부정사/동명사

CHAPTER 03
WORD LIST

• 이번 챕터에서 나올 어휘들을 미리 확인해 보세요.

☐	a little	약간
☐	a lot of	많은
☐	article	기사
☐	by oneself	혼자서
☐	concentrate	집중하다
☐	confuse	혼란시키다, 당황하게 하다
☐	convenience store	편의점
☐	each other	서로
☐	feed	먹이를 주다
☐	fit	맞다, 적합하다
☐	fix	고치다, 수리하다
☐	for a minute	잠시 동안
☐	for oneself	혼자 힘으로
☐	go on a trip	여행을 가다
☐	gym	체육관
☐	hurry	서두름; 서두르다
☐	information	정보
☐	keep one's promise	약속을 지키다
☐	overcome	극복하다
☐	persuade	설득하다
☐	politics	정치, 정치학
☐	rent	빌리다
☐	semester	학기
☐	stray cat	길고양이
☐	succeed	성공하다

Spelling 주의

• 쓸 때 철자에 주의해야 하는 단어들을 미리 익혀 두세요.

☐	disappointed	실망한
☐	ingredient	재료, 성분
☐	quit	그치다, 그만두다
☐	silly	어리석은
☐	thirsty	목마른
☐	weigh	무게가 ~이다, ~의 무게를 달다

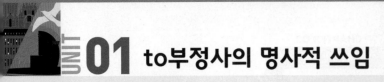

UNIT 01 to부정사의 명사적 쓰임

빈출 유형 | 조건 영작

우리말을 |조건|에 맞게 영작하시오.

┌ 조건 ┐
- 가주어, 진주어, 의미상 주어를 쓸 것
- wise를 쓸 것

그녀가 오지 않은 것은 현명했다.

→ _____

 문장력 UP

주어 진주어(오지 않은 것), 의미상 주어(그녀가)

동사 ~였다(be동사/과거) → was/were

어순 가주어(It)+be동사+형용사+[for/of+의미상 주어]+to부정사(진주어)

| 1 | to부정사는 명사의 역할을 하여 **주어나 보어 역할**을 할 수 있어요.

주어 역할	보어 역할
To read a book every day is important.	My plan is to read a book every day.
매일 책을 읽는 것은 중요하다.	나의 계획은 매일 책을 읽는 것이다.

* to부정사 주어는 단수 취급하여, be동사는 is/was를 쓰고, 일반동사 현재형은 -(e)s를 붙여요.

| 2 | to부정사가 주어인 경우, 주로 가주어 it을 주어 자리에 쓰고 to부정사는 **문장 뒤에** 써요.

It is not healthy to eat fast food.

It is impossible not to eat fast food.
└→ 가주어: 의미 없음   └→ 진주어(to부정사)

| 3 | to부정사의 행위자를 의미상 주어라고 하며, to부정사 앞에 〈for/of + 목적격(행위자)〉로 써요.

It is not healthy for them to eat fast food. * to eat의 행위자는 them

It is impossible for me not to eat fast food. * not to eat의 행위자는 me

* 사람의 성품이나 성격을 나타내는 형용사를 쓰는 경우에 의미상 주어는 〈of+목적격(행위자)〉를 써요.

It is kind of you to help them.
└→ kind, wise, nice, generous, polite, rude, brave, careful, silly, stupid, foolish 등

빈출 유형 해결

해설
- ☑ 문장의 진짜 주어는 '오지 않은 것'으로 not을 써서 not to come이 되며, to부정사의 행위자인 의미상 주어는 '그녀'예요.
- ☑ 형용사 wise를 써야 하므로 의미상 주어는 of her로 써요.
- ☑ 가주어 it을 사용하여 문장을 시작하고 to부정사(진주어)를 뒤에 쓰고, 시제는 과거로 써야 해요.

정답 It was wise of her not to come.

📘 실전 유형으로 PRACTICE

조건영작

01 우리말을 |조건|에 맞게 영작하시오.

┌ 조건 ┐
- 가주어, 진주어, 의미상 주어를 쓸 것
- others, kind, important를 쓸 것

네가 다른 사람들에게 친절하게 하는 것이 중요하다.

→ It was important of you to kind to others. (X)

🧑 위의 오답에서 **틀린** 부분을 찾아 바르게 고쳐 주세요.

☑ 시제　　☑ 전치사　　☑ 진주어

→ _____

💬🧑 시제는 현재로 쓰고, 진주어는 to부정사 형태의 to be kind가 되어야 해요. 형용사 important를 쓸 때 의미상 주어는 전치사 for를 써서 나타내요.

조건영작

[02~04] 우리말을 |조건|에 맞게 영작할 때 빈칸에 알맞은 말을 쓰시오.

┌ 조건 ┐
- 가주어, 진주어, 의미상 주어를 쓸 것
- 괄호 안에 주어진 말을 사용할 것

02 네가 아무 말 하지 않고 떠난 것은 좋지 않았어.
(leave, nice)

→ _____ without saying anything.

03 그들이 언쟁하는 것은 필수적이다.
(necessary)

→ _____ to argue.

04 내가 그녀를 설득하는 것은 불가능했어.
(persuade, impossible)

→ _____ her.

오류 수정

[05~06] 어법상 **틀린** 부분을 찾아 바르게 고쳐 쓰시오.

05 It was silly for you to fight with him.

_____ → _____

06 It was rude to not keep your promise.

_____ → _____

💬🧑 to부정사를 부정할 때는 to 앞에 not을 써요.

단어 배열

[07~08] 우리말과 일치하도록 주어진 말을 알맞게 배열하시오.

07
┌─────────────────────────────┐
그가 그 시험을 통과하는 것은 어렵지 않았다.
(hard, was, to, him, not, pass, for)
└─────────────────────────────┘

→ It _____ the exam.

08
┌─────────────────────────────┐
네가 그 아이를 도운 것은 친절했어.
(was, kid, help, you, kind, to, the, of)
└─────────────────────────────┘

→ It _____.

문장 전환

[09~10] 다음 문장을 주어진 말을 사용하여 뜻이 같은 문장으로 바꾸어 쓰시오.

09
┌─────────────────────────────┐
He couldn't reach the top. (difficult, it)
└─────────────────────────────┘

→ _____

10
┌─────────────────────────────┐
They help people in need. (generous, it)
└─────────────────────────────┘

→ _____

빈출 유형 **단어 배열**

우리말과 일치하도록 주어진 말을 알맞게 배열하시오.

> 너는 이야기할 사람을 찾아야 해.
> (to, to, to, find, someone, have, talk)

→ You _____

 문장력 UP

주어 You(너는)

동사 찾아야 한다(have to+동사원형)

어순 S+V+O+to부정사
              ↳~할

 필수 문법

| 1 | to부정사는 '~하는', '~해야 할'이라는 의미로 명사를 수식(형용사 역할)할 수 있어요.

I have five <u>books</u> to read. 나는 읽어야 할 다섯 권의 책이 있다.
        ↳ 명사 books를 뒤에서 수식해요. '읽어야 할 책'

There are two <u>ways</u> to get there. 거기에 도착하는 두 가지 방법[길]이 있다.
           ↳ 명사 way를 뒤에서 수식해요. '도착하는 방법'

| 2 | -thing, -one[body]로 끝나는 명사를 쓸 때는 <u>수식하는 말들의 순서에 주의</u>하세요.

I need <u>something</u> to drink ~~sweet~~. (×)
I need <u>something</u> warm to drink. (○) * 〈-thing/-one[body]+형용사+to부정사〉의 순서로 써요.

| 3 | 수식받는 명사가 to부정사의 동사구에 쓰인 전치사의 목적어라면 전치사를 꼭 써야 해요.

You can <u>sit on a chair</u>.
I need <u>a chair</u> to sit. (×) * sit a chair (×)
I need <u>a chair</u> to sit on. (○) * sit <u>on</u> a chair (○)

* 〈명사+to부정사+전치사〉의 표현들을 알아 두세요.

장소+to stay/live in	머물/살 (장소)	사람+to talk to/with	이야기할 (사람)
사람/동물/일+to take care of	돌볼 (사람/동물/일)	일/문제+to think about	생각할 (일/문제)

빈출 유형 해결

해설
- ☑ 동사는 have to find로 쓰고 목적어를 someone(누군가)으로 써요.
- ☑ someone을 수식하여 '이야기할 사람'으로 쓰기 위해서 to부정사를 형용사적으로 사용해요.
- ☑ talk someone이 아니라 talk to someone이므로 someone to talk to와 같이 talk 다음에 전치사 to를 꼭 써야 해요.

정답 have to find someone to talk to

단어 배열

[01~04] 우리말과 일치하도록 주어진 말을 알맞게 배열하시오.

01

> 그는 우리에게 써야 할 주제를 주었다.
> (a topic, gave, about, us, write, to)

→ He _gave about a topic us to write._ (X)

👤 위의 오답에서 틀린 부분을 찾아 바르게 고쳐 주세요.

> ☑ 간접목적어의 위치   ☑ 전치사의 위치

→ He _____ .

💬 '～에게 …을 주었다'는 4형식으로, 동사 뒤에 '～에게+…을'의 순서로 써요. 의미상 write about a topic이므로, a topic을 수식하는 to부정사는 to write about으로 써요.

02

> 나는 시원한 마실 것이 필요해.
> (need, cold, drink, to, I, something)

→ _____

💬 something을 수식하는 형용사가 있으므로 〈something cold+ to부정사〉로 써요.

03

> 이것이 그걸 해결하는 유일한 방법이야.
> (is, only, this, solve, way, the, to, it)

→ _____

04

> TV에 재미있는 볼 것이 하나도 없다.
> (nothing, watch, is, on, there, TV, to, interesting)

→ _____

오류 수정

[05~06] 어법상 틀린 부분을 찾아 바르게 고쳐 쓰시오.

05 Do you have a pen to write?

_____ → _____

06 Do you want sweet something to eat?

_____ → _____

단어 배열

[07~08] 우리말과 일치하도록 주어진 말을 알맞게 배열하시오.
(단, 동사의 형태를 바꾸시오.)

07

> 너는 시험공부를 할 충분한 시간이 있었다.
> (have, study, time, enough, to)

→ You _____ for the exam.

08

> 그는 이 문제를 논의할 친구가 없다.
> (friends, discuss, have, problem, with, to, this, no)

→ He _____ .

대화 완성

[09~10] 대화를 읽고, 우리말과 일치하도록 주어진 말을 활용하여 대화를 완성하시오.

09

> A: Didn't you put in any ingredients? There is nothing in the soup!
> B: Sorry. 나는 넣을 것이 아무것도 없었어.
> (nothing, have)

→ _____

10

> A: You took care of the problem. And you're free now, right?
> B: No. 나는 처리해야 할 다른 뭔가가 있어.
> (else, something, have)

→ _____

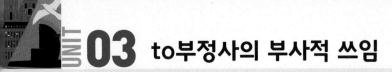

UNIT 03 to부정사의 부사적 쓰임

대화를 읽고, 우리말과 일치하도록 주어진 말을 활용하여 대화를 완성하시오.

> A: Oh, it's a new bike!
> Did your parents buy it for you?
> B: No. <u>이걸 사기 위해 내가 1년 동안 돈을 저축했지</u>. (save)

→ _____

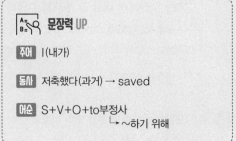

문장력 UP

주어 I(내가)

동사 저축했다(과거) → saved

어순 S+V+O+to부정사
        ↳ ~하기 위해

| 1 | to부정사는 '~하기 위해(목적)'라는 의미로 문장 앞이나 뒤에서 부사 역할을 할 수 있어요.

She came <u>to say goodbye</u>. 그녀는 <u>작별 인사를 하기 위해</u> 왔다.

* to = in order to = so as to

| 2 | to부정사는 감정을 나타내는 형용사 뒤에서 '~하게 되어'라는 의미로 쓸 수도 있어요.

감정 형용사	S + V + 형용사	to부정사	의미
happy	I am happy	to see you	<u>널 만나게 되어</u> 행복하다
glad	I am glad	to meet you	<u>널 만나게 되어</u> 기쁘다
sad	I am sad	to leave you	<u>널 떠나게 되어</u> 슬프다
sorry	I am sorry	to hear that	<u>그런 말을 듣게 되어</u> 안타깝다

| 3 | 그 외 to부정사는 '~하는 걸 보니', '~해서 (결국) …하다'라는 의미로도 쓸 수 있어요.

[판단의 근거] She is silly to trust him. <u>그를 믿는 걸 보니[믿다니]</u> 그녀는 어리석다.

He must be smart to solve it. <u>그것을 풀다니</u> 그는 똑똑한 게 분명하다.

[앞일의 결과] She lived to see her first grandson. 그녀는 살아서 (결국) <u>그녀의 첫 손자를 봤다</u>.

He grew up to be a pianist. 그는 자라서 <u>피아니스트가 되었다</u>.

빈출 유형 해결	**해설**
	☑ 과거 시제로 써서 주어, 동사, 목적어를 I saved money로 써요.
	☑ '1년 동안 돈을 저축했다'라는 의미가 되어야 하므로, 전치사구 '1년 동안'을 for를 사용하여 덧붙여요.
	☑ 마지막으로 '사기 위해서'를 to부정사를 이용하여 to buy라고 쓰고, 그 뒤에 to부정사의 목적어 this(이것)를 써요.
	정답 I saved money for one year to buy this.

대화 완성

[01~04] 대화를 읽고, 우리말과 일치하도록 주어진 말을 활용하여 대화를 완성하시오.

01
A: I heard that Ms. Park came back to school.
B: Actually, I saw her yesterday.
<u>그녀를 다시 보게 되어 기뻤어.</u> (glad)

→ <u>I am glad seeing her again.</u> (X)

😊 위의 오답에서 <u>틀린</u> 부분을 찾아 바르게 고쳐 주세요.

☑ 시제   ☑ to부정사

→ _____

💬 '기뻤다'이므로 시제는 과거로 was를 쓰고, '보게 되어'는 to부정사로 표현해요.

02
A: What's the hurry?
B: We should hurry <u>늦지 않기 위해서</u>. (late)

→ _____

03
A: My brother is sick.
B: <u>그런 말을 듣게 되어 안타깝다.</u>
(hear, sorry, that)

→ _____

04
A: I lent him money again.
B: <u>그에게 돈을 또 빌려주다니 넌 멍청해.</u>
(stupid, lend)

→ _____

빈칸 쓰기

[05~06] 우리말과 일치하도록 주어진 말을 활용하여 빈칸에 알맞은 말을 쓰시오.

05 그 물을 마시다니 너는 목마른 게 틀림없다.
(must, drink, thirsty)

→ You _____
_____ _____ _____.

06 Jin은 커서 수의사가 되었다. (be, grow up, vet)

→ Jin _____ _____ _____
_____ _____.

단어 배열

[07~08] 우리말과 일치하도록 주어진 말을 알맞게 배열하시오.

07 나는 너와 함께 여기 있어서 행복해.
(with, here, happy, you, I, am, be, to)

→ _____

08 우리는 그녀를 보기 위해서 거기에 가야 해.
(need, go, see, we, her, to, to, there)

→ _____

문장 완성

[09~10] 우리말과 일치하도록 주어진 말을 활용하여 문장을 완성하시오.

09 그는 열심히 노력했지만 결국 실패했다.
(try, fail, only, to, hard)

→ _____

💬 〈only+to부정사〉는 '결국 ~하다'의 의미로 결과를 나타내요.

10 그는 성공하기 위해 열심히 노력했다.
(try, succeed, to)

→ _____

UNIT 04 의문사 + to부정사

대화를 읽고, 괄호 안의 지시에 맞게 대화를 완성하시오.

A: Does he know how he can get there?

B: Yes. _____

　　(to부정사를 사용할 것)

 문장력 UP

주어 He(그가)

동사 안다(현재) → knows

어순 S+V+O(의문사+to부정사)

 | 1 | 〈의문사 + to부정사〉의 형태로 쓰면 '무엇을 할지', '언제 할지' 등과 같은 의미를 만들어요.

의문사 + to부정사	의미	예문
what to eat	무엇을 먹을지	I don't know what to eat.
when to leave	언제 떠날지	Tell me when to leave.
where to stay	어디서 묵을지	Let's decide where to stay.
how to swim	어떻게 수영하는지	Do you know how to swim?
who(m) to invite	누구를 초대할지	The question is who(m) to invite.

| 2 | 〈의문사 + to부정사〉는 하나의 명사로서 주어, 보어, 목적어 자리에 써요.

[주어]　　Where to meet is the problem. 어디서 만날지가 문제다.

[보어]　　The problem is who(m) to invite. 문제는 누구를 초대할지다.

[목적어]　I know what to wear. 나는 뭘 입을지를 알고 있다.

| 3 | 〈의문사 + to부정사〉는 문맥에 맞게 의문사절로 바꾸어 쓸 수 있어요.

I know what to wear. 나는 뭘 입을지 알고 있다.

→ I know what I should[can] wear. 나는 뭘 입어야 할지[입을 수 있는지] 안다.

Do you know who(m) to meet there? 너는 거기에서 누구를 만날지 아니?

→ Do you know who(m) you have to meet there? 너는 거기에서 누구를 만나야 하는지 아니?

빈출 유형 해결

해설

☑ '어떻게 갈 수 있는지'는 '가는 방법', '어떻게 가는지'와 의미상 같아요.

☑ 〈how+to부정사〉를 쓰면 '어떻게 ~하는지', '~하는 방법'의 의미가 돼요.

☑ 주어, 동사를 He knows로 쓰고 〈의문사+to부정사〉인 how to get there를 목적어로 쓰면 돼요:

정답 He knows how to get there.

[01~04] 대화를 읽고, 괄호 안의 지시에 맞게 대화를 완성하시오.

01

A: Does John know what he has to buy?

B: No. _____

(to부정사를 사용할 것)

→ <u>He don't know what to buying.</u>　(X)

😊 위의 오답에서 <u>틀린</u> 부분을 찾아 바르게 고쳐 주세요.

> ☑ 주어에 맞는 동사　　☑ 의문사+to부정사

→ _____

💬 주어에 맞게 doesn't를 써야 하며, 의문사 뒤에 to부정사를 써야 해요.

02

A: What should we order?

B: I know _____.

(의문사절을 이용할 것)

💬 〈의문사+to부정사〉를 써서 문장을 완성하려면 what to order를 쓰면 돼요.

03

A: Why don't you ask someone?

B: I don't know _____.

(to부정사를 사용할 것)

💬 빈칸에 올 말은 '누구에게 물어봐야 할지'이므로 의문사 who(m)를 이용해서 쓰면 돼요.

04

A: Please tell me _____.

B: I don't know when you can start.

(to부정사를 사용할 것)

[05~06] 우리말과 일치하도록 주어진 말을 알맞게 배열하시오.

05 그 돈으로 뭘 사야 할지 모르겠어.

(money, with, to, know, I, buy, the, don't, what)

→ _____

06 너는 그 자전거 고치는 법을 아니?

(bike, fix, do, know, to, the, you, how)

→ _____

[07~08] 우리말과 일치하도록 주어진 말을 활용하여 빈칸에 알맞은 말을 쓰시오.

07 너는 이 장치를 어떻게 사용하는지 알고 있니? (use)

→ _____ _____ _____ _____

_____ _____ this device?

08 나는 그녀에게 뭐라고 말해야 할지 모르겠다. (say)

→ I _____ _____ _____ _____

_____ to her.

[09~10] 다음 문자 메시지를 읽고, 밑줄 친 우리말을 〈의문사 +to부정사〉를 사용하여 영작하시오.

> Hey, Sumi. It's me, Jiseon. My sister's birthday is coming. I want to buy her something nice. I am hoping you can help me decide **09** <u>그녀에게 무엇을 사 줘야 할지</u>. Also let me know **10** <u>어디를 가야할지</u> to buy her present.

09 _____

10 _____

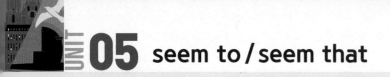

UNIT 05 seem to / seem that

빈출 유형 | 문장 전환

다음 문장과 같은 의미가 되도록 주어진 말로 시작하여 바꾸어 쓰시오.

> He seemed to understand what I said.

→ It _____ .

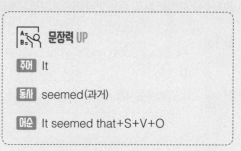

문장력 UP

주어 It

동사 seemed(과거)

어순 It seemed that+S+V+O

 필수 문법

| 1 | seem 뒤에 보어로 to부정사가 오면 '~하는 것으로 보이다'라는 표현이 돼요.

[seem+형용사]　　He seems (to be) busy. 그는 바빠 보인다.

[seem+to부정사]　He seems to know the answer. 그는 정답을 알고 있는 것으로 보인다.

| 2 | 〈seem＋to부정사〉는 〈It seems＋that절〉로 바꾸어 쓸 수 있어요.

[seem+to부정사]　　　He seems to know the answer. 그는 정답을 알고 있는 것으로 보인다.

[It seems+that절]　　It seems that he knows the answer.
　　　　　　　　　　　　　　　↳ seem to ~ 문장의 주어를 that절의 주어로 쓰고, 수를 일치시켜요.

* 〈seemed＋to부정사〉를 〈It seemed＋that절〉로 바꾸어 쓸 때, 시제를 일치시켜요.

[seemed+to부정사]　　　He seemed to know the answer. 그는 정답을 알고 있는 것으로 보였다.

[It seemed+that절(과거)]　It seemed that he knew the answer.

| 3 | to부정사의 시제가 주절의 시제보다 앞서면 〈to have＋과거분사〉로 써요.

[seem to have+과거분사]　　He seems to have known the answer. 그는 정답을 알았던 것으로 보인다.

[seem+that절(과거)]　　　　 = It seems that he knew the answer.

[seemed to have+과거분사]　He seemed to have known the answer. 그는 정답을 알았던 것으로 보였다.

[seemed+that절(과거완료)]　 = It seemed that he had known the answer.

빈출 유형 해결

해설

☑ 〈seemed＋to부정사〉는 〈It seemed that＋S＋V〉로 바꾸어 쓸 수 있어요.

☑ that절의 시제는 seemed에 맞춰 과거 시제가 되도록 과거형 understood로 써요.

정답 seemed that he understood what I said

[01~04] 다음 문장과 같은 의미가 되도록 주어진 말로 시작하여 바꾸어 쓰시오.

01
> It seems that the man has a lot of money.

→ The man <u>seems that has a lot of money</u> . (X)

🧑 위의 오답에서 틀린 부분을 찾아 바르게 고쳐 주세요.

> ☑ that절의 유무   ☑ seem의 보어로 to부정사 사용

→ The man _____.

💬🧑 that절의 주어를 문장의 주어로 쓸 때, seem의 보어는 to부정사로 써요.

02
> They seemed to know each other.

→ It _____.

03
> It seemed that his son was a great musician.

→ His son _____.

💬🧑 〈seem to be+형용사/명사〉에서는 to be를 생략할 수 있어요.

04
> He seems to have eaten alone.

→ It _____.

💬🧑 to부정사가 문장 전체의 시제보다 앞서는 것을 나타내는 〈to have+과거분사〉를 that절을 이용해서 바꿀 때는 주절의 시제보다 한 시제 앞서는 시제로 써요.

[05~07] 다음 두 문장이 같은 의미가 되도록 바꾸어 쓸 때, 어법상 틀린 부분을 찾아 바르게 고쳐 쓰시오.

05 She seems to have been there.
→ It seems that she had been there.

_____ → _____

06 She seemed to have been there.
→ It seemed that she was there.

_____ → _____

07 She seemed to have known it.
→ It seems that she had known it.

_____ → _____

[08~10] 우리말을 │조건│에 알맞게 영작하시오.

┌─ 조건 ─────────────────────────┐
│ – seem을 사용하여 두 개의 문장을 쓸 것 │
│ – 괄호 안의 단어를 이용하되, 필요시 형태를 바꿀 것 │
└──────────────────────────────┘

08
> 그녀는 두통이 있었던 것 같아. (have)

→ She _____.
→ It _____.

09
> 그는 나에 대해 들은 적이 있는 것 같아. (hear)

→ He _____ about me.
→ It _____ about me.

💬🧑 '들은 적이 있다'는 경험을 나타내므로 that절을 이용해 영작할 때 현재완료 시제를 써요.

10
> 그들은 거기에 도착한 것 같았어. (arrive)

→ They _____ there.
→ It _____ there.

UNIT 06 too ~ to / ~ enough to / so ~ that

[빈출 유형] 조건 영작

우리말을 |조건|에 맞게 영작하시오.

┌ 조건 ┐
 – young, movie, watch를 이용할 것
 – 〈so ~ that〉 구문을 이용할 것
└─────────────────────────┘

그는 너무 어려서 그 영화를 볼 수 없었다.

→ _____

 문장력 **UP**

[주어] He

[동사] 어렸다(be동사/과거) → was
볼 수 없었다(과거/부정) → couldn't
watch

[어순] S+V+so+형용사+that+S+V+O

| 1 | 〈too + 형용사/부사 + to부정사〉는 '~하기에 너무 …한/하게'라는 표현이 돼요.

[too+형용사+to부정사] She was too <u>tired</u> to go out. 그녀는 외출하기에는 너무 피곤했다.

[too+부사+to부정사] He came too <u>late</u> to meet her. 그는 그녀를 만나기에는 너무 늦게 왔다.

| 2 | 〈형용사/부사 + enough + to부정사〉는 '~하기에 충분히 …한/하게'라는 표현이 돼요.

[형용사+enough+to부정사] She's <u>smart</u> enough to solve it. 그녀는 그것을 풀기에 충분히 똑똑하다.

[부사+enough+to부정사] He came <u>early</u> enough to see her. 그는 그녀를 보기에 충분히 일찍 왔다.

| 3 | 〈too ~ to부정사〉나 〈~ enough + to부정사〉는 〈so ~ that〉 구문으로 바꿀 수 있어요.

[too ~ to부정사] He came too <u>late</u> to <u>meet her</u>.

[so ~ that] He came so <u>late</u> that <u>she couldn't meet her</u>. 그는 너무 늦게 와서 그녀를 만날 수 없었다.

[~ enough+to부정사] She's <u>smart</u> enough to <u>solve it</u>.

[so ~ that] She's so <u>smart</u> that <u>she can solve it</u>. 그녀는 매우 똑똑해서 그것을 풀 수 있다.

* that 이하는 문맥과 시제에 맞도록 can, can't, could, couldn't, don't, doesn't, didn't를 써요.

빈출 유형 해결

해설
☑ 문장의 동사는 '~였다'로 주어에 맞게 was로 써서 〈so ~ that〉 구문을 완성해요.
☑ that절의 주어는 he가 되고, 동사는 '볼 수 없었다'로 과거인 couldn't watch로 써요.
☑ 영화(movie)는 특정한 '그 영화'이니 정관사 the를 빠뜨리지 않아야 해요.

정답 He was so young that he couldn't watch the movie.

조건 영작

[01~04] 우리말을 조건 에 맞게 영작하시오.

01 조건
– old, movie, watch를 이용할 것
– 〈~ enough+to부정사〉를 이용할 것

그는 그 영화를 보기엔 충분한 나이다.

→ He is enough old to watch movie.   (X)

위의 오답에서 **틀린** 부분을 찾아 바르게 고쳐 주세요.

☑ enough의 위치   ☑ 정관사

→ _____

〈형용사/부사+enough+to부정사〉로 써서 '~하기에 충분히 …한/하게'라는 의미를 만들어요. '그' 영화라고 했으니 movie 앞에 정관사 the를 써요.

02 조건
– boring을 이용할 것
– 〈too ~ to부정사〉를 이용할 것

그 책은 읽기에는 너무 지루했다.

→ _____

03 조건
– old, for herself를 이용할 것
– 〈~ enough+to부정사〉를 이용할 것

그녀는 스스로 결정하기 충분한 나이다.

→ _____

04 조건
– sad, say, anything을 이용할 것
– 〈so ~ that〉 구문을 이용할 것

그녀는 너무 슬퍼서 아무 말도 할 수 없었다.

→ _____

that절의 동사는 문맥과 시제에 맞게 couldn't를 이용해서 쓰면 돼요.

오류 수정

[05~06] 어법상 틀린 부분을 찾아 바르게 고쳐 쓰시오.

05 He was lazy so that I couldn't finish it.

_____ → _____

06 The question was too confusing that she couldn't understand it.

_____ → _____

문장 전환

[07~08] 다음 문장을 주어진 말을 활용하여 뜻이 같은 문장으로 바꾸어 쓰시오.

07
Sara was too confused to explain. (so)

→ Sara _____ she couldn't explain.

08
He is so healthy that he can overcome the disease. (enough)

→ _____ the disease.

문장 완성

[09~10] 우리말과 일치하도록 주어진 말을 활용하여 문장을 완성하시오.

09
우리는 서로를 이해할 만큼 가깝다.
(close, understand)

→ _____ each other.

10
그는 내 생일 파티에 오기에는 너무 멀리 산다.
(far, come)

→ _____ to my birthday party.

빈출 유형 **대화 완성**

대화를 읽고, 우리말과 일치하도록 주어진 말을 활용하여 대화를 완성하시오.

> A: Did you lock the door?
> B: Wait a minute.
>   나는 그 문을 잠갔던 것을 기억할 수 없어.
>   (remember, lock)

→ I _____

 문장력 UP

주어 I

동사 기억할 수 없다(부정)
→ 조동사 can't+동사원형

어순 S+조동사+remember+O(잠갔던 것)
  * 동명사(과거 의미)
  * to부정사(미래 의미)

 |1| 목적어로 to부정사나 동명사를 취하는 동사들을 알아 두세요.

목적어로 to부정사만 취하는 동사	want ~하기를 원하다 need ~하는 것이 필요하다 learn ~하는 것을 배우다	promise ~하기로 약속하다 hope ~하기를 희망하다 plan ~하기로 계획하다	wish ~하기를 기원하다 decide ~하기로 결정하다
목적어로 동명사만 취하는 동사	enjoy ~하기를 즐기다 finish ~하는 것을 끝내다 keep ~하기를 계속하다	avoid ~하기를 피하다 stop ~하기를 멈추다 give up ~하기를 포기하다	quit ~하기를 그만두다 mind ~하기를 꺼리다/신경 쓰다 practice ~하는 것을 연습하다
to부정사와 동명사 모두 취하는 동사	like ~하기를 좋아하다 love ~하기를 정말 좋아하다 hate ~하기를 싫어하다	start ~하기를 시작하다 begin ~하기를 시작하다 continue ~하기를 계속하다	

* stop 다음에 to부정사가 오는 경우, 이때의 to부정사는 stop의 목적어가 아니라 '~하기 위해'라는 의미로 부사로 쓰인 거예요.

|2| 목적어로 to부정사와 동명사를 둘 다 쓰지만, 그 의미가 달라지는 동사에 주의하세요.

forget	to lock the door	문을 잠글 것을 잊다(잠가야 한다는 것을 잊다)
	locking the door	문을 잠갔다는 것을 잊다(잠갔는데, 그 사실을 잊다)
remember	to lock the door	문을 잠글 것을 기억하다(잠가야 한다는 것을 기억하다)
	locking the door	문을 잠갔다는 것을 기억하다(잠갔고, 그 사실을 기억한다)
try	to lock the door	문을 잠그려고 노력하다(잠그려고 노력하다[애쓰다])
	locking the door	문을 한번 잠가 보다(잠그는 것을 시도해 보다)

빈출
유형
해결

해설

☑ 주어와 동사 '나는 기억할 수 없다'를 I can't remember로 우선 써요.

☑ remember의 목적어로 동명사인 locking을 쓰면 과거에 '잠갔던 것'이 되고, to부정사인 to lock을 쓰면 '잠글 것'이라는 미래의 의미가 되므로 동명사를 써야 해요.

정답 can't remember locking the door

[01~04] 대화를 읽고, 우리말과 일치하도록 주어진 말을 활용하여 대화를 완성하시오.

01
> A: It's a little hot.
> Can I open the windows?
> B: 나는 창문 여는 것을 꺼리지 않아.

→ <u>I don't mind to open windows.</u>　　(X)

👤 위의 오답에서 **틀린** 부분을 찾아 바르게 고쳐 주세요.

> ☑ 동사에 맞는 목적어　　　☑ 정관사

→ _____

🗨👤 동사 mind(~하기를 꺼리다)는 목적어로 동명사를 취하는 동사예요. 그리고 windows는 대화의 정황상 특정되므로 거의 the를 붙여요.

02
> A: What do you usually do on Sunday?
> B: 나는 주로 책을 읽는 것을 즐겨.
> (enjoy, read)

→ _____

03
> A: What time is Jingu coming?
> B: 그는 3시까지 오기로 약속했어.
> (promise, come, by)

→ _____

04
> A: It's almost 3. Don't you have to go to the gym?
> B: 거기서 운동하는 거 그만뒀어.
> (quit, exercise)

→ _____

🗨👤 quit의 과거형, 과거분사형은 quit으로 써요.

[05~06] 어법상 **틀린** 부분을 찾아 바르게 고쳐 쓰시오.

05 I didn't give up to persuade her.

_____ → _____

06 He decided going abroad.

_____ → _____

[07~08] 우리말과 일치하도록 주어진 말을 활용하여 문장을 완성하시오.

07
> 넌 그런 말을 하는 것을 피하는 게 좋아.
> (should, avoid, say)

→ _____ that.

08
> 대화하는 동안 그녀는 계속 웃었다.
> (keep, smile)

→ _____ during the conversation.

[09~10] 대화를 읽고, 어법상 **틀린** 부분을 찾아 그 기호를 쓰고 바르게 고쳐 쓰시오.

> Jun: Is Minji coming?
> Did you tell her we're meeting today?
> Yumi: (A) <u>I didn't forget telling her.</u>
> Jun: (B) <u>We can't just keep waiting here.</u>
> (C) <u>Why don't we try to call her?</u>
> Yumi: (D) <u>Just stop talking for a minute.</u>
> She isn't late yet. Just wait.
> Jun: (E) <u>I hate waiting.</u>

09 _____ → _____

10 _____ → _____

중간고사·기말고사 실전문제

오류 수정

[01~05] 어법상 틀린 부분을 찾아 바르게 고쳐 쓰시오.

01 It is useless of you to ask him for help.

_____ → _____

02 I'm looking for some information helps you.

_____ → _____

03 Dad is excited meeting his old friends.

_____ → _____

04 She seems knows a lot about politics.

_____ → _____

05 Sally enjoys to have a cup of tea after lunch.

_____ → _____

단어 배열

[06~10] 우리말과 일치하도록 주어진 말을 알맞게 배열하시오.

06 어린 학생들이 이곳에서 축구하는 것은 위험하다. (play, it, here, is, young students, for, to, soccer, dangerous)

→ _____

07 그는 우유를 조금 사러 편의점에 갔다.
(to, some milk, buy, the convenience store, went, he, to)

→ _____

08 그녀는 함께 이야기할 누군가가 필요하다.
(someone, she, to, talk, needs, with)

→ _____

09 나의 언니는 운전하는 법을 배우고 있다.
(to, learning, how, my sister, is, drive)

→ _____

10 그녀는 이번 학기에 공부를 열심히 하기로 약속했다. (study, she, to, hard, this semester, promised)

→ _____

빈칸 쓰기

[11~15] 우리말과 일치하도록 주어진 말을 활용하여 빈칸에 알맞은 말을 쓰시오.

11 네가 그의 제안을 거절한 것은 어리석었다.
(foolish, refuse)

→ It was _____ _____ _____
_____ _____ his offer.

12 누나는 나에게 이 문제를 푸는 방법을 알려 주었다. (tell, the way)

→ My sister _____ _____ _____
_____ _____ _____ this problem.

13 우리는 언제 집을 나설지 결정해야 한다.
(decide, leave)

→ We need to _____ _____ _____
_____ home.

14

Clark 씨는 너무 바빠서 이번 여름에 휴가를 갈 수 없다. (busy, vacation, too)

→ Ms. Clark is _____ _____ _____

_____ _____ _____ this summer.

15

그 아이들은 내 질문들의 답을 알고 있는 것 같다. (seem, know)

→ The children _____ _____ _____

_____ _____ to my questions.

문장 완성

[16~20] 우리말과 일치하도록 주어진 말을 활용하여 문장을 완성하시오.

16

나에게 자전거 타기는 재미있다. (fun, it, me, ride a bike)

→ _____

17

캐나다에는 방문할 많은 아름다운 장소들이 있다. (visit, beautiful place, there)

→ _____

18

그 반지는 너무 비싸서 그는 그것을 살 수 없었다. (so, the ring, expensive, that, buy)

→ _____

19

너는 이탈리아 음식을 좋아하는 것처럼 보인다. (seem, it, that, like, Italian food)

→ _____

20

오후 내내 눈이 계속 내렸다. (continue, the snow, fall, all afternoon)

→ _____

대화 완성 – 단어 배열

[21~22] 대화를 읽고, 주어진 말을 바르게 배열하여 대화를 완성하시오.

21

A: May I help you carry these books?
B: No, thank you. _____

(them, I'm, enough, strong, to, carry)

22

A: _____ ?

(how, tell, the airport, can, you, me, to, get, to)
B: I'm not sure how you can get there.

대화 완성 - 문장 완성

[23~24] 대화를 읽고, 우리말과 일치하도록 대화를 완성하시오.

23

A: I heard Sue feeds stray cats every night.
B: I didn't know. 길고양이들에게 먹이를 주다니 그녀는 친절하다.

→ It is _____.

24

A: Can my brother watch this movie with me? He is 8 years old.
B: No, he can't. 그는 이 영화를 보기에 너무 어려요.

→ He is too _____.

25 다음 대화가 자연스럽도록 빈칸에 알맞은 말을 쓰시오.

> A: This problem is too difficult. Do you know _____ _____ _____ it?
>
> B: I can't solve it, either. Why don't we ask our teacher?

[26~28] 우리말을 |조건|에 맞게 영작하시오.

26
> | 조건 |
> walk, carefully, fall을 활용하여 6단어로 쓸 것

그는 넘어지지 않기 위해 조심히 걸었다.

→ _____

27
> | 조건 |
> have, the old man을 활용하여 8단어로 쓸 것

나는 그 노인을 도와드릴 시간이 있었다.

→ _____

28
> | 조건 |
> decide, Poland, go를 활용하여 7단어로 쓸 것

그들은 다음 달에 폴란드에 가기로 결정했다.

→ _____

[29~31] 다음 문장을 |보기|와 같이 to부정사를 이용한 문장으로 바꾸어 쓰시오.

> | 보기 |
> Albert was happy because he found his lost shoes.
> → Albert was happy to find his lost shoes.

29 Olivia was surprised because she saw a famous singer on the bus.

→ _____

30 Lily is very excited because she will go on a trip to Europe.

→ _____

31 The players were disappointed because they lost the game.

→ _____

[32~34] 다음 두 문장을 |보기|와 같이 to부정사를 사용하여 한 문장으로 만드시오.

> | 보기 |
> • Steve rented a big house.
> • Steve wanted to live in the big house.
> → Steve rented a big house to live in.

32
> • Jimin has a lot of books.
> • Jimin reads a lot of books.

→ _____

33
> • We need a basket.
> • We will put these oranges in it.

→ _____

34

> • An old man found a bench.
> • The old man wanted to sit on the bench.

→ _____

[35~37] 보기 와 같이 두 문장의 의미가 일치하도록 빈칸에 알맞은 말을 쓰시오. (단, 조동사는 can을 이용하시오.)

┌ 보기 ┐
Jina is brave enough to go there by herself.
→ Jina is so brave that she can go there by herself.

35 Those animals are fast enough to catch the bus.

→ Those animals are _____ .

36 Your laptop is small enough to fit in my bag.

→ Your laptop _____
in my bag.

37 My sister is smart enough to read this article.

→ My sister _____
this article.

그림 영작

38 다음 그림을 보고, 두 문장의 의미가 같도록 주어진 단어를 활용하여 빈칸에 알맞은 말을 쓰시오.

(clock, short, reach)

Jinho is too _____ .

= Jinho is so _____ .

독해형

39 다음 표는 각 놀이 기구를 탈 수 있는 적정 체중이다. 주어진 말을 활용하여 아래 문장을 완성하시오.

놀이 기구	적정 체중(kg)
Rollercoaster	40~110
Bumper Cars	25~80

(1) I weigh 45kg. I am _____
ride the rollercoaster. (enough, heavy)

(2) My dad weighs 95 kilograms. He is
_____ ride the
bumper cars. (heavy, so, that)

오류 수정 - 고난도

40 다음을 읽고, **틀린 문장 3개**를 찾아 틀린 부분을 바르게 고쳐 쓰시오.

> (A) It is difficult of me to concentrate for more than 30 minutes.
> (B) This bed is not comfortable enough for me to sleep on.
> (C) Carol didn't know where goes when she arrived at the airport.
> (D) I don't mind to spend time with young children.
> (E) The girls started throwing snowballs at each other.

	문장 기호	틀린 부분	고친 내용
(1)			
(2)			
(3)			

CHAPTER

[04]

수동태

• 이번 챕터에서 나올 어휘들을 미리 확인해 보세요.

☐	approach	접근하다
☐	attack	공격하다
☐	bump	충돌, 타격
☐	cause	～의 원인이 되다; 원인
☐	complete	완성하다, 완결하다; 완전한
☐	consider	고려하다, 숙고하다
☐	damage	피해를 입히다
☐	do the laundry	빨래를 하다
☐	grain	곡물, 곡류
☐	hire	고용하다
☐	hold	개최하다
☐	ignore	무시하다
☐	injure	상처를 입히다
☐	literature	문학
☐	mess	(지저분하고) 엉망인 상태
☐	multiple	다수의, 복잡한
☐	offer	제공하다
☐	post the clip	동영상을 올리다
☐	reward	보상하다; 보상
☐	security guard	경비원
☐	suspect	용의자; 의심하다
☐	temperature	온도, 기온
☐	trick	속이다, 속다
☐	trim	정돈하다, 손질하다
☐	trophy	트로피, 전리품

Spelling 주의

• 쓸 때 철자에 주의해야 하는 단어들을 미리 익혀 두세요.

☐	architect	건축가
☐	employee	직원
☐	garbage	쓰레기
☐	refrigerator	냉장고
☐	release	발표하다, 공개하다
☐	thoroughly	철저하게

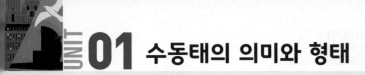

UNIT 01 수동태의 의미와 형태

빈출 유형 | 문장 전환

다음 문장을 밑줄 친 부분으로 시작하여 같은 뜻의 문장으로 바꾸어 쓰시오.

 문장력 UP

주어 Einstein → 3인칭 단수

동사 존경하다(능동태) → 존경받다(수동태)
respect → be respected

어순 S+V(수동태)+by+행위자

Almost everyone respects Einstein.

→ _____

 필수 문법

| 1 | 수동태란 주어가 행위를 당하는(수동적) 것을 표현하는 동사의 형태를 말해요.

	We invite Susan.	Susan is invited.
주어의 입장	주어(We)가 초대하다(invite)	주어(Susan)는 초대받다(is invited)
동사의 형태	능동태	수동태

| 2 | 수동태 동사는 〈be동사＋과거분사〉로 쓰며, be동사는 주어에 맞춰요.

[그녀의 입장] → [능동태] She prepares dinner. 그녀는 식사를 준비한다[차린다].
[식사의 입장] → [수동태] Dinner is prepared. 식사가 차려진다.

| 3 | 수동태 문장에서 행위자(~에 의해)는 〈by＋(대)명사〉로 써요.

[능동태의 행위자: 주어]   Tom cleans the house. Tom은 그 집을 청소한다.
[수동태의 행위자: by+행위자] The house is cleaned by Tom. 그 집은 Tom에 의해 청소된다.

* 굳이 행위자를 쓰지 않아도 되거나, 행위자를 알 수 없는 경우에는 〈by+행위자〉를 생략해요.
The store is closed. 그 가게는 닫혔다.

빈출 유형 해결

해설
☑ 주어(Einstein)의 입장에서는 '존경받다'가 되므로 수동태인 〈be동사+과거분사〉의 형태로 동사를 써요.
☑ 주어, 동사를 Einstein is respected로 쓰고, 그 뒤에 〈by+행위자〉를 써요.

정답 Einstein is respected by almost everyone.

📖 실전 유형으로 PRACTICE

정답과 해설 • 9쪽

[01~04] 다음 문장을 밑줄 친 부분으로 시작하여 같은 뜻의 문장으로 바꾸어 쓰시오.

01

The company rewards <u>ten employees</u>.

→ Ten employees is reward by the company. (X)

👤 위의 오답에서 틀린 부분을 찾아 바르게 고쳐 주세요.

☑ 주어 – 동사의 수 일치   ☑ 수동태의 형태

→ _____

💬 수동태 문장에서 동사는 〈be동사+과거분사〉로 쓰므로, 주어 '10명의 직원들'에 수를 맞춰 be동사는 are로 쓰고, reward는 과거분사형인 rewarded로 써야 해요.

02

Many people visit <u>the museum</u>.

→ _____

03

The city holds <u>the contest</u> every year.

→ _____

04

Engineers check <u>the machine</u> thoroughly.

→ _____

[05~06] 어법상 <u>틀린</u> 부분을 찾아 바르게 고쳐 쓰시오.

05 Branches are cutted off by a gardener.

_____ → _____

06 Garbage is throwed out by my dad.

_____ → _____

💬 불규칙 변화를 하는 동사 cut의 과거분사형은 cut이고, throw의 과거분사형은 thrown이다.

[07~08] 우리말과 일치하도록 주어진 말을 활용하여 빈칸에 알맞은 말을 쓰시오.

07
> 이 책은 많은 사람에게 사랑받는다. (love)

→ _____ _____ _____ _____

_____ many people.

08
> 그 환자들은 한 의사에게 치료받는다. (treat)

→ _____ _____ _____

_____ one doctor.

[09~10] 대화를 읽고, 빈칸에 알맞은 말을 써서 대화를 완성하시오.

09
> A: Does your mom do the laundry?
> B: No. _____ my dad.

10
> A: Does your dad use the car?
> B: No. _____ my sister.

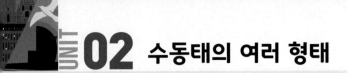

UNIT 02 수동태의 여러 형태

우리말을 |조건|에 맞게 영작하시오.

┌─ 조건 ─────────────────────────────┐
│ – 수동태 문장으로 쓸 것
│ – 괄호 안에 주어진 말을 활용하여 8단어로 쓸 것
└──────────────────────────────────┘

그는 그 매니저에게 곧 고용될지도 몰라요.

(hire, soon, the manager)

→ _____

 문장력 UP

주어 그(He)

동사 고용될지도 모른다(조동사+수동태)
(능동태) may hire →
(수동태) may be hired

어순 S+V(수동태)+by+행위자

 필수 문법

| 1 | 〈be동사＋과거분사〉의 수동태 동사는 be동사를 이용하여 시제를 표현해요.

현재 시제	Susan is invited.	Susan은 초대받는다.
과거 시제	Susan was invited.	Susan은 초대받았다.
미래 시제	Susan will be invited.	Susan은 초대받을 것이다.
진행 시제	It is being built.	그것은 지어지고 있다.

| 2 | 〈be동사＋과거분사〉의 수동태 동사를 쓴 문장은 be동사를 이용하여 부정문과 의문문을 만들어요.

긍정문	Susan was invited.	Susan은 초대받았다.
부정문	Susan was not invited.	Susan은 초대받지 않았다.
의문문과 대답	Was Susan invited?	Susan은 초대받았니?
	Yes, she was. / No, she wasn't. * be동사를 이용해서 대답	

| 3 | 〈조동사＋수동태〉로 쓸 때는 조동사를 이용하여 부정문과 의문문을 만들어요.

긍정문	It can be built in a year.	그것은 1년 안에 지어질 수 있다.
부정문	It may not be built in a year.	그것은 1년 안에 지어지지 않을지 모른다.
의문문과 대답	Should it be built in a year?	그것은 1년 안에 지어져야 하나요?
	Yes, it should. / No, it shouldn't. * 조동사를 이용해서 대답	

빈출 유형 해결

해설
☑ '고용할지도 모른다'의 수동태는 '고용될지도 모른다'로 〈조동사＋수동태〉로 써야 해요.
☑ 그 뒤에 〈by+행위자〉를 써요.

정답 He may be hired by the manager soon.

실전 유형으로 PRACTICE

[01~04] 우리말을 조건 에 맞게 주어진 말로 시작하여 영작하시오.

조건
- 수동태 문장으로 쓸 것
- 괄호 안에 주어진 말을 활용할 것

01 우리는 그 파티에서 그들에게 무시당했다. (ignore)

→ We _ignore them at the party_ . (X)

🧑 위의 오답에서 **틀린** 부분을 찾아 바르게 고쳐 주세요.

☑ 동사의 태	☑ 시제

→ We _____ .

💬🧑 주어(We)가 '무시당한 것'이므로 수동태(be동사+과거분사)로 동사를 써야 해요. 시제는 과거이므로 be동사는 were로 써야 하며, 〈by+행위자(목적격)〉로 행위자를 표현해요.

02 그 경비원은 그들에게 속지 않았다. (trick)

→ The security guard _____

_____ .

03 그 용의자는 경찰에게 잡힐 것이다.

(the police, catch)

→ The suspect _____

_____ .

04 그는 그 소음에 잠이 깼을지 모른다.

(wake up, the noise, might)

→ He _____

_____

[05~06] 어법상 틀린 부분을 찾아 바르게 고쳐 쓰시오.

05 The cup can damage by just a little bump.

_____ → _____

06 The used books will give to others.

_____ → _____

[07~08] 우리말과 일치하도록 주어진 말을 활용하여 빈칸에 알맞은 말을 쓰시오.

07

그가 경찰서로 연행될까요? (take, will)

→ _____ _____ _____ _____ to

the police station?

08

그 문은 오늘 고쳐져야 합니다. (fix, have to)

→ The door _____ _____ _____

_____ today.

💬🧑 have to는 '~해야 한다'의 의미로 조동사처럼 쓰이므로 이다음에 오는 동사는 〈be동사+과거분사〉의 형태로 써야 해요.

[09~10] 대화를 읽고, 빈칸에 알맞은 말을 써서 대화를 완성하시오.

09

A: Should I put it on the dining table?

B: No. It _____ on the

desk.

10

A: Did Changsu post the clip?

B: No. _____ by Changsu.

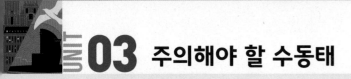

03 주의해야 할 수동태

빈출 유형 **문장 전환**

다음 문장을 수동태 문장으로 바꾸어 쓰시오.

> Her answer always satisfies him.

→ He _____.

문장력 UP

주어 He

동사 항상 만족시키다(능동태) →
항상 만족하다(수동태)
always satisfy →
be always satisfied

어순 S+V(수동태)+전치사+행위자

 필수 문법

| 1 | 〈by + 행위자〉를 쓰지 않고, 〈다른 전치사 + 행위자〉를 쓰는 경우를 알아 두세요.

be worried about	～에 대해 걱정하다	be known for	～으로 알려지다(유명한 이유)
be interested in	～에 관심 있다	be known as	～으로 알려지다(알려진 자격/신분)
be satisfied with	～에 만족하다	be known to	～에게 알려지다(알려지는 대상)
be pleased with	～에 기뻐하다	be made of	～으로 만들어지다(원형 유지)
be filled with	～으로 가득 차다	be made from	～으로 만들어지다(원형 변화)
be covered with	～으로 덮여 있다	be surprised at	～에 놀라다

| 2 | 두 개 이상의 단어로 된 동사구는 하나의 단어처럼 취급하여 항상 함께 써요.

[능동태] She laughed at me. 그녀는 나를 놀렸다.

[수동태] I was laughed at by her. 나는 그녀에 의해 놀림을 당했다.
　　　　　　　　└→ at이 있다고 해서 〈by+행위자〉의 by를 빼먹지 않도록 하세요.

turn on(～을 켜다)	be turned on	put off(～을 미루다)	be put off
turn off(～을 끄다)	be turned off	look up to(～을 존경하다)	be looked up to
take care of (～을 보살피다)	be taken care of	look down on (～을 얕잡아 보다)	be looked down on
look after(～을 돌보다)	be looked after	laugh at (～을 비웃다, 놀리다)	be laughed at

---

빈출 유형 해결

해설
☑ 그의 입장에서는 만족시켜지는 것이므로 '만족하다'라는 수동태 동사로 써야 해요.
☑ be satisfied 뒤에는 〈by+행위자〉로 쓰지 않고, 전치사 with를 써서 '～에 만족하다'라는 표현으로 써야 해요.

정답 is always satisfied with her answer

문장 전환

[01~04] 다음 문장을 수동태 문장으로 바꾸어 쓰시오.

01
> She takes care of her brother.

→ <u>Her brother is taken care by she.</u>　　　(X)

🧑 위의 오답에서 **틀린** 부분을 찾아 바르게 고쳐 주세요.

☑ 동사구의 수동태　　☑ 전치사의 목적어 형태

→ _____

💬 take care of를 수동태로 쓰면 be taken care of가 돼요.

02
> Snow covers the mountain.

→ _____

💬 '~로 덮여 있다'는 by가 아닌 with를 써서 나타내요.

03
> The news satisfied her father.

→ _____

💬 satisfied(만족해하는)는 전치사 with와 함께 써요.

04
> Those movies don't interest her.

→ _____

💬 interest(~의 관심을 끌다)의 수동태는 전치사 in과 함께 써요.

오류 수정

[05~06] 어법상 **틀린** 부분을 찾아 바르게 고쳐 쓰시오.

05 The house was filled by classical music.

_____ → _____

06 The restaurant is known by many people.

_____ → _____

문장 완성

[07~08] 우리말과 일치하도록 주어진 말을 활용하여 문장을 완성하시오.

07
> 나는 그 시험이 걱정돼. (worry, the test)

→ I am _____.

08
> 이 가루는 곡물로 만들어진다. (grains, make)

→ This powder _____.

오류 수정

[09~10] 다음 글에서 어법상 **틀린** 부분을 찾아 그 기호를 쓰고, 바르게 고쳐 쓰시오.

> After (A) <u>she was informed</u> that (B) <u>the last meeting was put off</u>, she hurriedly went out of the office. Since her 7-year-old daughter, Lucy, was alone in the house, (C) <u>she was so worried about her</u>. As she arrived home, she found that (D) <u>the light was still turned</u>. When she got into the house, she found her mother, who came to help. (E) <u>Lucy was taken care by her mother.</u>

09 _____ → _____

10 _____ → _____

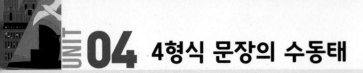

UNIT 04 4형식 문장의 수동태

빈출 유형 | 문장 전환

다음 문장을 주어진 말로 시작하여 2개의 수동태 문장으로 바꾸어 쓰시오.

> He showed his friends an old picture.

→ His friends _____.

→ An old picture _____.

📘 문장력 UP

주어 His friends / An old picture

동사 보여 줬다(능동태) → 보여졌다(수동태)
showed → were/was shown

어순 S+V(수동태)+직접목적어
S+V(수동태)+전치사+간접목적어

 | **1** | 4형식 문장의 목적어는 간접목적어(~에게)와 직접목적어(~을) 2개로, 각각을 주어로 하여 수동태로 바꾸어 쓸 수 있어요.

[4형식 문장] He gave his son a letter. 그는 그의 아들에게 편지를 주었다.
⇩   간접목적어(~에게) ←   └→ 직접목적어(~을)

[간접목적어를 주어로 쓴 경우] His son was given a letter (by him).

[직접목적어를 주어로 쓴 경우] A letter was given to his son (by him).

* 직접목적어가 주어인 수동태 문장의 경우, 간접목적어 앞에 전치사 to, for, of 중 하나를 써요.

| **2** | make, buy, get, send, bring, write, cook 등의 동사는 <u>직접목적어만 주어로 써서 수동태로 바꾸어 쓸 수 있어요</u>

[4형식 문장] She cooked Jenny pasta. 그녀는 Jenny에게 파스타를 요리해 주었다.
⇩

[간접목적어를 주어로 쓴 경우] Jenny was cooked pasta. (×) * 'Jenny가 요리되었다.'는 비문임.(→ cook은 간접목적어를 주어로 하여 수동태로 쓸 수 없음.)

[직접목적어를 주어로 쓴 경우] Pasta was cooked for Jenny (by her).

| **3** | make, buy, get, cook, find 등의 동사는 <u>수동태 문장에서 전치사 for</u>를 써요.

Pasta was cooked ~~to~~ for Jenny (by her).

A bag was bought ~~to~~ for Jenny (by her).

빈출 유형 해결

해설

☑ 4형식 문장의 간접목적어를 주어로 하여 수동태 문장을 쓸 때는 〈주어+동사(수동태)+직접목적어+by+행위자〉의 순서로 써요.

☑ 4형식 문장의 직접목적어를 주어로 하여 수동태 문장을 쓸 때는 〈주어+동사(수동태)+전치사+간접목적어+by+행위자〉의 순서로 써요.

정답 were shown an old picture by him / was shown to his friends by him

문장 전환

[01~04] 다음 문장을 주어진 말로 시작하여 2개의 수동태 문장으로 바꾸어 쓰시오.

01

She gave me a thick book.

→ I _am given to a thick book by her_ . (X)

→ A thick book _is given by me by her_ . (X)

👤 위의 오답에서 틀린 부분을 찾아 바르게 고쳐 주세요.

☑ 시제   ☑ 전치사

→ I _____ .

→ A thick book _____

💬 시제는 과거이므로 모두 was given으로 쓰며, 간접목적어(I)가 주어면 직접목적어 앞에 전치사를 쓰지 않고, 직접목적어(A thick book)이 주어면 〈전치사(to)+간접목적어〉로 써요.

02

He offered her 500 dollars.

→ She _____ .

→ 500 dollars _____ .

03

He told her a story.

→ She _____ .

→ A story _____ .

04

He lent her his car.

→ She _____ .

→ His car _____ .

오류 수정

[05~06] 어법상 틀린 부분을 찾아 바르게 고쳐 쓰시오.

05 Jim was sent a card.

_____ → _____

💬 make, buy, get, send, bring, write, cook 등의 동사는 간접목적어를 주어로 하여 수동태 문장으로 쓰면 의미가 이상해져요. 따라서 직접목적어만 주어로 써요.

06 A cake was made to her by her dad.

_____ → _____

문장 전환

[07~08] 다음 문장을 밑줄 친 부분으로 시작하여 문장을 바꾸어 쓰시오.

07 She cooked us some Mexican food.

→ _____

08 He bought me a pair of gloves.

→ _____

대화 완성

[09~10] 대화를 읽고, 빈칸에 알맞은 말을 써서 대화를 완성하시오.

09

A: Did your uncle send you those? B: No. These _____ by my cousin.

10

A: Does your dad teach you English? B: Yes. I _____ by my dad every day.

UNIT 05 5형식 문장의 수동태

빈출 유형 **문장 전환**

다음 문장을 수동태 문장으로 바꾸어 쓰시오.

> His teacher made him clean up the mess.

→ _____

 문장력 UP

주어 him (O) → He

동사 ～가 …하게 시키다(능동태)
→ ～가 …하게 시킴을 당하다(수동태)
made → was made

어순 S+V(수동태)+OC(to부정사)

필수 문법

| 1 | 5형식 문장의 수동태는 목적어를 주어로 하고 동사를 〈be동사＋과거분사〉로 쓴 후, 목적격보어를 그대로 써요.

목적격보어	5형식 문장	수동태
명사	We named the dog Po.	The dog was named Po (by us).
형용사	We made him angry.	He was made angry (by us).
to부정사	We expected her to stay.	She was expected to stay (by us).
현재분사	We saw Mr. Kim singing.	Mr. Kim was seen singing (by us).
과거분사	We made our voices heard.	Our voices were made heard (by us).

| 2 | 사역동사 make와 지각동사의 목적격보어가 원형부정사일 때는 수동태 문장에서는 이를 to부정사로 바꿔 써요.

We made him leave. → He was made ~~leave~~. (×)
　　　　　　　　　　　→ He was made to leave. (○)

We saw him leave. → He was seen ~~leave~~. (×)
　　　　　　　　　　　→ He was seen to leave. (○)

* 사역동사 have, let은 수동태의 형태로 거의 쓰지 않아요.

빈출 유형 해결

해설

☑ 5형식 '그의 선생님이 그에게 지저분한 것을 치우게 했다.'에서 목적어인 '그'를 주어로 하고, 동사는 수동태 과거인 was made로 써요.

☑ 목적격보어에 해당하는 clean ~ 부분은 수동태 문장에서는 to부정사로 써야 하므로, 동사 뒤에 to clean 이하를 적고 〈by+행위자〉를 그 뒤에 써요.

정답 He was made to clean up the mess by his teacher.

[01~04] 다음 문장을 수동태 문장으로 바꾸어 쓰시오.

01

> She saw some teachers go out for lunch.

→ *Some teachers are seen go out for lunch* *by her.* (X)

👤 위의 오답에서 <u>틀린</u> 부분을 찾아 바르게 고쳐 주세요.

☑ 시제	☑ 원형부정사의 전환

→ _____

💬👤 지각동사의 목적격보어로 원형부정사가 쓰인 5형식 문장을 수동태로 전환할 경우, 원형부정사를 to부정사로 바꿔 써요. 시제는 과거이므로 동사를 were seen으로 써요.

02

> People heard him screaming.

→ _____

03

> My mom made me eat vegetables.

→ _____

04

> I expect her to come by 7.

→ _____

[05~08] 우리말과 일치하도록 주어진 말을 알맞게 배열하시오.

05

> 그녀는 위대한 과학자로 여겨진다.
> (scientist, is, she, a, considered, great)

→ _____

06

> 나는 그의 노트북을 사용하도록 허락받았다.
> (laptop, allowed, use, was, his, I, to)

→ _____

💬👤 〈allow+목적어+to부정사〉는 '~에게 …하는 것을 허락하다'라는 의미의 5형식 문장이에요.

07

> 그 가방은 경찰에 의해 비어 있는 채 발견되었다. (police, empty, found, the, by, was, bag, the)

→ _____

08

> 그는 그의 아빠에 의해 6시에 일어나게 되었다. (his, get up, was, by, made, he, at, to, six, dad)

→ _____

[09~10] 다음 대화의 질문에 대한 대답을 수동태 문장으로 완성하시오.

09

> A: The windows _____
>   that night. Did he leave the windows open?
> B: Oh, no. I forgot to close them.

10

> A: Did your mom make you go?
> B: Yes. I _____.

중간고사·기말고사 실전문제

오류 수정

[01~05] 어법상 **틀린** 부분을 찾아 바르게 고쳐 쓰시오.

01 Only five people hired by this company last year.

_____ → _____

02 Jessica is known to her great voice.

_____ → _____

03 A box was given me by Eric.

_____ → _____

04 My favorite writer's new book will released next month.

_____ → _____

05 A big tiger was seen approach a small zebra by us.

_____ → _____

단어 배열

[06~10] 우리말과 일치하도록 주어진 말을 알맞게 배열하시오.

06
나의 오빠는 축구 경기에서 다쳤다.
(the, was, in, my brother, soccer game, injured)

→ _____

07
그 나무들은 나의 삼촌에 의해 손질되고 있다.
(trimmed, the trees, by, are, my uncle, being)

→ _____

08
나는 그들의 결혼 소식에 놀랐다.
(of, I, at, was, the news, their wedding, surprised)

→ _____

09
극장 안에서는 휴대 전화가 사용되어서는 안 된다. (not, a movie theater, cell phones, used, in, should, be)

→ _____

10
나는 여동생으로부터 그에게 편지를 써 달라는 부탁을 받았다. (him, my sister, I, asked, to, a letter, to, was, by, write)

→ _____

빈칸 쓰기

[11~15] 우리말과 일치하도록 주어진 말을 활용하여 빈칸에 알맞은 말을 쓰시오.

11
그 반지는 오늘 아침 나의 침대 밑에서 발견되었다. (find)

→ The ring _____ _____ _____
_____ _____ this morning.

12

그 건물은 유명한 건축가에 의해 설계될 것이다. (design)

→ The building _____ _____ _____ _____ a famous architect.

13

이 병은 꽃병으로 사용될 수 있다. (use)

→ This bottle _____ _____ _____ as a vase.

14

그 아이들은 그들의 이모에 의해 돌봐졌다. (take care of)

→ The children _____ _____ _____ _____ _____ their aunt.

15

그 문은 우리에 의해 하얗게 칠해졌다. (paint, white)

→ The door _____ _____ _____ by us.

문장 완성
[16~20] 우리말과 일치하도록 주어진 말을 활용하여 문장을 완성하시오.

16

이 프로젝트는 다음 달까지 완료되어야 합니까? (this project, should, completed)

→ _____

17

그 작은 섬은 어젯밤 눈으로 덮였다. (cover, island, last night)

→ _____

18

그는 영문학에 관심이 없다. (interested, English literature, not)

→ _____

19

피자는 저녁 7시까지 그들에게 배달될 것이다. (deliver, the pizza, will, 7 p.m.)

→ _____

20

그녀는 그해의 최고 여배우로 지명되지 않았다. (the best actress, name, of the year)

→ _____

대화 완성 – 단어 배열
[21~22] 대화를 읽고, 주어진 말을 바르게 배열하여 대화를 완성하시오.

21

A: How is our food?
B: _____
(are, we, satisfied, your, food, with)

22

A: _____
(is, the chicken, roasted, by, being, my dad)
B: It smells great. I can't wait!

대화 완성 – 문장 완성
[23~24] 대화를 읽고, 우리말과 일치하도록 대화를 완성하시오.

23

A: What destroyed the old hospital?
B: 그 병원은 폭풍에 의해 파괴되었어.

→ The hospital _____ by a storm.

24

A: I couldn't see Jake at the party. Why didn't he come?

B: <u>그는 그 파티에 초대되지 않았어.</u>

→ He was _____.

25 다음 대화가 자연스럽도록 빈칸에 알맞은 말을 쓰시오.

A: Should I keep this oil in the refrigerator?

B: No, it shouldn't. It _____ _____ _____ in the room temperature.

[26~28] 우리말을 |조건|에 맞게 영작하시오.

26
| 조건 |
know, rich, person을 활용하여 7단어로 쓸 것

그녀는 가장 부유한 사람으로 알려져 있다.

→ _____

27
| 조건 |
chase, a lion, the rabbit을 활용하여 8단어로 쓸 것

그 토끼는 사자에게 쫓기고 있었다.

→ _____

28
| 조건 |
daughter, turn on을 활용하여 8단어로 쓸 것

그 컴퓨터는 그녀의 딸에 의해 켜졌다.

→ _____

[29~31] |보기|와 같이 두 문장의 의미가 일치하도록 빈칸에 알맞은 말을 쓰시오.

| 보기 |
My mom will prepare a lot of food for the party.

→ A lot of food <u>will be prepared by my mom</u> for the party.

29 William Shakespeare wrote *Macbeth* in 1606.

→ *Macbeth* _____ in 1606.

30 The forest fire may burn his house.

→ His house _____.

31 He did not make this beautiful dress.

→ This beautiful dress _____.

[32~34] 우리말과 일치하도록 |A|와 |B|에 주어진 말을 하나씩을 이용하여 문장을 완성하시오.

| A |
make fill laugh
interest cover

| B |
with at from
in as

32 그 상자는 작은 공들로 가득 차 있다.

→ The box is _____ small balls.

33 너의 티셔츠는 면으로 만들어진다.

→ Your T-shirt is _____ cotton.

34 그들은 일본의 역사에 관심이 없다.

→ They are not _____ Japanese history.

보기 영작

[35~37] 보기 와 같이 주어진 문장을 2개의 수동태 문장으로 바꾸어 쓰시오.

보기
John gave me a necklace.
→ I was given a necklace by John.
→ A necklace was given to me by John.

35 My aunt told me an interesting story.

→ I _____ by my aunt.

→ An interesting story _____ by my aunt.

36 A large company offered me the job.

→ I _____ by a large company.

→ The job _____ by a large company.

37 Susie showed them some trophies.

→ They _____ by Susie.

→ Some trophies _____ by Susie.

그림 영작

38 다음 그림을 보고, 두 문장의 의미가 일치하도록 주어진 말을 활용하여 빈칸에 알맞은 말을 쓰시오.

(a bird, catch)
Danial _____ in the park.
= A bird _____ in the park.

도표 영작

39 다음 표는 Kevin이 오늘 오후 일정을 정리한 것이다. 표의 내용에 맞게 빈칸에 알맞은 말을 쓰시오.

할 일	끝내야 하는 시간
clean the room	4 p.m.
make cookies	6 p.m.
wash his dog	9 p.m.

(1) Kevin's room should _____ by 4 p.m.

(2) Cookies will _____ by 6 p.m.

(3) His dog must _____ by 9 p.m.

오류 수정 – 고난도

40 다음 글을 읽고, 틀린 문장 3개를 찾아 틀린 부분을 바르게 고쳐 쓰시오.

(A) Many people don't know why hunting should be stopped. (B) It should be known as all the people around the world. (C) Millions of animals are killed by hunters each year. (D) When the animals are killed, their families are break up and their babies can be easily attacked by other animals. (E) Hunted animals often don't die quickly. (F) Many animals must shoot multiple times, and it causes a lot of pain.

	문장 기호	틀린 부분	고친 내용
(1)			
(2)			
(3)			

CHAPTER

[05]

분사

• 이번 챕터에서 나올 어휘들을 미리 확인해 보세요.

☐ amaze   놀라게 하다
☐ anywhere   어디에도
☐ behind   ～ 뒤에
☐ chat   잡담하다
☐ chew   씹다
☐ confident   자신 있는, 확신하는
☐ decorate   장식하다
☐ distance   거리, 간격
☐ do the dishes 설거지를 하다
☐ dust   먼지
☐ fair   전시회; 공평한
☐ for a long time 한참 동안
☐ in need   어려움에 처한
☐ pillow   베개
☐ publish   출판하다
☐ punch   주먹으로 치다
☐ remain   남다, ～한 대로이다
☐ result   결과
☐ run out   다 떨어지다
☐ stare   응시하다
☐ tired   피곤한
☐ totally   완전히, 전혀
☐ turn off   (전기 · 수도 등을) 끄다
☐ walk a dog   개를 산책시키다
☐ wave   손을 흔들다, 파도치다

Spelling 주의

• 쓸 때 철자에 주의해야 하는 단어들을 미리 익혀 두세요.

☐	ab**s**ent	결석의, 부재의
☐	excuse	변명; 변명하다, 용서하다
☐	he**s**itate	망설이다, 주저하다
☐	poem	(한 편의) 시
☐	repair	수리하다
☐	success	성공

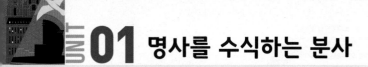

UNIT 01 명사를 수식하는 분사

우리말과 일치하도록 주어진 말을 알맞게 배열하시오. (단, 필요시 형태를 바꾸시오.)

> 저 깨진 병을 줍고 있는 그 소년은 John이야.
> (pick up, is, the boy, the, bottle, break, John)

→ _____

문장력 UP

주어 저 깨진 병을 줍고 있는 그 소년
→ 그 소년+줍고 있는+저 깨진 병

동사 ~이다(be동사/현재) → is

어순 S+V+C(John)

 | 1 | 분사는 동사를 형용사처럼 쓰기 위해 만든 말로 현재분사와 과거분사로 구분해요.

	현재분사	과거분사
형태	동사+-ing	동사+-(e)d
의미	능동(~하는) 진행(~하고 있는)	수동(~당한, ~되는) 완료(~된)
예) fall (떨어지다)	falling (떨어지는)	fallen (떨어진)

| 2 | 분사는 형용사 역할을 하여 명사를 수식하거나 보어 역할을 해요.

분사의 역할		예문	
명사 수식	명사 앞 위치	Pick up some fallen <u>leaves</u>. Look at the smiling <u>bear</u>.	떨어진 잎들을 좀 주워. 미소 짓는 저 곰을 봐.
	명사 뒤 위치	Pick up some <u>leaves</u> fallen on the ground. Look at the <u>bear</u> smiling at us.	땅에 떨어진 잎들을 좀 주워. 우리에게 미소 짓는 저 곰을 봐.
보어	주격보어 (2형식)	The boy remained standing alone. She became confused.	그 소년은 혼자서 계속 서 있었다. 그녀는 혼란스러워졌다.
	목적격보어 (5형식)	He heard me singing the pop song. I got the bike repaired.	그는 내가 그 팝송을 부르는 것을 들었다. 나는 그 자전거를 수리받았다.

* 동사로 만든 분사는 목적어를 취할 수 있고 부사나 전치사구가 그다음에 올 수도 있는데, 이때는 명사 뒤에서 수식해요.

빈출 유형 해결

해설
☑ 주어 '저 깨진 병을 줍고 있는 그 소년'은 〈The boy+줍고 있는(현재분사)+저 깨진(과거분사) 병〉의 순서로 써야 해요.
☑ 주어를 완성한 후, 동사(is)와 보어(John)를 순서대로 써서 문장을 완성해요.
정답 The boy picking up the broken bottle is John.

단어 배열

[01~04] 우리말과 일치하도록 주어진 말을 알맞게 배열하시오. (단, 필요시 형태를 바꾸시오.)

01

> Chris와 이야기하고 있는 그 소녀는 내 여동생이야. (my sister, the girl, talk to, is, Chris)

→ The girl is my sister talks to Chris. 　　(X)

👤 위의 오답에서 **틀린** 부분을 찾아 바르게 고쳐 주세요.

　　　☑ 분사의 형태　　☑ 분사구의 위치

→ _____

💬 분사구는 수식하는 명사 바로 뒤에 있어야 하며, '이야기하고 있는 그 소녀'는 〈the girl + 현재분사〉로 표현해요.

02

> 나는 중국에서 만들어진 펜을 하나 샀다.
> (pen, China, bought, in, a, I, make)

→ _____

03

> 그 의자 밑에서 자고 있는 고양이가 있다.
> (cat, chair, under, is, sleeping, a, the, there)

→ _____

04

> 나는 피카소에 의해 그려진 그림을 본 적이 있다. (seen, paint, have, picture, Picasso, a, by, I)

→ _____

💬 명사를 수식하는 분사 뒤에 전치사구가 이어지는 경우, 분사는 전치사구와 함께 명사 뒤에 써요.

오류 수정

[05~06] 어법상 **틀린** 부분을 찾아 바르게 고쳐 쓰시오.

05 I found an arrow breaking in half.

　　_____ → _____

06 There are some boys stood on the stage.

　　_____ → _____

빈칸 쓰기

[07~08] 우리말과 일치하도록 주어진 말을 활용하여 빈칸에 알맞은 말을 쓰시오.

07

> 벽을 칠하고 있는 사람이 김씨다.
> (paint, the wall)

→ The person _____ _____ _____
　　_____ Mr. Kim.

08

> 그 파티에 초대된 사람들이 노래하는 중이다.
> (the party, invite, to)

→ The people _____ _____
　　_____ _____ singing.

대화 완성

[09~10] 대화를 읽고, 우리말과 일치하도록 주어진 말을 활용하여 대화를 완성하시오.

> Kenny: Where did you get that book?
> Amy : 서울에서 개최된 도서전에서 샀어.
> 　　　　(a book fair, hold)
> Kenny: I heard about the fair. How was it?
> Amy : 책을 파는 많은 사람이 있었어. (sell)
> Kenny: Were there a lot of used books?

09 _____

10 _____

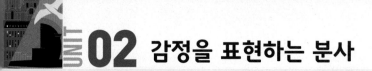

02 감정을 표현하는 분사

빈출 유형 | 문장 완성

우리말과 일치하도록 주어진 단어를 활용하여 문장을 완성하시오.

> 사람들은 그의 지루한 변명에 실망했다.
> (bore, disappoint, his excuse, at)

→ _____

📝 문장력 UP

주어 사람들은 → People

동사 (실망한 상태)였다 → be동사/과거

어순 S+V+C+전치사+전치사의 목적어

 필수 문법

| 1 | 감정 동사들은 분사의 형태로 많이 쓰는데, 이때 동사의 주체와의 <u>능동 및 수동 관계</u>에 주의해야 해요.

	현재분사	과거분사
	수식/서술하는 명사가 감정을 일으킴.	수식/서술하는 명사가 감정을 느낌.
surprise (놀라게 하다)	It was surprising <u>news</u>. 그것은 놀라운 소식이었다.	<u>Surprised people</u> ran out. 놀란 사람들이 뛰쳐나갔다.
bore (지루하게 하다)	<u>The movie</u> was boring. 그 영화는 지루했다.	<u>She</u> was bored. 그녀는 지루했다.

| 2 | 감정을 나타내는 분사들을 기억해 두세요.

	현재분사	과거분사
	수식/서술하는 명사가 감정을 일으킴.	수식/서술하는 명사가 감정을 느낌.
excite (신나서 들뜨게 하다)	exciting (신나게 하는)	excited (신이 난)
interest (흥미를 끌다)	interesting (흥미를 주는)	interested (흥미를 느낀)
satisfy (만족시키다)	satisfying (만족스러운)	satisfied (만족한)
amaze (감탄해서 놀라게 하다)	amazing (놀라운, 감탄스러운)	amazed (놀란, 감탄한)
disappoint (실망시키다)	disappointing (실망스러운)	disappointed (실망한)
shock (충격을 주다)	shocking (충격적인)	shocked (충격받은)

빈출 유형 해결

해설

☑ 시제는 과거이고, '실망한'이라는 형용사(분사)가 있으므로 be동사를 주어에 맞게 were로 써요.

☑ 주어, 동사를 People were로 쓴 후, 뒤에 보어(분사)는 사람들이 실망을 느낀 것이므로 과거분사인 disappointed로 써요.

☑ disappointed 뒤에 전치사 at을 쓰고 지루함 감정을 일으키는 원인인 '그의 지루한 변명(his boring excuse)'을 써요.

정답 People were disappointed at his boring excuse.

📖 실전 유형으로 PRACTICE

[01~04] 우리말과 일치하도록 주어진 단어를 활용하여 문장을 완성하시오.

01

> 나는 신나는 게임에 관심이 있어요.
> (interest, excite, in, games)

→ I'm interesting in excited games.　　　　(X)

🧑 위의 오답에서 **틀린** 부분을 찾아 바르게 고쳐 주세요.

> ☑ 현재분사　　☑ 과거분사

→ _____

💬 나는 감정을 느끼고, 게임은 감정을 일으켜요. 감정을 느끼면 과거분사를 쓰고, 감정을 일으키면 현재분사를 써요.

02

> 그녀의 성공은 놀랍지 않다.
> (surprise, success)

→ _____

03

> 그녀는 그 결과에 대해 만족스럽게 느낀다.
> (satisfy, the result, with, feel)

→ _____

💬 feel 뒤에 형용사 보어를 쓰면 '~하게 느끼다'라는 의미가 돼요.

04

> 그는 K-pop에 관심이 있니?
> (interest, in)

→ _____

[05~06] 어법상 **틀린** 부분을 찾아 바르게 고쳐 쓰시오.

05 His new songs are amazed.

_____ → _____

06 A lot of people were disappointing.

_____ → _____

[07~08] 다음 표를 보고, 보기와 같이 문장을 완성하시오.

She ...	It was ...	
went to the movie	exciting	신나게 하는
read the news	shocking	충격적인
heard his story	touching	감동적인

> 보기
>
> She was excited by the exciting movie.

07 She _____ .

08 She _____ .

[09~10] 대화를 읽고, 우리말과 일치하도록 대화를 완성하시오.

> A: Did you see the soccer game? The Korean team won!
> B: **09** 나는 실망했어.
> A: Why? You didn't want our team to win?
> B: I'm saying that we scored only one goal. That's why **10** 그 경기는 실망스러웠어.
> A: That's exactly why it was exciting.

09 _____

10 _____

03 분사구문 1

빈출 유형 | 문장 전환

다음 문장을 분사구문이 있는 문장으로 바꾸어 쓰시오.

> When he saw Susan, he waved at her.

→ _____

 문장력 UP

주어 he = he

동사 부사절의 saw → 현재분사 seeing

어순 부사절의 〈접속사+주어〉 삭제
→ 현재분사 ~, 주절

| 1 | 부사절과 주절의 주어가 같을 때, 현재분사로 시작하는 분사구문으로 바꿀 수 있어요.

확인 사항	As he went out of the house, he called his friend. 그는 집 밖으로 나가면서, 그의 친구에게 전화했다. 1. 부사절과 주절로 이루어져 있다. → As he ~, he .... 2. 부사절과 주절의 주어가 같다. → he=he
전환 절차	1. 부사절의 접속사와 주어를 지운다. → ~~As he~~ 2. 부사절의 동사를 현재분사로 바꾸고 나머지를 그대로 쓴다. → went → Going ~ Going out of the house, he called his friend.

* 의미의 명확성을 위해 접속사를 그냥 두기도 해요.(= As going out of the house, ~)
* 특히 양보를 나타내는 분사구문에는 양보의 의미를 명확하게 하기 위해 접속사를 생략하지 않는 경우도 많아요.
　Though being young, the little boy is very thoughtful.

| 2 | 부사절이 부정문이면 현재분사 앞에 부정어를 붙여요.

확인 사항	Because she didn't have time, she took a taxi. 그녀는 시간이 없어서, 택시를 탔다. 1. 부사절과 주절로 이루어져 있다. → Because she ~, she .... 2. 부사절과 주절의 주어가 같다. → she=she
전환 절차	1. 부사절의 접속사와 주어를 지운다. → ~~Because she~~ 2. 부사절의 동사를 현재분사로 바꾸고 나머지를 그대로 쓰되, 부사절이 부정문이므로 현재분사 앞에 not을 붙인다. 　→ have → Not having ~ Not having time, she took a taxi.

빈출 유형 해결

해설

☑ 부사절(그가 Susan을 봤을 때)과 주절(그는 그녀에게 손을 흔들었다)로 이루어져 있고, 주어가 같으므로(he=he) 부사절의 접속사와 주어를 생략해요.

☑ 그리고 부사절의 동사(saw)를 현재분사 seeing으로 바꾸고 나머지는 그대로 써요.

정답 Seeing Susan, he waved at her.

[01~04] 다음 문장을 분사구문이 있는 문장으로 바꾸어 쓰시오.

01

> Because she doesn't enjoy sports, she left.

→ <u>Don't enjoy sports, she left.</u>   (X)

 위의 오답에서 **틀린** 부분을 찾아 바르게 고쳐 주세요.

☑ 분사구문의 시작   ☑ 분사구문의 부정

→ _____

💬 분사구문은 현재분사로 시작하므로 enjoying이 되어야 하며, Because ~의 부사절이 부정문이므로 enjoying 앞에 Not을 붙여요.

02

> As soon as he came back from work, he went to bed.

→ _____

03

> While I was walking along the street, I met my friend.

→ _____

💬 부사절의 시제가 진행 시제일 경우, 분사구문으로 고치면 Being walking ~이라고 쓰지 않고, Being을 생략해서 Walking ~으로 써요.

04

> Since he was so tired, he decided not to go there.

→ _____

[05~06] 어법상 **틀린** 부분을 찾아 바르게 고쳐 쓰시오.

05 Having not a car, he took a bus.

_____ → _____

06 Listen to music, she cleans her room.

_____ → _____

[07~10] 다음 두 문장의 의미가 일치하도록 알맞은 접속사를 이용하여 문장을 완성하시오.

07

> Turning left, you'll see the post office.

→ _____,

you'll see the post office.

08

> Turning off the TV, he started reading.

→ _____,

he started reading.

09

> Not being confident, she asked me to help.

→ _____,

she asked me for help.

💬 분사구문에 부정어가 있으므로 이를 부사절로 바꿀 때는 부정어를 쓰는 것을 잊지 말아야 해요.

10

> Not having much money, he bought me a smartphone.

→ _____,

he bought me a smartphone.

04 분사구문 2

빈출 유형 | 문장 전환

다음 문장을 접속사가 있는 문장으로 바꾸어 쓰시오.

> Invited to the party, she was excited.

→ _____, she was excited.

A⇄Q 문장력 UP

주어 분사구문의 주어가 생략되었으므로 → she

동사 분사구문이 과거분사로 시작하므로
→ 수동태 be invited

어순 접속사+S+V, 주절

필수 문법

| 1 | 부사절 동사가 수동태인 문장을 분사구문을 이용해 바꿀 경우, 〈Being + 나머지〉로 쓰거나 Being을 생략해요.

When he was asked a question, he hesitated. 질문을 받았을 때, 그는 망설였다.

= ~~When he~~ Being asked a question, he hesitated.

= ~~When he~~ ~~Being~~ Asked a question, he hesitated.

* Being이 생략되고 과거분사로 시작하면, 주절의 주어와 수동 관계로 해석해요.

[현재분사 분사구문] Asking a question, he hesitated. → 질문했을 때, 그는 망설였다.
    └→ When he asked

[과거분사 분사구문] Asked a question, he hesitated. → 질문받았을 때, 그는 망설였다.
    └→ When he was asked

| 2 | 부사절과 주절의 주어가 다르면, 부사절의 주어를 그대로 쓰고, 분사구문으로 써요.

Because the house was so dirty, we cleaned it. 집이 무척 더러워서, 우리는 그것을 청소했다.

= The house being so dirty, we cleaned it.

* 주어를 그대로 쓴 분사구문을 독립분사구문이라고 해요.

| 3 | 분사구문은 주절과의 관계를 생각하여 문맥에 맞게 다시 부사절로 바꾸어 쓸 수 있어요.

Being so busy, he couldn't help her. → 너무 바빴기 때문에, 그는 그녀를 도울 수 없었다.

= As/Since/Because he was so busy, ~.

Being so busy, he helped her. → 너무 바빴지만, 그는 그녀를 도왔다.

= Though/Even though/Although he was so busy, ~.

빈출 유형 해결

해설

☑ 분사구문의 주어가 생략되어 있고 과거분사(Invited)로 시작하므로, 부사절로 쓸 때 주어와 동사는 she와 수동태 be invited가 돼요.

☑ 주절의 시제가 과거이므로 부사절의 시제도 과거로 해서 she was invited라고 써요.

☑ 문맥상 접속사는 때(when)나 이유(because/since/as)를 나타내는 것 모두 가능해요.

정답 When[Because/Since/As] she was invited to the party

[01~04] 다음 문장을 접속사가 있는 문장으로 바꾸어 쓰시오.

01

> The table being cleaned, I did the dishes.

→ **After I cleaned the table** ,

I did the dishes. (X)

👤 위의 오답에서 **틀린 부분**을 찾아 바르게 고쳐 주세요.

☑ 부사절의 주어	☑ 부사절의 동사

→ _____,

I did the dishes.

💬👤 주어가 남아 있는 분사구문으로 부사절의 주어는 the table이며, being cleaned로 봤을 때, 부사절의 동사는 수동태 과거가 되어야 해요.

02

> Called by his teacher, he went to his office.

→ _____,

he went to his office.

03

> Written in easy English, the poem is hard to understand.

→ _____,

the poem is hard to understand.

04

> Seen from a distance, it looks like a whale.

→ _____,

it looks like a whale.

[05~06] 어법상 틀린 부분을 찾아 바르게 고쳐 쓰시오.

05 Decorating with flowers, the house looked better.

_____ → _____

06 Don't being rich, she helps people in need.

_____ → _____

[07~10] 다음 문장을 분사구문이 있는 문장으로 완성하시오.

07

> Since it was a fine day, everybody was out on the street.

→ _____,

everybody was out on the street.

💬👤 부사절의 주어가 주절의 주어와 다른 경우, 주어를 생략하지 않고 그냥 써야 해요.

08

> Though the dog was barking hard, the owner didn't try to stop it.

→ _____,

the owner didn't try to stop it.

09

> When the book was published, many people loved it.

→ _____,

many people loved it.

10

> Since she was tired, we took care of the rest.

→ _____,

we took care of the rest.

05 with+명사+분사

우리말을 |조건|에 맞게 영작하시오.

┌─ 조건 ┐
- 8단어로 쓸 것
- with, turn, fall, on, asleep을 활용할 것
└─────────┘

그는 TV를 켠 상태로 잠이 들었다.

→ _____

 문장력 UP

주어 그는(He)

동사 잠이 들었다(과거) → fell asleep

어순 S+V+C(asleep)+with+명사+분사

 |1| 〈with+명사+분사〉의 형태로 쓰면, '~을[이] …한 채(로)', '~을 …하면서'라는 의미가 돼요.

He counted the dogs with his finger pointing. 그는 손가락으로 가리키면서 그 개들을 세었다.
A girl is sitting with her legs crossed. 한 소녀가 그녀의 다리를 꼰 채 앉아 있다.

|2| 〈with+명사〉 뒤의 분사는 명사와의 관계를 생각하여 현재분사일지 과거분사일지 판단해요.

능동 관계	The park was noisy with dogs [barking / barked]. 공원은 개들이 짖으면서 시끄러웠다.	'개가 짖다'는 능동 관계이므로 barking이 정답임.
수동 관계	She sang with her eyes [closing / closed]. 그녀는 눈을 감은 채 노래했다.	'눈이 감기다'는 수동 관계이므로 closed가 정답임.

|3| 〈with+명사〉 뒤에 형용사, 부사(구), 전치사(구)도 쓸 수 있어요.

Don't talk with your mouth full. 입에 음식을 가득 넣은 채로 말하지 마라.
He waited with his hands in his pockets. 그는 주머니에 손을 넣은 채 기다렸다.
He tried to read with his glasses off. 그는 안경을 벗은 채로 읽으려고 노력했다.

빈출 유형 해결

해설
☑ 우선 fall asleep(잠들다)라는 표현을 이용하여 과거 시제로 He fell asleep으로 써요.
☑ '~을[이] …한 채로'는 〈with+명사+분사〉로 표현하므로 with the TV를 쓰고 수동 관계로 turned on을 써요.
정답 He fell asleep with the TV turned on.

실전 유형으로 PRACTICE

[01~04] 우리말을 조건 에 맞게 영작하시오.

조건
- 〈with+명사+분사〉를 포함할 것
- 괄호 안의 말을 활용할 것

01 그는 팔짱을 낀 채 듣고 있었다. (listen, cross)

→ He listen with arms crossing.   (X)

 위의 오답에서 틀린 부분을 찾아 바르게 고쳐 주세요.

☑ 시제   ☑ 관사 또는 소유격   ☑ 분사 종류

→ _____

시제는 과거진행인 was listening으로 쓰고, 명사 arms는 the 또는 his를 붙여야 하며, 팔은 꼬여지는 것(수동 관계)이므로 과거분사로 써야 해요.

02 너는 입을 다문 채 씹어야 해. (close, chew)

→ _____

03 그는 5초를 남겨둔 채 쓰러졌다. (fall down, leave, second)

→ _____

04 너의 무릎을 구부린 채 주먹으로 한번 쳐 봐라. (try, punch, knees, bend)

→ _____

〈try+to부정사〉는 '~하려고 노력하다'라는 의미이고 〈try+동명사〉는 '한번 ~(시도)해 보다'라는 의미예요.

오류 수정
[05~06] 어법상 틀린 부분을 찾아 바르게 고쳐 쓰시오.

05 He was lying with his eyes fixing on the TV.

_____ → _____

06 Try not to talk with your mouth fully.

_____ → _____

 〈with+명사+형용사〉도 '~한 채로'의 의미예요.

단어 배열
[07~08] 우리말과 일치하도록 주어진 말로 시작하여 문장을 완성하시오. (단, 필요시 형태를 바꾸시오.)

07
다리를 다쳐서 그는 걷지 못했다.
(walk, injure, legs, he, his, couldn't)

→ With _____.

08
그 문을 연 채 그는 외출했다.
(go out, the, he, open, door)

→ With _____.

빈칸 쓰기
[09~10] 다음 두 문장의 의미가 일치하도록 빈칸에 알맞은 말을 쓰시오.

09
My brother was jogging in the park, and his dog followed him.

→ My brother was jogging in the park, with _____.

10
She completed her project, and she felt very satisfied.

→ With _____ _____ _____, she felt very satisfied.

CHAPTER 05 89

중간고사·기말고사 실전문제

오류 수정

[01~05] 어법상 **틀린** 부분을 찾아 바르게 고쳐 쓰시오.

01 The lady walked her dog was talking to me.

_____ → _____

02 I have many friends interesting in science.

_____ → _____

03 Waved their hands, the actors got in the car.

_____ → _____

04 Didn't knowing what to do, they asked her for some advice.

_____ → _____

05 She was standing with her hair is blowing in the wind.

_____ → _____

단어 배열

[06~10] 우리말과 일치하도록 주어진 말을 알맞게 배열하시오.

06
> 버스 정류장에 서 있는 그 여자아이는 내 친구이다. (the bus stop, is, standing, the girl, at, my friend)

→ _____

07
> 나의 형은 태풍으로 손상된 자전거를 고치고 있다. (is, my brother, damaged, the bike, fixing, the storm, by)

→ _____

08
> 숙제를 할 때 나는 형에게 많은 질문을 한다.
> (I, ask, my brother, my homework, many, doing, questions)

→ _____

09
> 그 결과에 실망해서 나는 2주 동안 아무 곳에도 가지 않았다. (the result, anywhere, didn't, disappointed, with, I, go, for 2 weeks)

→ _____

10
> 아빠는 눈을 감은 채 의자에 앉아 계신다.
> (on, is, my dad, sitting, his eyes, a chair, with, closed)

→ _____

빈칸 쓰기

[11~15] 우리말과 일치하도록 주어진 말을 활용하여 빈칸에 알맞은 말을 쓰시오.

11
> 그녀는 그녀의 기말고사 점수에 만족했다.
> (satisfy)

→ She _____ _____ _____ her final exam score.

12

나의 언니는 프랑스 작가가 쓴 책을 읽고 있다.
(write)

→ My sister is _____ _____ _____

_____ by a French writer.

13

나는 음악을 들으면서 설거지를 했다. (listen)

→ _____ _____ _____, I washed

the dishes.

14

시간이 다 돼서 그는 마지막 다섯 문제를 풀지
못했다. (run out)

→ _____ _____ _____, he couldn't

solve the last five questions.

15

나의 조카는 그녀의 손에 사탕을 쥔 채 돌아다
녔다. (with)

→ My niece walked around _____ _____

_____ in her hand.

문장 완성

[16~20] 우리말과 일치하도록 주어진 말을 활용하여 문장을 완
성하시오.

16

오늘 배달된 그 꽃들은 나의 언니를 기쁘게 만들
었다. (delivered, please, make)

→ _____

17

아팠기 때문에 그녀는 학교에 결석했다.
(sick, being, absent)

→ _____

18

그 소식을 듣고, 나의 누나는 완전히 충격을 받
았다. (the news, hearing, shock, totally)

→ _____

19

무지개를 보면서 우리는 해변에 앉아 있었다.
(the rainbow, looking, sit, the beach)

→ _____

20

내 남동생은 다리를 베개에 올린 채 자고 있다.
(legs, sleep, with, the pillow)

→ _____

대화 완성 – 단어 배열

[21~22] 대화를 읽고, 주어진 말을 바르게 배열하여 대화를 완성
하시오.

21

A: Do you know how to get to the
bookstore?
B: Yes. _____
you will find it on your left. (the left,
turning, to)

22

A: Why didn't you call me last night?
B: _____,
I fell into a deep sleep. (from, tired,
the work)

[23~24] 대화를 읽고, 우리말과 일치하도록 대화를 완성하시오.

23

> A: Is that book written in easy English?
> B: Yes, it is. 쉬운 영어로 쓰여 있어서, 그것은 이해하기에 어렵지 않아.

→ _____, it is not

difficult to understand.

24

> A: Who is sitting next to Minji?
> B: 그녀의 옆에 앉아 있는 남자는 변호사이다.

→ The man _____ is

a lawyer.

대화 완성 - 빈칸 쓰기

25 다음 대화가 자연스럽도록 빈칸에 알맞은 말을 쓰시오. (단, Being이 생략된 분사구문으로 쓰시오.)

> A: Is Nancy kind and diligent?
> B: Yes, she is. _____ _____
> _____, she is trusted by
> everyone.

조건 영작

[26~28] 우리말을 |조건|에 맞게 영작하시오.

26

조건
take, some pictures, show를 활용하여 8단어로 쓸 것

그녀는 나에게 영국에서 찍은 사진을 몇 장 보여 주었다.

→ _____

27

조건
sleep, with, turn on을 활용하여 8단어로 쓸 것

그녀는 라디오를 켜 놓은 채 자고 있었다.

→ _____

28

조건
– the weather, walk, fine을 활용하여 8단어로 쓸 것
– 분사구문을 사용할 것

날씨가 좋아서, 나는 나의 개를 산책시켰다.

→ _____

문장 전환

[29~31] 다음 두 문장의 의미가 일치하도록 분사구문은 부사절로, 부사절은 분사구문으로 고쳐 쓰시오.

29 When he opened the door, he saw his brother cooking.

→ _____

30 Having a heavy box, she took a taxi to the station.

→ _____

31 Left alone, he began to sing.

→ _____

한 문장으로 쓰기

[32~34] 다음 문장을 현재분사 또는 과거분사를 이용하여 한 문장으로 만드시오.

32

> • That old woman is my grandmother.
> • She is wearing a red scarf.

→ _____

33

> • There were a lot of old toys.
> • They were covered with dust.

→ _____

34

> · These are popular computer games.
> · They were made for teenagers.

→ _____

보기 영작

[35~37] 보기 와 같이 두 문장의 의미가 일치하도록 빈칸에 알맞은 말을 쓰시오.

> ┌ 보기 ┐
> While my mom was singing, her hands were behind her back.
> → My mom was singing <u>with her hands behind her back</u>.

35 Emily went to the shop to get some eggs, and her dog followed her.

→ Emily went to the shop to get some eggs _____ _____ _____ _____ _____ .

36 Olivia was running in the park and her jacket was open.

→ Olivia was running in the park _____ _____ _____ _____ .

37 Jin went into the house and a letter was in her hand.

→ Jin went into the house _____ _____ _____ _____ _____ .

그림 영작

38 다음 그림을 보고, 주어진 말을 활용하여 문장을 완성하시오.

(with, open)

Kate fell asleep _____ .

도표 영작

39 다음 중 서로 연관되는 내용을 찾아 연결한 후, 분사를 이용하여 보기 와 같이 한 문장으로 만드시오.

This camera is nice.	———	It was made in Korea.
(1) Look at that girl.	· ·	They were playing soccer.
(2) There were some children.	· ·	She is wearing a red hat.
(3) I have a cousin.	· ·	She is called Kate.

> ┌ 보기 ┐
> This camera made in Korea is nice.

(1) _____

(2) _____

(3) _____

오류 수정 – 고난도

40 다음을 읽고, 틀린 문장 3개를 찾아 틀린 부분을 바르게 고쳐 쓰시오.

> (A) My teacher called the students chatted in her class.
> (B) Getting an A on the test, Bob became confident in himself.
> (C) Drink coffee, we talked about our plan for the trip.
> (D) The soup being too hot, I couldn't eat it.
> (E) She stared for a long time with her eyes fix upon the floor.

	문장 기호	틀린 부분	고친 내용
(1)			
(2)			
(3)			

[06]

비교

CHAPTER 06
WORD LIST

• 이번 챕터에서 나올 어휘들을 미리 확인해 보세요.

☐	age	나이
☐	as soon as	~하자마자
☐	bored	지루한
☐	carefully	주의 깊게
☐	comfortable	편한
☐	cute	귀여운
☐	depressed	우울한, 풀이 죽은
☐	drift	표류하다; 표류
☐	exercise	운동하다
☐	expensive	비싼
☐	explain	설명하다
☐	gently	부드럽게
☐	height	키, 높이
☐	imagine	상상하다
☐	junk food	정크푸드, 즉석식품
☐	magazine	잡지
☐	maple tree	단풍나무
☐	memorize	기억하다
☐	memory	기억, 기억력
☐	popular	인기 있는
☐	possible	가능한
☐	practice	연습하다, 실행하다
☐	record	기록; 기록하다
☐	thigh	허벅지
☐	Venus	금성

Spelling 주의

• 쓸 때 철자에 주의해야 하는 단어들을 미리 익혀 두세요.

☐	biology	생물학
☐	convenient	편리한
☐	diligent	근면한, 부지런한
☐	freeze	얼다
☐	recycle	재활용하다
☐	weight	몸무게, 무게

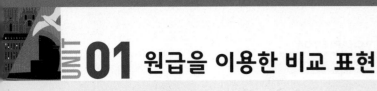

UNIT 01 원급을 이용한 비교 표현

우리말과 일치하도록 주어진 말을 활용하여 빈칸에 알맞은 말을 쓰시오.

> 그는 가능한 한 빠르게 그것을 설명했다.
> (fast, explain, it)

→ He ＿＿＿＿ ＿＿＿＿ ＿＿＿ ＿＿＿＿ ＿＿＿＿
＿＿＿＿ ＿＿＿＿.

| 문장력 UP |

주어 그는(He)

동사 설명했다(과거) → explained

어순 S+V+O+as+부사(원급)+as+S+조동사

| 1 | '~만큼 …한/하게'는 ⟨as + 형용사/부사 + as⟩로 표현해요.

비교 포인트	예문	의미
as + 형용사 + as	She is as tall as he is[him].	그녀는 그만큼 키가 크다.
as + 부사 + as	She can run as fast as he can[him].	그녀는 그만큼 빠르게 달릴 수 있다.

* 두 번째 as 뒤에는 문장의 주어, 동사와 같은 형태인 he is, he can과 같이 써야 하지만, 구어체에서는 him(목적격)을 쓰기도 해요.

| 2 | ⟨as + 형용사/부사 + as⟩의 부정은 ⟨not + as[so] + 형용사/부사 + as⟩로 써요.

She is **not** as[so] tall as he is. 그녀는 그만큼 키가 크지 않다.
She ran, but **not** as[so] fast as him. 그녀는 달렸지만, 그만큼 빨리 달리진 않았다.

* not as ~ as에서 첫 번째 as 대신 so를 쓸 수 있어요.

| 2 | 시험에 꼭 나오는 as ~ as를 이용한 유용한 표현들을 알아 두세요.

'몇 배만큼 ~한/하게' 배수사 + as + 형용사/부사 + as	She is **twice** as busy as him. 그녀는 그의 두 배만큼 바쁘다.	He eats **three times** as much as her. 그는 그녀의 세 배만큼 많이 먹는다.
'가능한 ~한/하게' as ~ as possible, as ~ as + 주어 + can/could	Come as soon as possible. 가능한 한 곧[빨리] 와라.	Bring as many chairs as you can. 할 수 있는 한 많은 의자를 가져와라.

빈출 유형 해결

해설

☑ 시제는 과거이므로 주어, 동사를 He explained로 쓰고, 목적어 it을 써요.

☑ '가능한 한 빠르게'는 ⟨as+부사(fast)의 원급+as possible⟩ 또는 ⟨as+부사(fast)의 원급+as+주어+can/could⟩로 쓸 수 있어요.

☑ 빈칸의 개수에 맞춰 과거 시제로 as ~ as he could로 써야 해요.

정답 explained it as fast as he could

빈칸 쓰기

[01~04] 우리말과 일치하도록 주어진 말을 활용하여 빈칸에 알맞은 말을 쓰시오.

01

그의 허벅지는 내 것보다 두 배만큼 두꺼웠다.
(his thighs, thick, mine)

→ His thighs ___are___ ___two___ ___as___
___thicker___ ___as___ ___mine___. (X)

🧑 위의 오답에서 틀린 부분을 찾아 바르게 고쳐 주세요.

☑ 시제   ☑ 배수사   ☑ 원급 비교

→ His thighs _____

_____ _____ _____.

💬🧑 시제는 과거로 써야 하며 '두 배'는 twice로 쓰고, as ~ as 사이에는 원급(thick)을 써요.

02

그는 가능한 한 부드럽게 그 아이를 안았다.
(gently)

→ He held the baby _____ _____

_____ _____.

03

저 침대는 내 것의 두 배만큼 크다.
(large, mine)

→ The bed is _____ _____ _____

_____ _____.

04

서울은 겨울에 뉴욕만큼 꽁꽁 얼게 춥지는 않다. (Seoul, freezing)

→ _____ _____

_____ New York.

오류 수정

[05~06] 어법상 틀린 부분을 찾아 바르게 고쳐 쓰시오.

05 Reading is as harder as exercising.

_____ → _____

06 Prepare as many as cups you can.

_____ → _____

단어 배열

[07~08] 우리말과 일치하도록 주어진 말을 알맞게 배열하시오.

07

그 도시는 내가 상상했던 만큼 깨끗하지 않았다.
(city, not, as, imagined, clean, the, was, as, I)

→ _____

08

그는 나의 세 배만큼 많이 번다. (earns, do, much, times, as, he, I, three, as)

→ _____

보기 영작

[09~10] 주어진 말을 활용하여 보기 와 같이 영작하시오.

보기
Sue / Tom / work / much
→ Sue works as much as Tom does.

09 Jane / Tom / exercise / hard

→ Jane _____.

10 John / Minsu / can jump / high

→ John _____.

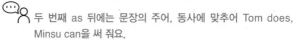

💬🧑 두 번째 as 뒤에는 문장의 주어, 동사에 맞추어 Tom does, Minsu can을 써 줘요.

02 비교급을 이용한 비교 표현

빈출 유형 **단어 배열**

우리말과 일치하도록 주어진 말을 알맞게 배열하시오. (단, 필요시 형태를 바꾸시오.)

> 더 밝아질수록, 너는 더 잘 볼 수 있다.
>
> (brighter, see, get, better, you, it, the, can, the)

→ _____

	문장력 UP
주어	명암에 쓰는 비인칭 주어 it/너는(you)
동사	(밝아)지다(현재) – gets 볼 수 있다 → can see
어순	The+비교급+S+V, the+비교급+S+V

 필수 문법

| 1 | '~보다 더 …한/하게'는 〈비교급＋than〉으로 표현해요.

비교 포인트	예문	의미
형용사의 비교급 ＋than	Movies are more interesting than books.	영화가 책보다 더 재미있다.
	Books are less interesting than movies.	책은 영화보다 덜 재미있다.
부사의 비교급 ＋than	I can type faster than him.	나는 그보다 더 빨리 타자 칠 수 있다.
	He can type less fast than me.	그는 나보다 덜 빨리 타자 칠 수 있다.

| 2 | 비교급을 '훨씬 더'와 같이 강조하거나, '~ 배 더'라고 하는 표현을 알아 두세요.

'훨씬 더' much[a lot/far] ＋비교급	It's far more interesting than that. 그것은 저것보다 훨씬 더 재미있다.	I can type much faster than you. 나는 너보다 훨씬 더 빨리 타자 칠 수 있다.
'몇 배 더' twice, three times ＋비교급	She is twice busier than him. 그녀는 그보다 두 배 더 바쁘다.	He eats three times more than her. 그는 그녀보다 세 배 더 많이 먹는다.

| 3 | 비교급을 써서 '더 ~할수록, 더 …하다' 또는 '점점 더 ~한/하게'를 표현할 수 있어요.

'더 ~할수록, 더 …하다' The＋비교급 (주어＋동사), the＋비교급 (주어＋동사)	**'점점 더 ~한/하게'** 비교급＋and＋비교급
The more you know, the wiser you become. 더 알수록, 더 현명해진다.	It's getting more and more interesting. 그것은 점점 더 재미있어진다.

* -er로 끝나는 비교급은 〈-er+and+-er〉로 표현해요.
→ It's getting hotter and hotter. 점점 더 더워진다.

비출 유형 해결

해설

☑ '밝아지다'는 비인칭 주어 it을 써서, it gets bright라고 쓰는데, '더 밝아지다'는 비교급 brighter로 써요.

☑ '더 ~할수록, 더 …하다'는 〈The+비교급 ~, the+비교급 …〉으로 쓰며, 각각의 비교급 뒤에는 〈주어+동사〉를 써요.

정답 The brighter it gets, the better you can see.

실전 유형으로 PRACTICE

단어 배열

[01~04] 우리말과 일치하도록 주어진 말을 알맞게 배열하시오. (단, 필요시 형태를 바꾸시오.)

01

> 점점 더 어두워지고 있었다.
> (get, dark, dark, it, and)

→ It got dark and dark.　　　　　　(X)

 위의 오답에서 **틀린** 부분을 찾아 바르게 고쳐 주세요.

　　　☑ 시제　　　☑ 비교급

→ _____

💬 시제는 과거진행형인 was getting으로 써야 하며, '점점 더 ~' 는 〈비교급+and+비교급〉으로 써요.

02

> 그는 나보다 훨씬 더 무겁다.
> (heavy, me, a, is, he, lot, than)

→ _____

💬 비교급을 강조할 때는 비교급 앞에 far나 much 대신에 a lot을 쓸 수도 있어요.

03

> 그 드라마는 점점 더 지루해지고 있다.
> (the, boring, more, getting, drama, more, is, and)

→ _____

04

> 그녀는 너보다 두 배 더 많이 공부한다.
> (than, study, you, twice, she, more)

→ _____

오류 수정

[05~06] 어법상 **틀린** 부분을 찾아 바르게 고쳐 쓰시오.

05 Junsu jumped less higher than Cheolmin.

_____ → _____

06 The more you study, the more it becomes interesting.

_____ → _____

빈칸 쓰기

[07~08] 우리말과 일치하도록 주어진 말을 활용하여 빈칸에 알맞은 말을 쓰시오.

07

> 더 어두울수록 그것들은 더 밝게 빛난다.
> (get, it, bright, dark)

→ _____ _____ _____ _____,

_____ _____ they shine.

08

> 네가 더 천천히 걸을수록, 더 많은 것을 본다.
> (walk, you, slow, many)

→ _____ _____ _____ _____,

_____ _____ you see.

대화 완성

[09~10] 대화를 읽고, 우리말과 일치하도록 주어진 말을 활용하여 대화를 완성하시오.

> A: Why is English always hard? It seems like it will never get easier.
> B: **09** 네가 더 많은 단어를 알수록, 덜 어려워질 거야.
> 　　(the, word, hard, know, get, it)
> A: But there are so many words. It will take me forever to memorize them all.
> B: You just need to learn a couple thousand for now. Then, **10** 영어가 훨씬 더 쉬워질 거야.
> 　　(easy, become)

09 _____

10 _____

UNIT 03 최상급을 이용한 비교 표현

빈출 유형 | **도표 영작**

다음 열차 시간표를 보고, |조건|에 맞게 문장을 완성하시오.

	Train A	Train B	Train C
Departure	10:05	10:00	09:45

┌ 조건 ┐
- 비교급을 사용할 것
- any, other, leave, early를 사용할 것

 | 문장력 UP |

주어 Train C → 3인칭 단수

동사 떠난다(현재) → leaves

어순 S+V+부사 비교급+than ~

→ Train C _____ .

 필수 문법

| 1 | '가장 ~한/하게'는 〈the + 최상급〉으로 표현해요.

비교 포인트	예문	주의
the + 형용사 최상급	She is **the tallest** in her class. 그녀는 그녀의 반에서 가장 키가 크다.	in+단수 명사
the + 부사 최상급	She can run **the fastest** of the 10 students. 그녀는 그 열 명의 학생들 중에서 가장 빨리 달릴 수 있다.	of+복수 명사

| 2 | 최상급을 이용한 다음 표현들을 꼭 기억해 두세요.

'가장 ~한 것들 중의 하나' one of+최상급+복수 명사	'두 번째로[세 번째로] 가장 ~한' the second[third]+최상급
That is **one of the oldest** buildings in town. 저것은 마을에서 가장 오래된 건물들 중의 하나다.	She is **the second most popular** girl of all. 그녀는 모두 중에서 두 번째로 가장 인기 있는 소녀다.

| 3 | 원급이나 비교급을 이용하여 최상급의 의미를 표현할 수 있어요.

최상급	She is **the tallest** girl in the class.	가장 키가 크다.
원급으로 표현	= **No (other)** girl in the class **is as tall as** her.	누구도 그녀만큼 크지 않다.
비교급으로 표현	= She is **taller than** any (other) girl in the class.	(다른) 어느 소녀보다 더 크다.

빈출 유형 해결

해설
☑ 비교급을 사용하려면 'Train C가 다른 어떤 기차보다 더 일찍 출발한다.'라는 의미가 되도록 써야 해요.
☑ 시제는 현재로 주어에 맞춰 leaves라고 쓰고, 부사 early의 비교급 earlier 다음에 〈than+다른 어떤 기차(any other train)〉의 순서로 써요.

정답 leaves earlier than any other train

도표 영작

01 다음 열차 시간표를 보고, 조건 에 맞게 문장을 완성하시오.

	Train A	Train B	Train C
Arrival	10:05	10:10	10:45

조건
- 원급을 사용할 것
- no, other, arrive, early를 사용할 것

→ No other train arrive as earlier

as Train A. (X)

 위의 오답에서 틀린 부분을 찾아 바르게 고쳐 주세요.

☑ 시제   ☑ ⟨as+원급+as⟩

→ _____

as Train A.

시제는 현재로 주어에 맞춰 arrives로 쓰고, as와 as 사이에는 원급으로 써요.

도표 영작

[02~04] 다음 축구 부원들의 정보를 보고, 괄호 안의 지시에 맞게 문장을 완성하시오.

Soccer Team Members			
Name	Height	Weight	100m Record
Jiho	165	65	15
Miso	160	50	18
Gichan	175	70	16

02 (키를 비교급을 사용하여 비교할 것)

→ Gichan _____

03 (몸무게를 원급을 사용하여 비교할 것)

→ _____ Miso.

04 (달리기 기록을 비교급을 사용하여 비교할 것)

→ _____ Jiho.

비교급을 사용하여 Jiho is[runs] faster than any (other) member on the team.으로도 쓸 수 있어요.

오류 수정

[05~06] 어법상 틀린 부분을 찾아 바르게 고쳐 쓰시오.

05 Jisu is one of the fastest girl in her class.

_____ → _____

06 Migyeong was the tallest in all students.

_____ → _____

문장 전환

[07~10] 다음 문장을 주어진 말을 활용하여 뜻이 같은 다른 문장으로 바꾸어 쓰시오.

07
> Buses are the most convenient of all the others. (more)

→ _____ any
of the others.

08
> I am the lightest of all students. (as)

→ _____ me.

09
> This game is the easiest of all the other games. (easier, any)

→ This game _____ .

10
> The kitchen is the biggest of all the other rooms. (as, no)

→ _____ the
kitchen.

중간고사·기말고사 실전문제

[01~05] 어법상 <u>틀린</u> 부분을 찾아 바르게 고쳐 쓰시오.

01 The history exam is difficult as the biology exam.

_____ → _____

02 Her watch is as twice expensive as mine.

_____ → _____

03 This chair is very less comfortable than that one.

_____ → _____

04 The more Joey talked, the more I became bored.

_____ → _____

05 Other teachers in our school are not so kindly as Mr. Miller.

_____ → _____

[06~10] 우리말과 일치하도록 주어진 말을 알맞게 배열하시오.

06

> 나는 나의 언니만큼 빨리 달릴 수 있다.
> (can, fast, I, as, as, my sister, run)

→ _____

07

> 그들은 가능한 한 빨리 서울을 떠나고 싶어 한다. (Seoul, possible, want, they, leave, as, soon, to, as)

→ _____

08

> 우리는 그 배가 점점 더 멀리 떠내려가는 것을 보았다. (drift, boat, we, the, watched, farther, and, away, farther)

→ _____

09

> 서울은 세계에서 가장 큰 도시 중 하나이다.
> (of, largest, is, one, cities, the, world, in, the, Seoul)

→ _____

10

> 나의 형은 나보다 세 배 더 많이 읽는다.
> (times, my, three, more, brother, reads, me, than)

→ _____

[11~15] 우리말과 일치하도록 주어진 말을 활용하여 빈칸에 알맞은 말을 쓰시오.

11

> 이 잡지는 저 잡지의 두 배만큼 두껍다. (thick)

→ This magazine is _____ _____ _____ _____ that magazine.

12

너는 내일 아침 최대한 일찍 일어나야 한다.
(early)

→ You have to get up _____ _____

_____ _____ tomorrow morning.

13

더 높이 올라갈수록, 우리는 더 천천히 걸었다.
(high, go)

→ The _____ _____ _____, _____

_____ we walked.

14

Wilson 씨는 런던에서 두 번째로 오래된 호텔
에 머물렀다. (old)

→ Mr. Wilson stayed at _____ _____

_____ _____ in London.

15

인생에서 다른 어떤 것도 건강보다 더 중요하지
않다. (important)

→ _____ _____ thing in life is _____

_____ than health.

문장 완성
[16~20] 우리말과 일치하도록 주어진 말을 활용하여 문장을 완
성하시오.

16

그녀는 최대한 정성스럽게 벽에 페인트칠을 했
다. (carefully, could, as, paint)

→ _____

17

비행기는 기차보다 훨씬 더 빠르다.
(far, trains, fast, airplanes)

→ _____

18

기억 상실은 점점 더 큰 문제가 되고 있다.
(become, memory loss, problem, big)

→ _____

19

내가 더 건강한 음식을 먹을수록, 나는 더 건강
해질 것이다. (healthy, will, food, be)

→ _____

20

다른 어떤 책상도 그녀의 책상만큼 깨끗하지 않
다. (no other, clean, desk, as)

→ _____

대화 완성 – 단어 배열
[21~22] 대화를 읽고, 주어진 말을 바르게 배열하여 대화를 완성
하시오.

21

A: You look happy when you eat ice
cream.
B: Yes. _____
I feel. (happier, sweeter, the, is, the,
food, the)

22

A: I want to speak English very well.
What should I do?
B: You should listen to _____
_____.
(can, songs, pop, as, as, you, often)

[23~24] 대화를 읽고, 우리말과 일치하도록 대화를 완성하시오.

23

> A: I eat more healthy food than junk food. How about you?
> B: So do I. 몸에 좋은 음식을 먹는 것은 운동하는 것만큼 중요해.

→ Eating healthy food is _____ exercising.

24

> A: Among the five rings, which one did he choose for his wedding ring?
> B: 그는 그의 결혼반지로 가장 비싼 반지를 선택했어.

→ He chose _____ for his wedding ring.

25 다음 대화가 자연스럽도록 빈칸에 알맞은 말을 쓰시오.

> A: I practice hard to be a great pianist.
> B: _____ _____ _____ _____ the piano, the better you will play.

[26~28] 우리말을 조건에 맞게 영작하시오.

26

> 조건
> animal, slow, of all을 활용하여 9단어로 쓸 것

이 동물은 모든 동물 중에서 가장 느리다.

→ _____

27

> 조건
> recycle, save, trees를 활용하여 11단어로 쓸 것

우리가 더 많은 종이를 재활용할수록, 우리는 더 많은 나무를 구할 수 있다.

→ _____

28

> 조건
> no, painting, by Picasso를 활용하여 11단어 로 쓸 것

이 미술관에 있는 다른 어떤 그림도 피카소가 그린 이 그림보다 더 가치 있지 않다.

→ _____

[29~31] 다음 문장을 보기와 같이 한 문장으로 만드시오.

> 보기
> Kate is very diligent. Dan is also very diligent.
> → Kate is as diligent as Dan.

29 My mom is 41 years old. My Dad is 47 years old.

→ My dad is _____ my mom.

30 This maple tree is 18 meters tall. That building is also 18 meters tall.

→ This maple tree is _____ that building.

31 The necklace is $170. The ring is $100.

→ The ring is _____ the necklace.

[32~34] 다음 문장을 보기와 같이 다시 쓰시오.

> 보기
> If you finish it sooner, you can go home earlier.
> → The sooner you finish it, the earlier you can go home.

32 As Julia read more books, she became wiser.

→ _____

33 If the break time is longer, we are happier.

→ _____

34 As the weather gets hotter, we have more cold drinks.

→ _____

문장 전환
[35~37] 두 문장의 의미가 일치하도록 빈칸에 알맞은 말을 쓰시오.

35 He is the richest person in this country.

= He is richer _____
in this country.

= _____ as him in
this country.

= _____ than him in
this country.

36 She was the most famous singer in the world.

= She was more _____
in the world.

= _____ as her in
the world.

= _____ than her in
the world.

37 It is the largest park in this city.

= It is larger _____
in this city.

= _____ as it in this
city.

= _____ than it in
this city.

그림 영작
38 다음 그림을 보고, 주어진 말을 활용하여 문장을 완성하시오.

→ The watch is _____ _____ _____
as the cellphone. (expensive)

도표 영작
39 다음 표를 보고, 주어진 단어를 이용하여 문장을 완성하시오. (단, 현재 시제로 쓰시오.)

	Age	Height
Clara	15	161
Sally	17	175
Violet	22	157

(1) Clara _____ than
Violet. (young, far)
(2) Sally _____ than
Violet. (tall, much)

오류 수정 - 고난도
40 다음을 읽고, 틀린 문장 3개를 찾아 틀린 부분을 바르게 고쳐 쓰시오.

> (A) My room is much large than my sister's.
> (B) Get out of the building as soon as possible.
> (C) The worst the weather is, the more depressed I feel.
> (D) Earth has far more water than Venus ever did.
> (E) Mimmy is cutest than any other dog in my town.

	문장 기호	틀린 부분	고친 내용
(1)			
(2)			
(3)			

CHAPTER

[07]
접속사

CHAPTER 07
WORD LIST

• 이번 챕터에서 나올 어휘들을 미리 확인해 보세요.

☐	accident	사고
☐	actor	배우
☐	be good at	~을 잘하다
☐	catch a cold	감기에 걸리다
☐	court	법정
☐	delicious	맛있는
☐	facility	시설, 설비
☐	get along with	~와 잘 지내다
☐	mean	의미하다
☐	misspell	철자를 잘못 쓰다
☐	on time	시간에 맞춰서
☐	online	온라인으로
☐	pack	싸다, 꾸리다
☐	reply	대답하다; 대답
☐	seafood	해산물
☐	shooting star	별똥별
☐	show up	나타나다
☐	sign up	서명하다
☐	sound	소리
☐	subject	과목, 주제, 신하
☐	talented	재능 있는
☐	tear	찢다, 눈물을 흘리다
☐	traffic	교통
☐	travel	여행하다
☐	wonder	궁금해하다

Spelling 주의

• 쓸 때 철자에 주의해야 하는 단어들을 미리 익혀 두세요.

☐	audience	청중
☐	benefit	도움이 되다
☐	guilty	유죄의
☐	judgment	판결, 재판, 판단
☐	language	언어
☐	nervous	긴장한, 불안해하는

빈출 유형 **한 문장으로 쓰기**

다음 두 문장을 주어진 말을 이용하여 한 문장으로 만드시오.

> • Mina took a walk with her dad.
>
> • She also had dinner with him. (not only ~ but also ...)

→ Mina _____ with her dad.

> **문장력 UP**
>
> 주어 Mina
>
> 동사 took / had
>
> 어순 S+not only+V ~ but also+V ...

 |1| 서로 상관이 있는 것들을 묶어 주는 상관접속사의 종류와 쓰임을 알아 두세요.

상관접속사	의미	상관접속사	의미
both A and B	A와 B 둘 다	not A but B	A가 아니라 B
either A or B	A 또는 B	not only A but (also) B	A뿐만 아니라 B도
neither A nor B	A도 B도 아닌	= B as well as A	A와 마찬가지로 B도

* 〈not only A but also B〉는 〈B as well as A〉로 쓸 수 있어요.

|2| 상관접속사로 이루어진 말이 주어일 때 주어와 동사의 수 일치에 주의하세요.

상관접속사	수 일치	예문
both A and B	복수 취급	Both Tom and Sara are busy.
either A or B	B에 수 일치	Either I or she has to go.
neither A nor B		Neither his brothers nor his sister knows you. * 모른다(부정)
not A but B		Not Tom but his parents have a car.
not only A but (also) B		Not only Tom but (also) his sisters are coming.
= B as well as A		= His sisters as well as Tom are coming

> **빈출 유형 해결**
>
> **해설**
>
> ☑ 〈not only A but also B〉의 A, B에는 각각 같은 성격의 말이 들어가야 해요.
>
> ☑ took a walk(산책했다)와 had dinner(저녁 식사를 했다)를 각각 넣어요.
>
> **정답** not only took a walk but also had dinner

[01~04] 다음 두 문장을 주어진 말을 이용하여 한 문장으로 만드시오.

01

- He couldn't eat last night.
- He couldn't sleep, either. (neither)

→ He _couldn't neither eat or sleep_

last night. **(X)**

🎧 위의 오답에서 틀린 부분을 찾아 바르게 고쳐 주세요.

☑ 부정 표현   ☑ 상관접속사

→ He _____

last night.

💬🧑 neither 자체가 부정의 의미이므로 couldn't에서 not을 빼야 하고 nor와 함께 써서 〈neither A nor B〉의 상관접속사 표현으로 완성해요.

02

- Amy wiped the table.
- She did the dishes, too.
  (not only ~ but also ...)

→ Amy _____

_____ .

03

- You can go there and sign up.
- You can also do it online. (either)

→ You _____

_____ .

04

- Tim doesn't want it.
- Sam doesn't want it, either. (neither)

→ _____

_____

💬🧑 〈neither A nor B〉가 쓰인 말이 주어인 경우 동사의 수는 B에 일치시키며, neither 자체가 부정이므로 not을 중복해서 쓰지 않아요.

[05~06] 어법상 틀린 부분을 찾아 바르게 고쳐 쓰시오.

05 Not only his parents but also he want to go there.

_____ → _____

06 Either you or Karen have to stay.

_____ → _____

[07~08] 우리말과 일치하도록 주어진 단어를 알맞게 배열하시오.

07

그는 가수일 뿐 아니라 재능 있는 연기자였다.
(only, was, he, but, talented, a, singer, a, not, actor, also)

→ _____

08

그것은 너 자신뿐만 아니라 너의 가족에게도 도움이 될 것이다. (your, it, well, family, as, as, will, benefit, yourself)

→ _____

[09~10] 다음 문장을 괄호 안의 지시에 맞게 같은 의미가 되도록 바꾸어 쓰시오.

He gave her both his number and his email address.

09 (not only ~ but also ...를 사용할 것)

→ _____

10 (09번에서 바꾼 문장을 as well as를 사용하여 바꿀 것)

→ _____

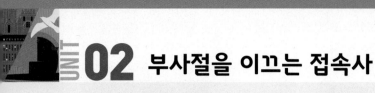
빈출 유형 **한 문장으로 쓰기**

다음 두 문장을 주어진 접속사를 사용하여 한 문장으로 만드시오.

> · Jiho will reply to my email tonight.
> · I will let you know.

→ When _____.

문장력 UP

주어 when절의 주어: Jiho → 3인칭 단수
주절의 주어: I(나)

동사 when절: 미래 의미를 현재 시제로 표현
주절: 미래

어순 When+S+V ~, 주절

 필수 문법

| 1 | 부사절은 〈접속사 + 절〉의 형태로, 문장에서 부사 역할을 하며 문장의 앞이나 뒤에 써요.

If she comes, I will call you. 그녀가 오면, 내가 너에게 전화할 것이다.
I will wait here until she comes. 그녀가 올 때까지, 나는 여기서 기다릴 것이다.
   └→ 시간, 조건의 부사절의 동사는 미래에 일어날 일일지라도 현재 시제로 써요.

시간	when ~할 때 while ~하는 동안 as soon as ~하자마자 before ~ 전에 until[till] ~할 때까지 as ~하면서 after ~ 후에 since ~ 이후로
이유	because ~하기 때문에 = since, as
조건	if (만약) ~이라면 unless (만약) ~이 아니라면
양보	although 비록 ~일지라도 = though, even though

* 2가지 이상의 의미가 있는 접속사에 주의하세요. 특히 as는 여러 의미가 있으므로 문맥에 맞게 해석하는 것이 중요해요.

since	while	as
~ 이후로, ~하기 때문에	~하는 동안, ~인 반면	~함에 따라, ~하는 동안, ~할 때, ~하면서, ~하기 때문에, ~하듯이[~하는 것처럼]

| 2 | so that(~하도록)과 〈so + 형용사/부사 + that〉(매우 ~해서 …하다)을 혼동하지 마세요.

목적	so that ~하도록	Bring a knife so that I can cut this. 내가 이걸 자를 수 있도록 칼을 가져와.
결과	so+형용사/부사+that 매우 ~해서 …하다	It was so hot that I stayed home. 너무 더워서 나는 집에 있었다.

빈출 유형 해결

해설
☑ 조건(if)이나 시간(when)의 부사절에서는 미래 의미를 현재 시제로 표현하므로 When Jiho replies로 써야 해요.
☑ When절 끝에 콤마(,)를 쓰고 주절은 미래 시제 그대로 이어서 써요.

정답 Jiho replies to my email tonight, I will let you know

실전 유형으로 PRACTICE

정답과 해설 • 17쪽

[01~04] 다음 두 문장을 주어진 접속사를 이용하여 한 문장으로 만드시오.

01
- Ms. Kim was busy.
- But she helped me with my paper.

→ Though she helped me with my paper,
Ms. Kim was busy . (X)

위의 오답에서 **틀린** 부분을 찾아 바르게 고쳐 주세요.

☑ 절과 절의 의미상의 관계

→ Though _____
_____.

'비록 ~이지만'을 의미하는 접속사 뒤에는 '바빴지만 도왔다'라는 의미가 돼야 해요.

02
- He took a shower.
- Then, he had dinner.

→ After _____
_____.

03
- She had an interview.
- So she had to leave early.

→ Since _____
_____.

04
- Junsu will come later.
- I will know the result.

→ _____
when _____.

시간 부사절에서 미래 의미는 현재 시제로 표현해요.

[05~07] 어법상 **틀린** 부분을 찾아 바르게 고쳐 쓰시오.

05 It is heavy so that I can't lift it.

_____ → _____

06 Will you turn it off when the bell will ring?

_____ → _____

07 If you are a member, you cannot enter the facility.

_____ → _____

부사절과 주절의 의미 관계를 파악하여 if인지 unless인지를 파악해요.

[08~10] 다음 Mark와 Jisuk의 학습 계획표를 보고, 빈칸에 알맞은 말을 쓰시오.

Time	Mark	Jisuk
10:00	Korean	English
11:00	Math	Science
12:00	English	Lunch Break
13:00	Lunch Break	Math

08 Mark studies math _____ Jisuk studies science.

09 Jisuk studies math _____ _____ has a lunch break.

10 Mark studies English _____ _____ has a lunch break.

CHAPTER 07 111

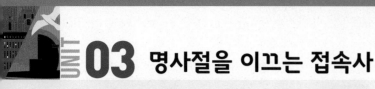

03 명사절을 이끄는 접속사

빈출 유형 | **문장 완성**

우리말과 일치하도록 주어진 말을 활용하여 문장을 완성하시오.

> 나는 그가 곧 가야 한다는 걸 의미하지 않았어.
> (have to, mean, leave, that)

→ I _____ soon.

문장력 UP

주어 I(나)

동사 의미하지 않았다(부정/과거)
→ didn't mean

어순 S+V+O(that절)
* that절의 어순: that+S+V
* that절의 동사: 가야 한다 → have to leave

| 1 | 명사절은 하나의 절 앞에 접속사 that을 붙여서 만들어요.

[하나의 절로 된 문장] He likes movies. 그는 영화를 좋아한다.

⇩

[명사절]   that he likes movies 그가 영화를 좋아한다는 것

⇩

[문장 속 명사 역할] We know │that he likes movies│.
                              └→ 하나의 절 자체가 명사(목적어) 역할을 해요.

| 2 | 명사절은 주어, 보어로 쓰며, 주어인 명사절은 가주어(it)로 대신하고 맨 뒤로 옮겨 쓸 수 있어요.

[주어 자리] That he likes movies is true. 그가 영화를 좋아한다는 것은 사실이다.

[가주어 it] = It is true that he likes movies.

[보어 자리] The problem is that he likes movies. 문제는 그가 영화를 좋아한다는 것이다.

| 3 | 목적어로 명사절을 자주 쓰는 동사들을 알아 두세요.

I think (that) ~	나는 ~라고 생각해	I hope (that) ~	나는 ~하길 바라
I know (that) ~	나는 ~라는 것을 알아	I mean (that) ~	나는 ~라는 걸 의미해
I told ... (that) ~	나는 ~라고 …에게 말했어	I believe (that) ~	나는 ~라고 믿어
I heard (that) ~	나는 ~라고 들었어	Make sure (that) ~	확실히 ~하도록 해

* 목적어 자리의 명사절을 이끄는 접속사 that은 생략 가능해요.

빈출 유형 해결

해설
☑ 먼저, 주어와 동사를 시제에 맞게 I didn't mean으로 써요.
☑ 목적어로 '그가 곧 가야 한다'를 하나의 명사절로 만들어서 써야 하므로 접속사 that으로 시작해서 영작하되, 문장 전체의 시제에 맞추어 과거로 써요.

정답 didn't mean that he had to leave

문장 완성

[01~04] 우리말과 일치하도록 주어진 말을 활용하여 문장을 완성하시오.

01

> 그가 해산물을 싫어한다는 건 놀랍다.
> (hate, seafood, surprising, it)

→ <u>That he hate seafood is surprising it.</u>　(X)

🧑 위의 오답에서 <u>틀린</u> 부분을 찾아 바르게 고쳐 주세요.

☑ it의 쓰임　☑ 명사절의 동사 형태　☑ 명사절의 위치

→ _____

💬 it을 가주어로 써서 문장 앞 주어 자리에 써야 하며, 명사절인 that 절은 문장 뒤에 쓰고 that절의 동사는 주어와 수를 일치시켜요.

02

> 네가 나타나지 않았다는 것이 그를 화나게 했어. (show up, make)

→ _____ angry.

03

> 그녀가 그 책을 읽었다는 것은 놀랍다.
> (surprising, read)

→ It _____ .

04

> 나는 그가 우리에게 거짓말을 했다는 것을 믿을 수 없다. (tell, believe)

→ _____ a lie.

💬 tell a lie(거짓말을 하다)를 '우리에게 거짓말을 하다'(4형식)로 쓸 때는 〈tell+'~에게'+a lie〉의 어순으로 써요.

단어 배열

[05~06] 우리말과 일치하도록 주어진 말을 알맞게 배열하시오.

05

> 내가 의미했던 건 그 단어가 철자가 틀렸다는 거야. (meant, misspelled, the word, that, I, was)

→ _____

06

> 확실히 네가 그 문을 잠그도록 해. (lock, that, make, the door, sure, you)

→ _____

빈칸 쓰기

[07~08] 우리말과 일치하도록 주어진 말을 활용하여 빈칸에 알맞은 말을 쓰시오.

07

> 나는 그녀가 그 수업에서 울었다고 들었어.
> (hear, cry)

→ I _____ _____ _____ in the class.

08

> 나는 Mary가 옳았다고 생각해. (think, right)

→ I _____ _____ _____ .

한 문장으로 쓰기

[09~10] 다음 두 문장을 접속사 that을 이용하여 한 문장으로 만드시오.

09

> • There was a big fire.
> • Did you hear about that?

→ _____

10

> • Aron can make it by 7.
> • I hope so.

→ _____

04 간접의문문

빈출 유형 | **한 문장으로 쓰기**

다음 두 문장을 한 문장으로 만드시오.

> • Did he make it on time?
> • Let me know.

→ _____

 문장력 UP

주어 없음(명령문)

동사 let

어순 Let+O+OC(know)+know의 목적어
(~인지 아닌지)
* ~인지 아닌지 → 접속사 whether[if]
* 명사절의 어순: 평서문 어순

 필수 문법

| 1 | 의문문을 평서문 어순으로 쓰면 명사절이 되며, 문장에서 하나의 명사로 쓸 수 있어요.

[의문문]　　　Who are they? 그들은 누구니? * 의문문 어순

⇩

[명사절]　　　who they are 그들이 누구인지 * 평서문 어순

⇩

[문장 속 명사 역할]　I don't know who they are. 나는 그들이 누구인지를 모른다.

| 2 | 의문사절을 써서 '~인지 말해 줘', '~인지 궁금해'와 같이 쓰면 간접의문문이 돼요.

직접의문문 (의문사를 쓰는 의문문 어순)	Where did you stay?
간접의문문 (평서문 어순)	Tell me where you stayed. 나에게 네가 어디 묵었는지 말해 줘.
	I wonder where you stayed. 나는 네가 어디 묵었는지 궁금해.

| 3 | 의문사가 없는 의문문은 whether나 if를 써서 간접의문문을 만들어요.

직접의문문 (의문사가 없는 의문문 어순)	Did you stay here?
간접의문문 (평서문 어순)	Tell me if you stayed here. 나에게 네가 여기 묵었는지 아닌지 말해 줘.
	I wonder whether you stayed here. 나는 네가 여기 묵었는지 아닌지 궁금해.

* if절이 부사절일 때는 '만약 ~라면'의 의미이고, 명사절이면 '~인지 아닌지'의 의미예요.

빈출 유형 해결

해설
☑ 우선 Let me know를 쓰고, know의 목적어(명사절)인 '그가 제시간에 도착했는지 아닌지'를 써요.
☑ '~인지 아닌지'는 접속사 whether[if]를 쓰고, 그 뒤에는 평서문의 어순으로 써요. 이때 시제는 그대로 과거 시제로 써야 해요.

정답 Let me know whether[if] he made it on time.

실전 유형으로 PRACTICE

한 문장으로 쓰기

[01~04] 다음 두 문장을 한 문장으로 만드시오.

01
> • When did I see him?
> • I wonder.

→ I wonder that when did I see him? (X)

 위의 오답에서 틀린 부분을 찾아 바르게 고쳐 주세요.

☑ 접속사   ☑ 명사절의 어순   ☑ 명사절의 시제 표현

→ _____

💬 의문사가 접속사의 역할을 하고 있으므로 that은 쓰지 않아요. 간접의문문의 명사절 어순은 평서문의 어순으로 쓰고, 시제는 과거인 saw로 써요.

02
> • Can you tell me?
> • When does the game start?

→ _____

💬 간접의문문의 명사절이 동사 tell의 직접목적어로 쓰이는 문장으로 완성해야 해요.

03
> • Do you remember?
> • Where is his office?

→ _____

04
> • Do you know?
> • What is the closest station?

→ _____

오류 수정

[05~06] 어법상 틀린 부분을 찾아 바르게 고쳐 쓰시오.

05 I'm not sure how long has he lived here.

_____ → _____

06 Please tell me how long will it take.

_____ → _____

단어 배열

[07~08] 우리말과 일치하도록 주어진 말을 알맞게 배열하시오.

07
> 너는 네가 그녀를 어디서 만났는지 기억하니?
> (remember, her, met, you, where, you, do)

→ _____

08
> 나는 그녀가 언제 그 말을 했는지 확실하지가 않다. (it, she, when, sure, not, I, said, am)

→ _____

대화 완성

[09~10] 대화를 읽고, 우리말과 일치하도록 대화를 완성하시오.

09
> A: Did she pay for that?
> B: I have no idea 그녀가 그것에 대해 지불했는지.

→ _____

10
> A: Has Tom been to Japan?
> B: I'm not sure 그가 거기에 가 본 적이 있는지.

→ _____

중간고사·기말고사 실전문제

오류 수정
[01~05] 어법상 틀린 부분을 찾아 바르게 고쳐 쓰시오.

01 Not my parents but my sister want to buy a new table.

_____ → _____

02 She will call you when she will finish her homework.

_____ → _____

03 If the traffic was bad, we were late for the concert.

_____ → _____

04 The hamburgers were delicious so that I ate three.

_____ → _____

05 Please check whether is this coffee machine working.

_____ → _____

단어 배열
[06~10] 우리말과 일치하도록 주어진 말을 알맞게 배열하시오.

06
> 그녀는 나에게 내가 아침을 먹었는지 물어보았다.
> (if, had, asked, me, I, breakfast, she)

→ _____

07
> 나는 Tim이 언제 도착할지 모른다. (is, I, know, Tim, to, don't, going, arrive, when)

→ _____

08
> 나는 내 차 키를 내 침실이 아니라 부엌에서 찾았다. (found, I, my bedroom, in, my car key, not, in, but, the kitchen)

→ _____

09
> 언니는 배낭에 짐을 싼 후에 기차역으로 떠났다. (packed, my sister, her backpack, she, left, after, the train station, for)

→ _____

10
> 네 형이 공부할 수 있게 TV 좀 꺼 줘. (please, that, the TV, so, turn off, study, can, your brother)

→ _____

빈칸 쓰기
[11~15] 우리말과 일치하도록 주어진 말을 활용하여 빈칸에 알맞은 말을 쓰시오.

11 캐나다에서는 프랑스어와 영어 둘 다 사용된다. (both)

→ In Canada, _____ _____ _____
_____ _____ spoken.

12 그가 자고 있는 동안 그의 고양이가 그의 책을 찢었다. (while)

→ His cat tore his book _____ _____
_____ _____.

13 James는 너무 긴장해서 아무것도 먹을 수 없었다. (nervous)

→ James was _____ _____ _____ he
couldn't eat anything.

14 법정의 판결은 그녀가 유죄라는 것이다. (that, guilty)

→ The judgment of the court _____

_____ _____ _____ _____ .

15 나의 아빠는 나에게 이를 닦았는지 안 닦았는지를 물어보셨다. (whether, ask)

→ My dad _____ _____ _____ I had brushed my teeth.

문장 완성

[16~20] 우리말과 일치하도록 주어진 말을 활용하여 문장을 완성하시오.

16

새 휴대 전화도 노트북도 나를 위한 것이 아니었다. (the cellphone, the laptop, neither, for me)

→ _____

17

나는 일어난 후에 항상 뜨거운 차 한 잔을 마신다. (get up, after, a cup of, drink)

→ _____

18

나는 내가 나의 오빠보다 더 부지런하다고 생각한다. (diligent, think, that, my brother)

→ _____

19

나는 그가 제시간에 도착할지 궁금하다. (arrive, wonder, on time, he, if)

→ _____

20

나는 내 배낭을 어디에 두었는지 기억나지 않는다. (backpack, put, remember, don't)

→ _____

대화 완성 – 단어 배열

[21~22] 대화를 읽고, 주어진 말을 바르게 배열하여 대화를 완성하시오.

21

A: Can I go to the movies with Amy?

B: No, _____ stay home and take care of your baby sister. (you, Amy, either, or, to, has)

22

A: Who won the gold medal in the game?

B: I heard _____ . (gold, Sarah, the, medal, that, won)

대화 완성 – 문장 완성

[23~24] 대화를 읽고, 우리말과 일치하도록 대화를 완성하시오.

23

A: Do you think that Jake gets along with his new friends?

B: 나는 그가 새 친구들과 잘 어울리는지 모른다.

→ I don't know _____ .

24

A: 너는 이 건물이 얼마나 오래되었는지 아니?

B: No, I don't. How old is this building?

→ Do you know _____ ?

25 다음 대화가 자연스럽도록 빈칸에 알맞은 말을 쓰시오.

> A: I want to borrow some books to read. Is there a library around here?
>
> B: I'm not sure _____ _____
>
> _____ _____ _____
>
> _____ _____.

[26~28] 우리말을 |조건|에 맞게 영작하시오.

26
> |조건|
> born, but, Portugal을 활용하여 10단어로 쓸 것

나의 남편은 스페인이 아니라 포르투갈에서 태어났다.

→ _____

27
> |조건|
> - singing, surprising, good at을 활용하여 10단어로 쓸 것
> - 가주어, 진주어를 쓸 것

그녀가 노래를 잘한다는 것은 놀랍지 않다.

→ _____

28
> |조건|
> know, where, live를 활용하여 7단어로 쓸 것

나는 그가 어디에 사는지 알고 싶다.

→ _____

[29~31] |보기|와 같이 두 문장의 의미가 일치하도록 바꾸어 쓰시오.

> |보기|
> My sister and I ate not only hamburgers but also pizza.
> → My sister and I ate pizza as well as hamburgers.

29 Not only France but also some other countries use French as their first language.

→ _____

30 Not only animals but also plants need water to survive.

→ _____

31 Not only Scott but also Ann is looking at shooting stars.

→ _____

[32~34] 다음 두 문장을 |보기|와 같이 주어진 접속사 중 알맞은 것을 골라 한 문장으로 만드시오.

> |보기|
> · Dave saw an accident.
> · He was waiting at a bus stop.
> [while / although]
> → Dave saw an accident while he was waiting at a bus stop.

32
> · I knew there was something wrong.
> · I heard the sound. [as soon as / until]

→ I knew _____.

33
> · Emily couldn't attend the meeting.
> · She caught a bad cold.
> [unless / since]

→ Emily couldn't _____.

34

> • I could still see them playing basketball.
> • It was raining outside. [although / if]

→ I could still see _____.

[35~37] 보기 와 같이 두 문장의 의미가 일치하도록 빈칸에 알맞은 말을 쓰시오.

> ┌ 보기 ┐
> Because the pot was too hot, I couldn't touch it.
> → The pot was <u>so hot that I couldn't touch it</u>.

35 Because Jane's bag was too heavy, she couldn't carry it by herself.

→ Jane's bag _____.

36 Because my baby is too young, we can't travel long distances.

→ My baby _____.

37 Because the players were so angry, they shouted at the audience.

→ The players _____.

38 다음 그림을 보고 주어진 말을 활용하여 문장을 완성하시오.

Jimin cleaned his room _____ _____
_____ TV. (watch)

39 다음 각 학생이 좋아하는 과목과 취미를 나타낸 표를 보고, 빈칸에 알맞은 말을 쓰시오.

	Subject	Hobby
Carol	science	fishing
Daniel	English	reading books
Sora	English	swimming
Mark	science	reading books

(1) _____ as _____ _____ Mark likes science.

(2) Not _____ Daniel _____ _____ _____ reads books in his free time.

40 대화를 읽고, 틀린 문장 3개를 찾아 틀린 부분을 바르게 고쳐 쓰시오.

> Kate: I love this movie! (A) But I don't remember what the main actor's name is.
> Sally: His name is Hugh Jackman.
> Kate: I like him. (B) Do you know how old is he?
> Sally: No, I don't. (C) I guess he is older than Dad.
> Kate: Really? He doesn't look that old.
> Sally: By the way, we need to hurry. (D) Mom told us when we should arrive by 7:00.
> Kate: It's already 6:40! (E) Mom will get angry whether we are late.
> Sally: (F) We'll be late unless we take a taxi.

	문장 기호	틀린 부분	고친 내용
(1)			
(2)			
(3)			

CHAPTER 08
WORD LIST

• 이번 챕터에서 나올 어휘들을 미리 확인해 보세요.

☐	actress	여자 배우
☐	agree with	~에게 동의하다
☐	at any time	언제라도, 아무 때나
☐	depend on	~에 의존하다
☐	escape	달아나다, 탈출하다
☐	figure out	생각해 내다, 이해하다
☐	film	촬영하다; 필름, 영화
☐	forget	잊어버리다
☐	forgive	용서하다
☐	graduate from	~을 졸업하다
☐	huge	거대한
☐	in the end	결국에
☐	mad	화난, 미친
☐	mention	언급하다, 말하다
☐	message	전하는 말, 통신(문)
☐	ocean	바다
☐	on sale	할인 중인
☐	owner	소유자
☐	police	경찰
☐	present	선물
☐	raise	기르다, 사육하다, 위로 올리다
☐	secret	비밀
☐	share	나누다, 공유하다
☐	trust	믿다; 신뢰
☐	tsunami	해일, 쓰나미
☐	university	대학교

Spelling 주의

• 쓸 때 철자에 주의해야 하는 단어들을 미리 익혀 두세요.

☐	experience	경험하다; 경험
☐	install	설치하다
☐	reason	이유, 원인
☐	refuse	거절하다
☐	view	전망; 바라보다
☐	village	마을

UNIT 01 관계대명사 who(m), which, that, whose

빈출 유형 | 조건 영작

우리말을 |조건|에 맞게 영작하시오.

조건
– that을 제외한 관계대명사를 쓸 것
– talk about, yesterday, on sale을 쓸 것

네가 어제 이야기했던 그 가방은 할인 중이다.

→ _____

 문장력 UP

주어 네가 어제 이야기했던 그 가방
(그 가방+관계대명사+S+V+어제)

동사 관계사절의 동사(과거) → talked about
주절의 동사(현재) → is(주어: 가방)

어순 S+관계사절+V+나머지

 필수 문법

|1| 선행사(명사)와 그에 맞는 관계대명사를 알아 두세요.

	사람 선행사	사물/동물 선행사	모든 선행사
주격	who	which	that
목적격	who/whom		
소유격	whose		

|2| 관계대명사는 〈접속사＋대명사〉의 역할을 하며 앞에 나오는 선행사(명사)를 수식해요.

[주격]   He met a man who[that] lives in England. * 접속사와 주어(he)의 역할

[목적격]   He met a man who(m)[that] we both know. * 접속사와 know의 목적어(him)의 역할

[소유격]   She met a man whose son is a singer. * 접속사와 소유격(his)의 역할

|3| 관계대명사가 주어나 목적어의 역할을 하므로 관계사절에 중복하여 쓰지 않아야 해요.

The house (that) you're looking at ~~it~~ is John's. * 관계대명사가 at의 목적어(그것/그 집) 역할을 하므로 it 생략

He is a teacher who ~~he~~ teaches at John's school. * 관계대명사가 주어(he)의 역할을 하므로 he 생략

빈출 유형 해결

해설

☑ 주어는 '그 가방'이며 이를 수식하는 관계대명사절을 써야 해요. 선행사가 사물(가방)이므로 which나 that을 관계대명사로 쓸 수 있어요.

☑ 조건에 맞게 which를 써서 talk about의 목적어 역할과 접속사 역할을 하도록 해요.

☑ 시제는 과거이므로 talked about으로 쓰고 뒤에 it을 쓰지 않도록 해요.

정답 The bag which you talked about yesterday is on sale.

조건 영작

[01~04] 우리말을 조건 에 맞게 영작하시오.

조건
– 관계대명사를 쓸 것
– take care of, busy, owners를 쓸 것

01 그는 그들의 주인들이 바쁜 고양이들을 돌본다.

→ <u>He take care of cats that owners are busy.</u> (X)

👤 위의 오답에서 틀린 부분을 찾아 바르게 고쳐 주세요.

☑ 동사의 수 일치　　☑ 관계대명사

→ _____

💬👤 주어 He에 맞춰 동사를 현재형인 takes ~로 쓰고, '고양이들의 주인들'이 되어야 하므로 관계대명사는 whose를 써야 해요.

조건
– that을 제외한 관계대명사를 쓸 것
– 괄호 안에 제시된 말을 사용할 것

02 Mike는 영국에서 온 나의 선생님이다.

(come, teacher, from)

→ _____

💬👤 주격 관계대명사 who는 that으로 바꿔 쓸 수도 있어요.

03 내가 설치했던 한 앱이 문제를 일으킨다.

(an app, cause, install)

→ _____

💬👤 목적격 관계대명사 which는 that으로 바꿔 쓸 수도 있어요.

04 그녀는 그의 아빠가 정치인인 한 소년을 만났다.

(a politician, dad)

→ _____

오류 수정

[05~08] 어법상 틀린 부분을 찾아 바르게 고쳐 쓰시오.

05 The boy whom posted a picture apologized.

_____ → _____

06 I saw the name of the man who was written on a book.

_____ → _____

💬👤 관계사절의 내용을 보고 선행사가 어떤 것인지를 판단해야 해요.

07 There is a cup that you can use it on the shelf.

_____ → _____

💬👤 관계대명사가 선행사의 대명사 역할을 하고 있어서, 관계사절에 대명사를 또 쓰지 않아요.

08 Did you talk to the woman that I mentioned about her last week?

_____ → _____

한 문장으로 쓰기

[09~10] 다음 두 문장을 관계대명사를 이용하여 한 문장으로 만드시오.

09
• I need running shoes.
• I can wear them when jogging.

→ _____
_____

10
• I finally found someone.
• We both can trust her.

→ _____
_____

UNIT 02 관계대명사 what

빈출 유형 **대화 완성**

대화를 읽고, 우리말과 일치하도록 주어진 말과 관계대명사를 활용하여 대화를 완성하시오.

> A: I heard what happened the other day.
> Jenny told me everything.
> B: 그녀가 네게 말한 것은 사실이 아니야. (true)

→ _____

문장력 UP

주어 그녀가 네게 말한 것(선행사 없이, ~한 것)
→ what+S+V

동사 ~가 아니다(be동사/부정)
→ 명사절 주어는 단수 취급하므로 is not

어순 명사절 주어+V+C

 필수 문법

| 1 | 선행사 없이, '~한 것'이라고 쓸 때는 관계대명사 what을 써요.

He liked the story that I wrote. 그는 내가 쓴 이야기를 좋아했다. * 선행사+관계대명사절
→ He liked what I wrote. 그는 내가 쓴 것을 좋아했다. * 선행사 X+what절

| 2 | 〈what+주어+동사〉(평서문 어순)는 주어, 목적어, 보어 자리에 쓸 수 있어요.

[주어]   What I wrote became popular. 내가 쓴 것은 인기가 많아졌다.

[목적어] He liked what I wrote. 그는 내가 쓴 것을 좋아했다.

[보어]   This is what I wrote. 이것이 내가 쓴 것이다.

| 3 | 다음의 경우에 주의하여 영작하세요.

[선행사가 있을 때]   I have everything ~~what~~ I need. * that[which]을 쓰거나 목적격이므로 생략
              → I have what I need.

[what절의 목적어] This is what I wanted ~~it~~. * what 자체가 목적어의 역할을 하므로 it은 쓰지 않음

빈출 유형 해결

해설
☑ 주어 '그녀가 네게 말한 것'에서 '~한 것'은 선행사 없이 관계대명사 what을 써서 나타내고, 뒤에 주어, 동사의 순으로 써요.
☑ 주어가 명사절(what절)이므로 단수 취급하여 be동사는 현재 시제의 부정으로 쓰고, 그 뒤에 보어인 true를 써요.
☑ 명사절의 시제는 문맥상 과거로 써요.

정답 What she told you is not true.

실전 유형으로 PRACTICE

[01~04] 대화를 읽고, 우리말과 일치하도록 주어진 말과 관계대명사를 활용하여 대화를 완성하시오.

01

A: Tell us about your trip to China.

B: Sure. 나는 내가 거기서 경험한 것을 너희들과 공유하기를 정말 원해. (share, experience, with, there)

→ I really want sharing which I experienced there with you. (X)

🧑 위의 오답에서 틀린 부분을 찾아 바르게 고쳐 주세요.

☑ want의 목적어 형태 　☑ 관계대명사

→ _____

_____

🧑 want는 목적어로 명사나 to부정사를 써요. 그리고 선행사가 없을 경우 관계대명사는 what을 사용해 '~한 것'이라고 써요.

02

A: What should I order for you?

B: 지난번에 네가 먹었던 것을 먹을게. (have, last time)

→ I will _____.

03

A: I don't know what to tell him.

B: 네 마음속에 있는 것을 그에게 말해. (in mind, have)

→ Just _____

🧑 have ~ in mind는 '~을 염두에 두다, ~에 관해 생각하고 있다'의 의미예요.

04

A: How come you didn't buy anything?

B: 내가 원했던 것을 찾을 수 없었어. (find, want)

→ I _____.

[05~06] 어법상 틀린 부분을 찾아 바르게 고쳐 쓰시오.

05 I asked my teacher something what I didn't understand.

_____ → _____

06 That was different from that I expected.

_____ → _____

[07~08] 우리말과 일치하도록 주어진 말을 활용하여 문장을 완성하시오.

07

나는 네가 내게 준 것을 잃어버렸어.
(lose, give)

→ I have _____.

🧑 선행사를 포함하는 관계대명사 what은 the thing which[that]으로 바꿔 쓸 수 있어요.

08

나는 네가 그에게서 들었던 것을 듣고 싶어.
(hear, from)

→ I want _____.

[09~10] 다음 보기 의 문장을 읽고, 조건 에 맞게 문장을 완성하시오.

보기

(A) I know that Sam wasn't satisfied.

(B) It isn't something that he meant to say.

(C) That caused a problem in the end.

(D) Sam found the thing that he had lost.

조건

관계대명사가 있는 문장을 찾아 그 기호를 쓰고, 명사절을 이용하여 같은 의미가 되도록 바꾸어 쓸 것

09 _____ → _____

10 _____ → _____

03 전치사 + 관계대명사

빈출 유형 | 한 문장으로 쓰기

다음 두 문장을 〈전치사+관계대명사〉를 이용하여 한 문장으로 만드시오.

> • There is a girl.
> • I study with her.

→ _____ I study.

> **문장력 UP**
>
> 주어 There is a girl.
>
> 동사 There is a girl.
>
> 어순 There is a girl+전치사+관계대명사+ I study

| 1 | **관계대명사가 전치사의 목적어일 때, 전치사는 관계사절 끝 또는 관계대명사 앞에 써요.**

This is the bed.　　+　　My dog sleeps on it.

→ This is the bed which[that] my dog sleeps on.

→ This is the bed on which[that] my dog sleeps.
　　　　　　　↳〈전치사+관계대명사〉로 쓸 때는 which만 쓸 수 있어요.

| 2 | **전치사의 목적어가 사람일 때, 〈전치사+whom〉으로 써요.**

This is the person.　　+　　I spoke to him yesterday.

→ This is the person whom[who/that] I spoke to yesterday.

→ This is the person to whom[who/that] I spoke yesterday.
　　　　　　　↳〈전치사+관계대명사〉로 쓸 때는 whom만 쓸 수 있어요.

* 〈전치사+목적어〉 전체를 〈전치사+관계대명사〉의 형태로 가져온다고 보면 돼요.

This is the person. + I spoke to him yesterday.

→ This is the person to whom I spoke yesterday.

I like the jacket. + The color of the jacket is bright.

→ I like the jacket of which the color is bright.

빈출 유형 해결

해설

☑ There is a girl은 그대로 쓰고 a girl을 선행사로 하는 관계대명사를 써서 문장을 연결해요.

☑ 선행사(a girl)가 관계사절에 있는 전치사의 목적어이며 사람이므로 〈전치사+whom〉을 써서 문장을 연결해요.

정답 There is a girl with whom

실전 유형으로 PRACTICE

[01~04] 다음 두 문장을 〈전치사+관계대명사〉를 이용하여 한 문장으로 만드시오.

01
> · I failed the test.
> · I fell asleep during the test.

→ I failed the test during that I fell asleep. (X)

😊 위의 오답에서 <u>틀린</u> 부분을 찾아 바르게 고쳐 주세요.

☑ 관계대명사

→ _____

💬 〈전치사+관계대명사〉로 쓸 때는 선행사가 사물이므로 which만 쓸 수 있고, that을 쓰려면 전치사는 관계사절 끝에 써서 I failed the test that I fell asleep during.으로 쓰면 돼요.

02
> · Do you know the boy?
> · Mingyeong is talking to the boy.

→ _____

💬 관계대명사가 전치사의 목적어(사람)일 때, 〈전치사+관계대명사〉로 쓰려면 관계대명사는 whom으로 써요.

03
> · I can see the tower.
> · You're pointing at the tower.

→ _____

04
> · Can I borrow the book?
> · You're sitting on the book.

→ _____

[05~08] 어법상 <u>틀린</u> 부분을 찾아 바르게 고쳐 쓰시오.

05 I met Mr. Park to who I sent a card.

_____ → _____

06 Can I have a chair on which I can sit on?

_____ → _____

07 He is the man on which you can depend.

_____ → _____

08 Is this the table at that you're studying?

_____ → _____

[09~10] 우리말과 일치하도록 │조건│에 맞게 빈칸에 알맞은 말을 쓰시오.

> ┌ 조건 ┐
> – 〈전치사+관계대명사〉로 쓸 것
> – 괄호 안에 주어진 말을 활용할 것

09 이것들이 내가 드럼을 치는 그 스틱이에요.

(sticks, the drums, play)

→ These are the _____ _____

_____ _____

_____ .

10 이분이 내가 이야기했던 그 사람입니다.

(talk, person, about)

→ This is _____ _____ _____

_____ _____ _____ .

04 관계부사 when, where, why, how

빈출 유형 | 한 문장으로 쓰기

다음 두 문장을 관계부사를 이용하여 한 문장으로 만드시오.

> • Let's go to the cafe.
> • We had a meeting in the cafe.

→ _____

📝 문장력 UP

주어 주절의 주어: 없음(청유문)
관계부사절의 주어: we

동사 주절과 관계부사절의 동사는 그대로 쓸 것

어순 Let's go to the cafe+관계부사+부사
구가 없는 문장

 필수 문법

| 1 | 선행사가 시간, 장소 등인 경우 〈접속사+부사(구)〉의 역할을 하는 관계부사를 써요.

관계부사	두 문장		관계부사가 있는 한 문장	참고
when	The 25th is the day.	We first met on that day.	The 25th is the day when we first met.	접속사+부사구(on the day)의 역할
where	This is the park.	We had fun in the park.	This is the park where we had fun.	접속사+부사구(in the park)의 역할
why	That is the reason.	He is mad for that reason.	That is the reason why he is mad.	접속사+부사구(for that reason)의 역할
how	I found the way.	He solved it in that way.	I found the way ~~how~~ he solved it. I found ~~the way~~ how he solved it.	* the way나 how 둘 중 하나만 써요.

* the time, the place, the day, the reason과 같이 일반적인 선행사의 경우, 선행사나 관계부사 둘 중 하나만 써도 돼요.
 → It is the day when[the day/when] we met.

| 2 | 관계부사는 〈전치사+관계대명사〉로 바꾸어 쓸 수 있어요.

선행사	관계부사	전치사+관계대명사	
시간(the time, the day 등)	when	in/on/at/during+which	
장소(the place, the park 등)	where	in/on/at/to+which	* that (X)
이유(the reason)	why	for+which	
방법(the way)	how	in+which	

빈출 유형 해결

해설
☑ Let's go to the cafe를 그대로 쓰고, 장소의 선행사 the cafe와 연결하는 관계부사 where를 써요.
☑ 관계부사 where 뒤에는 문장 그대로 쓰지만, 부사구(전치사구)는 쓰지 않아요.

정답 Let's go to the cafe where we had a meeting.

📖 실전 유형으로 PRACTICE

[01~04] 다음 두 문장을 관계부사를 이용하여 한 문장으로 만드시오.

01

> • This is the way.
> • He fixed my laptop in that way.

→ This is the way how he fixed my laptop in that way.   (X)

🧑 **위의 오답에서 틀린 부분을 찾아 바르게 고쳐 주세요.**

☑ 관계부사 how와 선행사 the way   ☑ 관계부사절의 부사구

→ _____

💬 선행사 the way 또는 관계부사 how 둘 중에 하나만 써야 해요. 그리고 관계부사가 부사구를 대신하므로 관계부사절에는 부사구를 쓰지 않아요.

02

> • I figured out the way.
> • He escaped in that way.

→ _____

03

> • I know the reason.
> • She left for that reason.

→ _____

💬 the way와 how는 둘 중 하나만 써야 하지만, the reason과 why는 둘 다 써도 되고 둘 중 하나만 써도 돼요.

04

> • Saturday is better.
> • There is less traffic on Saturday.

→ _____

[05~06] 어법상 **틀린** 부분을 찾아 바르게 고쳐 쓰시오.

05 Do you know the way how he got there?

_____ → _____

06 I like the park where has a lot of trees.

_____ → _____

💬 관계사가 이어지는 문장에서 주어 역할을 하므로 관계부사 (where)가 아니라 관계대명사가 필요해요.

[07~08] 우리말과 일치하도록 │조건│에 맞게 영작하시오.

┌─ 조건 ├─
─ 관계부사를 사용할 것
─ 괄호 안의 말을 활용하여 9단어로 쓸 것

07 그가 사는 그 장소는 훌륭한 전망을 가지고 있다.
(view, place, live, great)

→ _____

08 그녀가 언제 도착할지 아무도 모른다.
(know, arrive, no one, time)

→ _____

[09~10] 다음 표를 보고, 관계부사를 이용하여 문장을 완성하시오.

The Olympics

Year	Country
2004	Greece
2008	China

09 The year 2004 is the year _____

_____

10 China is the country _____

_____

05 관계대명사의 계속적 용법

빈출 유형 **문장 완성**

우리말과 일치하도록 주어진 말을 활용하여 문장을 완성하시오.

> 이쪽은 Dan인데, 너는 그를 작년에 만났어.
> (whom, meet, this)

→ _____ last year.

📝 문장력 UP

주어 주절의 주어: This(이쪽, 이분)
　　　　관계사절의 주어: you

동사 주절의 동사: ~이다(be동사/현재) → is
　　　　관계사절의 동사: 만났다(과거) → met

어순 S+V+C(Dan),+관계대명사(whom) ~
　　　　└ 콤마 사용

필수 문법

| 1 | 선행사 뒤에 콤마(,)를 하고 관계사절을 쓰면, 선행사에 대한 추가 설명이 돼요.

I had pasta, which[~~that~~] didn't disappoint me. 나는 파스타를 먹었어. 그리고 그건 날 실망시키지 않았어.
└→ 콤마(,) 뒤에 쓰는 관계대명사는 that을 쓰지 않고, which, who(m)으로 써요.

Miho, who(m)[~~that~~] we met yesterday, called. 우리 어제 미호 만났지. 그 미호가 전화했어.
└─────────────────────────────→ 문장 중간에 선행사를 추가 설명하는 관계사절이 들어갈 때는
　　　　　　　　　　　　　　　　　　　　　앞뒤에 콤마(,)를 써 줘요.

| 2 | 관계사절이 선행사를 수식하는 역할인지, 선행사를 추가 설명하는 역할인지를 파악하세요.

[선행사 수식]　　나는 엄마에 의해 요리된 파스타를 먹었다.
　　　　　　　　→ I had pasta which[that] was cooked by Mom.

[선행사 추가 설명]　나는 파스타를 먹었는데, 그건 날 행복하게 했어.
　　　　　　　　→ I had pasta, which[~~that~~] made me happy.

| 3 | 계속적 용법의 관계사절은 선행사가 명사일 수도 있고, 문장 전체가 될 수도 있어요.

Miho sent me a message, which I didn't read. * 선행사 = a message(명사)
Miho called this morning, which woke me up. * 선행사 = 미호가 아침에 전화한 것(문장)

빈출 유형 해결

해설
☑ '네가 작년에 만난 Dan이야.'와 같이 Dan을 수식하는 관계가 아니라 'Dan이고, 넌 그를 작년에 만났어.'와 같이 Dan에 대해 추가 설명하는 관계예요.
☑ 따라서 주절을 This is Dan으로 쓰고, 콤마(,)와 관계대명사 whom을 순서대로 쓴 다음 관계사절의 주어, 동사를 써요.

정답 This is Dan, whom you met

문장 완성

[01~04] 우리말과 일치하도록 주어진 말을 활용하여 문장을 완성하시오.

01

> 그는 내게 거짓말을 했고, 그게 날 슬프게 만들었어. (which, make, lie, sad, to)

→ He lie to me which make me sad.　　　　(X)

🧑 위의 오답에서 틀린 부분을 찾아 바르게 고쳐 주세요.

　　　☑ 시제　　　☑ 관계사절의 역할

→ _____

💬 시제는 모두 과거로 써야 하며, 관계사절은 선행사(문장 전체)를 수식하는 것이 아니라 추가 설명하는 것이므로 관계대명사 앞에 콤마(,)가 필요해요.

02

> 나의 삼촌은 요리를 전혀 해 본 적이 없는데, 부엌칼을 사고 있다. (cook, never)

→ _____

03

> 그는 혼자 캠핑을 갔는데, 그것은 처음이었다. (go, first, time)

→ _____

04

> 그는 개에 관해 이야기했는데, 그는 전에 한 번도 길러본 적이 없었다. (talk about, raise, before)

→ _____

💬 관계사절의 시제가 주절의 과거 시제보다 앞서므로 〈had+과거분사〉의 대과거로 써야 해요.

오류 수정

[05~06] 어법상 틀린 부분을 찾아 바르게 고쳐 쓰시오.

05 He failed again, that made me sad.

_____ → _____

06 I invited Amy, whom refused to come.

_____ → _____

문장 완성

[07~08] 대화를 읽고, 우리말과 일치하도록 주어진 말을 활용하여 대화를 완성하시오.

07

> A: Who is she waiting for?
> B: 그녀는 Jim을 기다리고 있는데, 그는 오지 않을 거야. (will)

→ _____

08

> A: Who is that at the door?
> B: 우리가 학교에서 만났던 Emma인데, 그녀가 여기 있어. (at school, here)

→ _____

한 문장으로 쓰기

[09~10] 두 사람의 주말 계획에 대한 메모를 참고하여 관계대명사를 이용하여 한 문장으로 만드시오.

09

> I'm going to visit Jane. She asked me to help.　　　- Cheol

Cheol _____.

10

> I will read *The Future* again. I have read it twice.　　　- Sumi

Sumi _____.

06 복합관계대명사 / 복합관계부사

빈출 유형 빈칸 쓰기

우리말과 일치하도록 주어진 말을 활용하여 빈칸에 알맞은 말을 쓰시오.

> 네가 무엇을 하든, 항상 최선을 다해라.
>
> (do, best, your)

→ _____ _____ _____, _____ _____ _____
_____.

 문장력 UP

주어 부사절의 주어: 네가(you)
주절의 주어: 주어 없음(명령문)

동사 부사절의 동사: 하다(현재) → do
주절의 동사: 해라 → do

어순 복합관계대명사+S+V, V+O

 필수 문법

| 1 | 복합관계대명사는 〈관계대명사＋ever〉의 형태로 **명사절과 부사절**로 쓸 수 있어요.

[명사절] I believe whatever you say. 나는 네가 말하는 것이 무엇이든 믿는다.
└→ believe의 목적어 역할(명사절)

[부사절] Whatever you say, I will buy this. 네가 뭐라고 말하더라도, 난 이걸 살 거다.
└→ 독립적인 부사절

* 복합관계대명사의 명사절과 부사절의 의미를 알아 두세요.

복합관계대명사	명사절 의미	부사절 의미(양보)
whatever ~	무엇이든(지)	무엇을 ~하더라도 / ~하든(지)
whichever ~	어느 것이든(지)	어느 것을 ~하더라도 / ~하든(지)
whoever ~	누구든(지)	누가 ~하더라도 / ~하든(지)

| 2 | 복합관계부사는 〈관계부사＋ever〉의 형태로 **부사절**로 써요.

[부사절] Wherever you go, I will find you. 네가 어디를 가든, 난 널 찾을 거다.

* 복합관계부사가 쓰인 부사절의 의미를 알아 두세요.

whenever ~	~하는 언제든(지) / 언제 ~하더라도
wherever ~	~하는 어디든(지) / 어디서 ~하더라도
however ~	어떻게 ~하더라도 / 아무리 ~하더라도

빈출 유형 해결

해설

☑ '무엇을 ~하든'은 복합관계대명사 whatever를 쓰며, 부사절의 의미예요. whatever 뒤에는 주어, 동사를 you do로 써요.

☑ 주절은 명령문으로 '해라(do)'로 시작하며, do one's best(최선을 다하다)라는 표현을 이용하여 영작해요.

정답 Whatever you do / do your best

실전 유형으로 PRACTICE

빈칸 쓰기

[01~04] 우리말과 일치하도록 주어진 말을 활용하여 빈칸에 알맞은 말을 쓰시오.

01

> 네가 날 필요로 하는 언제든, 내게 전화해.
> (need, call)

→ ___When___ ___you'll___ ___need___ ___me___ ,
___call___ ___me___ . (X)

👤 위의 오답에서 **틀린** 부분을 찾아 바르게 고쳐 주세요.

☑ 복합관계부사   ☑ 부사절의 시제

→ _____ _____ _____ _____ ,
_____ _____ .

💬👤 '~하는 언제든(지)'는 복합관계부사 whenever로 표현하며, 부사절의 시제는 현재로 써요.

02

> 우리가 어떻게 가든지, 우리는 늦을 거야.
> (go, late)

→ _____ _____ _____ _____ , _____
_____ _____ _____ .

03

> 네가 어느 것을 고르든지, 그것은 맛있을 거야.
> (choose, delicious)

→ _____ _____ _____ , _____
_____ _____ _____ .

04

> 당신이 어디서 묵던지, 당신은 바다를 볼 수 있습니다. (the, stay, ocean)

→ _____ _____ _____ , _____
_____ _____ _____ .

오류 수정

[05~06] 어법상 **틀린** 부분을 찾아 바르게 고쳐 쓰시오.

05 Who you ask, they will say "no."

_____ → _____

06 What it is, you can talk to me.

_____ → _____

문장 완성

[07~08] 우리말과 일치하도록 주어진 말을 활용하여 문장을 완성하시오.

07

> 이것이 뭐든지, 그것은 나의 것이 아니다.
> (mine)

→ _____

08

> 그가 아무리 사과를 해도 나는 그를 용서할 수 없다. (forgive)

→ _____

대화 완성

[09~10] 대화를 읽고, 우리말과 일치하도록 대화를 완성하시오.

09

> A: Can I have that, please?
> B: 당신은 당신이 원하는 뭐든지 가질 수 있어요.

→ _____

💬👤 복합관계대명사절이 have의 목적어 역할을 하는 명사절로 쓰인 문장으로 영작해요.

10

> A: When can we start?
> B: 우리는 네가 원하는 언제든 시작할 수 있어.

→ _____

중간고사·기말고사 실전문제

오류 수정

[01~05] 어법상 <u>틀린</u> 부분을 찾아 바르게 고쳐 쓰시오.

01 Joey has a friend who she lives in Bangkok.

_____ → _____

02 We'll do that the client wants to do.

_____ → _____

03 Greg can't remember the time which he was so happy.

_____ → _____

04 Do you know the reason how Molly gave up tennis?

_____ → _____

05 Your girlfriend will love however dress you buy for her.

_____ → _____

단어 배열

[06~10] 우리말과 일치하도록 주어진 말을 알맞게 배열하시오.

06
> 우리가 따라야 할 몇 가지 규칙들이 있다.
> (are, there, rules, we, follow, need, to, that, some)

→ _____

07
> 이것은 내가 작년부터 사고 싶었던 것이다.
> (what, is, I, have wanted, to, last year, since, this, buy)

→ _____

08
> 우리는 나의 이모를 만나러 갈 건데, 그녀는 밴쿠버에 살고 있다. (my aunt, lives, we, to, visit, who, are, going, in Vancouver)

→ _____

09
> 이들은 내가 많은 도움을 받는 사람들이다.
> (a lot of, got, these, from whom, the people, I, help, are)

→ _____

10
> 나는 매우 흥미진진한 영화를 보는 중이다.
> (exciting, which, I, watching, very, a movie, is, am)

→ _____

빈칸 쓰기

[11~15] 우리말과 일치하도록 주어진 말을 활용하여 빈칸에 알맞은 말을 쓰시오.

11
> 이것은 내가 부산에서 산 시계다. (buy, which)

→ This is the watch _____ _____ _____ in Busan.

12

나는 생일이 12월 25일인 친구가 있다. (birthday)

→ I have a friend _____ _____ _____ on December 25.

13

나는 네가 날 도와줬던 그 날을 절대로 잊지 않을 거야. (help)

→ I will never forget the day _____ _____ _____ _____.

14

나의 남편은 기타를 아주 잘 쳤고, 그것은 나의 친구들을 놀라게 했다. (surprise)

→ My husband played the guitar very well, _____ _____ _____ _____.

15

그녀가 무슨 말을 하더라도, 그는 그녀의 말에 동의한다. (whatever)

→ _____ _____ _____, he agrees with her.

문장 완성

[16~20] 우리말과 일치하도록 주어진 말을 활용하여 문장을 완성하시오.

16

Emma Watson은 내가 보고 싶었던 여배우이다. (see, whom, an actress)

→ _____

17

나는 내 지갑을 넣어 두었던 그 가방을 잃어버렸다. (the bag, put, lose, in which)

→ _____

18

나의 할머니는 나와 같은 이름을 가진 한 소년에 관해 이야기하셨다. (the same, name, my grandmother, whose, talk, mine, as)

→ _____

19

나의 여동생은 새 친구를 사귀었는데, 그 친구는 옆집에 산다. (next door, live, make, who)

→ _____

20

그는 이 대학교를 졸업했는데, 그건 110년 전에 지어졌다. (graduate from, university, which, build)

→ _____

대화 완성 - 단어 배열

[21~22] 대화를 읽고, 주어진 말을 바르게 배열하여 대화를 완성하시오.

21

A: Ann looks disappointed with her exam result.
B: Yes. She said that _____ _____.
(was, she, not, expected, the result, what)

22

A: Who is she? Why is she talking to the police?
B: She is the girl _____.
(stolen, bike, whose, was)

[23~24] 대화를 읽고, 우리말과 일치하도록 대화를 완성하시오.

23

> A: Can I just take an empty seat?
> B: 네, 당신은 비어 있는 좌석 어디든 앉으시면 됩니다.

→ Yes, you can take _____.

24

> A: Is this the pencil case that Wendy made for you?
> B: Yes, it is. 이것이 그녀가 나를 위해 만든 거야.

→ This is _____.

25 다음 대화가 자연스럽도록 빈칸에 알맞은 말을 쓰시오.

> A: Why did Julia quit her job? Do you know the reason?
> B: No, I don't know the reason _____ _____ _____ _____.

[26~28] 우리말을 조건에 맞게 영작하시오.

26

조건
> daughter, hobby, whose를 활용하여 9단어로 쓸 것

그는 사진 찍는 것이 취미인 딸이 한 명 있다.

→

27

조건
> guy, whom, meet, with를 활용하여 10단어로 쓸 것

나는 나와 학교를 같이 다녔던 사람을 만났다.

→

28

조건
> – will, give, to, come을 활용하여 9단어로 쓸 것
> – 복합관계대명사를 쓸 것

나는 처음으로 오는 누구에게든 이 초콜릿을 줄 것이다.

→

[29~31] 보기와 같이 두 문장의 의미가 일치하도록 빈칸에 알맞은 말을 쓰시오.

보기
> Mike bought a new bike last weekend.
> → A new bike is what Mike bought last weekend.

29 Monica made a chocolate cake for her boyfriend.

→ A chocolate cake is _____.

30 Of all the presents he got, he likes this watch the most.

→ Of all the presents he got, this watch is _____.

31 Jack told me something, and I think it's a lie.

→ I think _____ is a lie.

[32~34] 다음 두 문장을 보기와 같이 관계부사를 이용하여 한 문장으로 만드시오.

보기
> • I want to know the reason.
> • Andy didn't come to school for that reason.
>   → I want to know the reason why Andy didn't come to school.

32
- He is thinking about the winter.
- We traveled to Italy then.

→ _____

33
- I went to the street.
- Jimin and I first met on that street.

→ _____

34
- This is the way.
- Mr. Park runs his restaurant in this way.

→ _____

보기 영작

[35~37] 보기 와 같이 두 문장의 의미가 일치하도록 빈칸에 알맞은 말을 쓰시오.

┌─ 보기 ─────────────────────────────┐
│ I can buy you anything you want.   │
│ → I can buy you whatever you want.   │
└───────────────────────────────────┘

35 At any time I wear my raincoat, it stops raining.

→ _____, it stops raining.

36 Anybody who wants to join our drama club will be welcomed.

→ _____ will be welcomed.

37 Any place she goes, there are a lot of people waiting to see her.

→ _____, there are a lot of people waiting to see her.

그림 영작

38 다음 중고품 상점에서 판매 중인 물건들을 보고, 관계대명사를 이용하여 보기 와 같이 문장을 완성하시오.

Made in Italy
Never Worn

┌─ 보기 ─────────────────────────────┐
│ Neil wants to buy the running shoes, │
│ which have been never worn.   │
└───────────────────────────────────┘

Monica wants to buy _____ made in Italy.

도표 영작

39 다음 어떤 영화 촬영에 대한 정보를 적은 표를 보고, 관계부사를 이용하여 문장을 완성하시오.

place	Canada	year	2010

(1) Canada is the _____ _____ the movie was filmed.
(2) The year 2010 is the _____ _____ the movie was filmed.

오류 수정 - 고난도

40 다음을 읽고, 틀린 문장 3개를 찾아 틀린 부분을 바르게 고쳐 쓰시오.

┌─────────────────────────────────────┐
│ (A) Peter is the only friend I can tell all │
│   my secrets to.   │
│ (B) Please tell me which you saw last │
│   night.   │
│ (C) Nobody knows the way how Tim   │
│   solved this problem.   │
│ (D) This village was hit by a huge   │
│   tsunami, who killed many animals. │
│ (E) Whenever you visit her, you will find │
│   her singing.   │
└─────────────────────────────────────┘

	문장 기호	틀린 부분	고친 내용
(1)			
(2)			
(3)			

CHAPTER

[09]

가정법

• 이번 챕터에서 나올 어휘들을 미리 확인해 보세요.

☐	act	행동하다
☐	actually	실제로
☐	advice	충고
☐	all around the world	전 세계적으로
☐	all the time	항상, 내내
☐	care for	~을 돌보다
☐	direction	지시, 관리, 지도
☐	dull	활기 없는, 무딘
☐	example	보기, 사례
☐	expert	전문가
☐	get hurt	다치다
☐	in detail	상세하게
☐	join	합류하다
☐	lonely	외로운
☐	lottery	복권
☐	mistake	실수; 실수하다
☐	musician	음악가
☐	nod	고개를 끄덕이다
☐	oversleep	너무 오래 자다
☐	regret	후회하다
☐	sink	가라앉다
☐	surf the Internet	인터넷을 검색하다
☐	survive	살아남다
☐	underwater	물속의; 물속에서
☐	weather forecast	일기 예보

Spelling 주의

• 쓸 때 철자에 주의해야 하는 단어들을 미리 익혀 두세요.

☐	behave	행동하다
☐	cancel	취소하다
☐	luggage	짐, 수하물
☐	millionaire	백만장자
☐	vaccine	백신
☐	sweat	땀을 흘리다; 땀

UNIT 01 가정법 과거

다음 문장을 가정법 문장으로 바꾸어 쓰시오.

> Jimin is so tired that he can't come today.

→ If _____ .

 문장력 UP

주어   if절: Jimin / 주절: he

동사   현재 사실의 반대/과거
     if절: is → were not(be동사의 가정법 과거 were)
     주절: can't come → could come

어순   If+S+V(가정법 과거) ~, S+V(가정법 과거) …

 필수 문법

| 1 | '만약 ~라면, … 할 텐데'라는 가정을 할 때는 동사를 가정법으로 써요.

[조건] If I have time, I will go there. → 나는 시간이 있다면, 거기 갈 거야. * 있다면(조건) → 가겠다.

[가정] If I had time, I would go there. → 내가 시간이 있다면, 거기 갈 텐데. * 있다면(가정) → 사실은 없다.

| 2 | 현재 사실의 반대를 가정할 때의 가정법 동사는 과거형으로 쓰며, be동사는 were로 써요.

[현재 사실] I don't have time, so I can't go. 나는 시간이 없어서 갈 수 없어.

[반대 가정] If I had time, I could go. 내가 시간이 있다면, 갈 텐데.
              don't have의 반대/과거   ↳ can't go의 반대/과거

[현재 사실] He is not healthy, so he won't join this time. 그는 건강이 좋지 않아서 이번에 합류하지 않을 거야.

[반대 가정] If he were healthy, he would join this time. 그가 건강하다면, 이번에 합류할 텐데.
          ↳ is not의 반대/   ↳ won't join의 반대/과거
             과거(were만 사용)

| 3 | 단순 조건문과 가정법 과거(현재 사실의 반대 가정)의 동사를 구분하여 알아 두세요.

구분	if절	주절
단순 조건문	현재	미래
가정법 과거	동사의 과거형/were	would/could/might+동사원형

빈출 유형 해결

해설

☑ '피곤해서 올 수 없다'는 현재 사실을 반대로 가정하면, '피곤하지 않다면, 올 수 있다'가 돼요.

☑ 현재 사실의 반대를 가정하기 위해 쓰는 가정법 과거 동사는 동사의 과거형으로 쓰는데, be동사일 경우는 were를 써요.

☑ is tired를 were not tired로 쓰고, can't come을 could come으로 써서 현재 사실의 반대를 나타내요.

정답 Jimin were not tired, he could come today

문장 전환

[01~04] 다음 문장을 가정법 문장으로 바꾸어 쓰시오.

01
> He doesn't have money, so he won't buy it.

→ If _he has money, he wouldn't buy it_ . (X)

🗣 위의 오답에서 **틀린** 부분을 찾아 바르게 고쳐 주세요.

☑ 가정법 과거 동사   ☑ 현재 사실의 반대 가정

→ If _____.

💬 가정법 과거의 동사는 현재 사실의 반대로 쓰고, 과거형으로 써야 하므로, doesn't have를 had로, won't buy를 would buy로 써야 해요.

02
> I don't have her number, so I have to wait.

→ If _____.

💬 직설법 문장의 주절에 조동사가 없는 경우 가정법 문장으로 바꿔 쓸 때는 문맥에 맞는 조동사를 써요.

03
> Since it's snowing, I will cancel the appointment.

→ If _____.

04
> As he's not an expert, he doesn't know the reason.

→ If _____.

오류 수정

[05~06] 어법상 **틀린** 부분을 찾아 바르게 고쳐 쓰시오.

05 If I am you, I would stay.

_____ → _____

06 If I knew how to swim, I will go with you.

_____ → _____

문장 완성

[07~08] 우리말과 일치하도록 주어진 말을 활용하여 문장을 완성하시오.

07
> 내가 너라면, 나는 그에게 말하지 않겠어. (tell)

→ _____

08
> 내가 시간이 더 있다면, 상세하게 설명할 텐데. (explain, in detail, time)

→ _____

대화 완성

[09~10] 대화를 읽고, 우리말과 일치하도록 대화를 완성하시오.

09
> A: What are you going to do with the money?
> B: 네가 나라면 넌 뭘 하겠니?

→ _____

💬 주절을 의문문 어순인 〈의문사+would+주어+동사원형〉의 순서로 써요.

10
> A: I really want to go there and help.
> B: 네가 거기 간다면 뭘 할 수 있겠니?

→ _____

02 가정법 과거완료

빈출 유형 **문장 전환**

다음 문장을 가정법 문장으로 바꾸어 쓰시오.

> Because Jisuk was here, we could finish this.

→ If _____ .

문장력 UP

주어 if절: Jisuk / 주절: we

동사 과거 사실의 반대/과거완료
if절: was → had not been
주절: could finish → couldn't have finished

어순 If+S+V(가정법 과거완료) ~, S+V(가정법 과거완료) …

| 1 | '만약 ~했[였]다면, …했을 텐데'의 의미로 <u>과거 사실의 반대</u> 가정을 나타내는 가정법 과거완료의 동사는 과거완료형을 써요.

구분	if절	주절
가정법 과거: 현재 사실의 반대 가정	동사의 과거형/were	would/could/might+동사원형
가정법 과거완료: 과거 사실의 반대 가정	had+과거분사	would/could/might+have+과거분사

| 2 | 가정법 과거완료는 <u>동사의 형태</u>에 주의하여 써야 해요.

[과거 사실] I <u>didn't have</u> time, so I <u>couldn't go</u>. 나는 시간이 없어서 갈 수 없었어.

[반대 가정] If I <u>had had</u> time, I could <u>have gone</u>. 내가 시간이 있었다면, 갔을 텐데.
　　　　　└▸ didn't have의 반대/과거완료　　　　└▸ couldn't go의 반대/과거완료

[과거 사실] He <u>was not</u> healthy, so he <u>didn't join</u> this time. 그는 건강이 좋지 않아서 이번에 합류하지 않았어.

[반대 가정] If he <u>had been</u> healthy, he <u>would have joined</u> this time. 그가 건강이 좋았다면 이번에 합류했을 텐데.
　　　　　└▸ was not의 반대/과거완료　　　　└▸ 주절의 과거 사실에 조동사가 없을 땐 주로 would를 써요.

* if절이 부정문인 경우 〈had <u>not</u>+과거분사〉와 같이 써요.

If he had not been sick, he would have joined this time.

빈출 유형 해결

해설

☑ 과거 사실은 '지숙이 있었기 때문에 끝낼 수 있었다'이므로 이것을 반대로 가정하면, '없었다면, 끝낼 수 없었다'가 돼요.

☑ 과거 사실의 반대 가정은 if절의 동사를 〈had+과거분사〉로 쓰므로, was의 반대/과거완료인 had not been으로 써요.

☑ 주절은 could finish를 반대/과거완료인 〈couldn't have+과거분사〉로 써야 해요.

정답 Jisuk had not been here, we couldn't[could not] have finished this

---

실전 유형으로 PRACTICE

[01~04] 다음 문장을 가정법 문장으로 바꾸어 쓰시오.

01
> As she didn't have a car, she couldn't come.

→ If *she had not have a car, she could have came.*
(X)

🧑 위의 오답에서 **틀린** 부분을 찾아 바르게 고쳐 주세요.

☑ 과거 사실의 반대 가정   ☑ 과거분사형

→ If _____ .

💬🧑 didn't have(부정)의 반대 가정은 had had(긍정)로 쓰며, come의 과거분사형은 come이에요.

02
> Because I didn't have money, I couldn't rent it.

→ If _____ .

03
> Since my aunt was busy, she didn't finish it.

→ If _____ .

💬🧑 가정법 과거에서는 if절에 be동사가 오면 무조건 were로 쓰지만, 가정법 과거완료에서는 〈had+과거분사〉인 had been으로 써요.

04
> As he didn't call, we left without him.

→ If _____ .

[05~06] 어법상 틀린 부분을 찾아 바르게 고쳐 쓰시오.

05 If they had come, I would tell them.

_____ → _____

06 If there didn't have been any food, I would have cooked.

_____ → _____

[07~08] 우리말과 일치하도록 주어진 말을 활용하여 문장을 완성하시오.

07
> 네가 좀 더 주의했더라면, 너는 안 다쳤을 것이다. (careful, get hurt, more)

→ _____

08
> 내가 그것을 알았더라면, 나는 너를 말렸을 것이다. (know, stop, that)

→ _____

[09~10] 대화를 읽고, 상대방의 말에 대한 대답을 가정법 문장으로 완성하시오.

09
> A: It was so hot. And you were sweating.
> B: _____

10
> A: You didn't bring your umbrella. So, you got all wet.
> B: _____

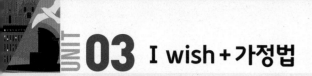

03 I wish + 가정법

빈출 유형 | 문장 완성

우리말과 일치하도록 주어진 말을 활용하여 문장을 완성하시오.

> 내가 너랑 태국에 갈 수 있다면 좋을 텐데.
> (Thailand, with)

→ _____

문장력 UP

주어 현재의 유감/아쉬움 → I wish
I wish 뒤의 주어 → 내가(I)

동사 갈 수 있다
can go → 가정법 과거 could go

어순 I wish+S+V(가정법 과거) ~

 | 1 | I wish 뒤에 가정법 과거 문장을 쓰면 '~라[하]면 좋을 텐데'라는 현재 사실에 대한 아쉬움이나 유감을 나타내요.

[현재 사실] I <u>don't have</u> a brother.

[유감/아쉬움] I <u>wish</u> I <u>had</u> a brother. 남자 형제가 있다면 좋을 텐데.
└→ 가정법 과거(현재 사실의 반대)

[현재 사실] Sujeong <u>is not</u> here.

[유감/아쉬움] I wish Sujeong ~~was~~ were here. 수정이가 여기 있으면 좋을 텐데.
└→ 가정법 과거 동사 were를 써요.

| 2 | 과거 사실에 대한 아쉬움이나 유감은 I wish 뒤에 가정법 과거완료를 써요.

[과거 사실] I <u>didn't see</u> him.

[유감/아쉬움] I <u>wish</u> I <u>had seen</u> him. 그를 봤다면 좋을 텐데.
└→ 가정법 과거완료(과거 사실의 반대)

[과거 사실] Sujeong <u>was not</u> here.

[유감/아쉬움] I wish Sujeong <u>had been</u> here. 수정이가 여기 있었다면 좋을 텐데.
└→ 가정법 과거완료(과거 사실의 반대)

**빈출
유형
해결**

해설

☑ '~라면 좋을 텐데'라는 현재 사실에 대한 유감이나 아쉬움은 〈I wish+가정법 과거〉로 표현해요.

☑ I wish 뒤에 주어(I)를 쓰고, 동사를 가정법 과거로 써요.

☑ '갈 수 있다'이므로 went로 쓰지 않고, could go로 쓰는 것에 주의하세요.

정답 I wish I could go to Thailand with you.

[문장 완성]

[01~04] 우리말과 일치하도록 주어진 말을 활용하여 문장을 완성하시오.

01

> 그가 내 친구라면 좋을 텐데. (be)

→ I wish he was my friend. _____ (X)

 위의 오답에서 <u>틀린</u> 부분을 찾아 바르게 고쳐 주세요.

> ☑ be동사의 가정법 과거형

→ _____

💬 현재 사실에 대한 유감이나 아쉬움을 표현할 때는 I wish 뒤에 가정법 과거를 쓰는데, be동사를 써야 하는 경우 were로 쓰는 것에 주의하세요.

02

> 내가 강아지 한 마리가 있으면 좋을 텐데. (puppy)

→ _____

03

> 나의 할머니가 더 건강하시면 좋을 텐데. (grandma, healthy)

→ _____

04

> 우리가 그 연극을 함께 봤었더라면 좋을 텐데. (watch, play)

→ _____

💬 과거 사실에 대한 유감이나 아쉬움을 나타낼 때에는 I wish 다음에 가정법 과거완료 문장을 써야 해요.

[오류 수정]

[05~06] 어법상 <u>틀린</u> 부분을 찾아 바르게 고쳐 쓰시오.

05 I wish my dad has been here.

_____ → _____

06 I wish Mina can join us today.

_____ → _____

[빈칸 쓰기]

[07~08] 다음 두 문장의 의미가 일치하도록 빈칸에 알맞은 말을 쓰시오.

07

> I'm sorry that I couldn't be there.

→ I wish _____ _____ _____

_____ _____.

08

> I regret that I didn't learn how to play the violin.

→ I wish _____ _____ _____

_____ _____ _____ _____

_____.

[문장 전환]

[09~10] 대화를 읽고, 밑줄 친 부분을 I wish를 사용하여 바꾸어 쓰시오.

> A: I have to stay up late again. <u>There is so much to study.</u> I hate exams.
> B: Who doesn't? Right now, <u>I want to be lying in my bed.</u>

09 _____

10 _____

04 as if + 가정법

빈출 유형 | 한 문장으로 쓰기

다음 두 문장을 as if를 써서 한 문장으로 만드시오.

> • She is not busy.
> • But she talks like she is.

→ _____

 문장력 UP

주어 She

동사 주절: talks
as if절: 가정법 과거(현재 사실의 반대)
→ were

어순 S+V+as if+S+V(가정법 과거) ~

|1| '마치 ~인[한] 것처럼'이라는 말은 현재 사실과는 반대되는 일로 가정법 과거로 표현해요.

[현재 사실] She is not a doctor.

[마치 ~처럼] She talks as if she were a doctor. 그녀는 마치 그녀가 의사인 것처럼 말한다.
└→ 가정법 과거(현재 사실의 반대)

[현재 사실] He can't do it now.

[마치 ~처럼] He acts as if he ~~did~~ could do it now. 그는 마치 그것을 지금이라도 할 수 있는 것처럼 행동한다.
└→ 조동사를 과거로 써요.

|2| '과거에 마치 ~였던[했던] 것처럼'은 as if 뒤에 가정법 과거완료를 써요.

[과거 사실] He didn't see her.

[마치 ~처럼] He talks as if he had seen her. 그는 마치 그녀를 봤던 것처럼 말한다.
└→ 가정법 과거완료(과거 사실의 반대)

[과거 사실] Sujeong was not here.

[마치 ~처럼] Sujeong acts as if she had been here. 수정이는 마치 여기 있었던 것처럼 행동한다.
└→ 가정법 과거완료(과거 사실의 반대)

빈출 유형 해결

해설
☑ 현재 사실은 '바쁘지 않다'이며, '그러나 그런 것처럼 행동한다'이므로 as if를 사용하여 영작해요.
☑ as if 뒤에는 is의 가정법 과거 were를 써요.

정답 She talks as if she were busy.

한 문장으로 쓰기

[01~04] 다음 두 문장을 as if를 써서 한 문장으로 만드시오.

01
> • Carl doesn't know me.
> • But he acts like he does.

→ ~~Carl acts as if he know me.~~ (X)

👤 위의 오답에서 <u>틀린</u> 부분을 찾아 바르게 고쳐 주세요.

☑ as if절의 동사

→ _____

💬👤 '마치 아는 것처럼'은 사실은 현재 알지 못하는 것이므로 가정법 과거를 써서 knew로 써요.

02
> • Jacob doesn't have many friends.
> • But he talks like he does.

→ _____

03
> • Minsu doesn't like Lauren.
> • But he acts like he does.

→ _____

04
> • The man was sick.
> • But he lives like he wasn't.

→ _____

💬👤 과거 사실의 반대를 가정할 때는 과거완료형을 써요. 과거완료형의 부정은 had 뒤에 not을 써요.

오류 수정

[05~06] 어법상 틀린 부분을 찾아 바르게 고쳐 쓰시오.

05 Lisa talks as if she knows the song.

_____ → _____

06 Jisu and Sue are acting as if they are close friends.

_____ → _____

빈칸 쓰기

[07~08] 우리말과 일치하도록 주어진 말을 활용하여 빈칸에 알맞은 말을 쓰시오.

07
> 그는 마치 거기 사는 것처럼 집 주변을 걸어 다녔다. (live, there)

→ He walked around the house _____

_____ _____ _____ _____ there.

💬👤 걸어 다닌 것이 주절의 시제와 동일한 과거이므로 as if절을 가정법 과거완료로 써야 해요.

08
> Sandra는 마치 그에게 동의하는 것처럼 고개를 끄덕이고 있다. (agree, with)

→ Sandra is nodding _____ _____

_____ _____ _____ him.

보기 영작

[09~10] 보기 와 같이 주어진 문장을 바꾸어 쓰시오.

> 보기
> She doesn't know me.
> → She acts <u>as if she knew me</u>.

09 He is not a musician.

→ He acts _____.

10 Jim was not confident.

→ Jim acts _____.

UNIT 05 without + 가정법

우리말과 일치하도록 주어진 말을 활용하여 문장을 완성하시오.

> 시험이 없다면, 나는 더 행복할 텐데.
> (happy, exams)

→ _____

 문장력 UP

주어 나는(I)

동사 ~일 것이다
will be → would be(현재 그렇지 않다는 가정이므로 가정법 과거)

어순 Without+명사, S+V+C(비교급)

 필수 문법

| 1 | 〈without + 명사〉를 가정법 과거와 쓰면, '~가 없다면, …일[할] 것이다'의 의미가 돼요.

[without+직설법] Without you, I can't do this. 네가 없이, 난 이것을 할 수 없어. (그러니 도와줘.)
└→ 가정의 상황이 아닌 사실

[without+가정법] Without you, I couldn't do this. 네가 없으면, 난 이것을 할 수 없어. (있어서 다행이야.)
└→ 없다고 가정을 하는 상황

* 〈without+명사〉를 가정법 과거완료와 쓰면 과거 사실의 반대 가정이 돼요.

Without you, I couldn't have done this. 네가 없었다면, 난 이것을 못했을 것이다. (있었어서 다행이야.)
└→ 과거에 없었다고 가정하는 상황

| 2 | 〈without + 명사〉는 〈If it were not for + 명사〉로 바꿔 쓸 수 있어요.

Without you, I couldn't do this.
→ If it were not for you, I couldn't do this. 네가 아니라면, 난 이것을 할 수 없을 것이다.
Without his help, we couldn't be here.
→ If it were not for his help, we couldn't be here. 그의 도움이 아니라면, 우리는 여기 있지 못할 것이다.

빈출 유형 해결

해설
☑ '~이 없다면'이므로 〈without+명사〉를 써야 하며, 현재 사실의 반대를 가정하므로 동사는 가정법 과거를 써요.
☑ '행복할 것이다'는 will be happy이므로 가정법 과거로 쓰면 would be happy가 돼요.
☑ '더 행복한'이므로 비교급으로 happier로 써야 해요.

정답 Without exams, I would be happier.

문장완성

[01~04] 우리말과 일치하도록 주어진 말을 활용하여 문장을 완성하시오.

01
> 사랑이 아니라면, 우리는 살 수 없을 것이다.
> (love, live, for, if)

→ If it was not for love, we can't live.   (X)

👤 위의 오답에서 틀린 부분을 찾아 바르게 고쳐 주세요.

☑ 가정법 동사

→ _____

💬 if절에도 가정법 과거 동사를 써서 were로 쓰고, 주절에도 가정법 과거인 couldn't live를 써야 해요.

02
> 숙제가 없다면, 우리가 더 즐겁게 지낼 텐데.
> (have more fun, homework, without)

→ _____

03
> 그의 도움이 아니라면, 나는 길을 잃을 것이다.
> (be lost, if, for)

→ _____

04
> 그녀의 충고가 없었다면, 우리는 실패했을 것이다. (advice, fail, without)

→ _____

💬 과거 일에 대한 반대 가정의 상황이므로 주절의 동사를 〈would have+과거분사〉로 써요.

오류수정

[05~06] 다음 두 문장이 같은 의미가 되도록 바꾸어 쓸 때, 어법상 틀린 부분을 찾아 바르게 고쳐 쓰시오.

05 Without music, life would be dull.
→ If it was not music, life would be dull.

_____ → _____

06 Without music, life would have been dull.
→ If it was not music, life would have been dull.

_____ → _____

빈칸쓰기

[07~08] 우리말과 일치하도록 주어진 말을 활용하여 빈칸에 알맞은 말을 쓰시오.

07 인터넷이 없다면, 삶은 편리하지 않을 것이다.
(life, convenient)

→ Without the Internet, _____ _____
_____ _____ _____.

08 이 백신이 없었다면, 더 많은 사람이 죽었을 것이다.
(more people, die)

→ Without this vaccine, _____ _____
_____ _____.

대화완성

[09~10] 대화를 읽고, 우리말과 일치하도록 주어진 말을 활용하여 대화를 완성하시오.

> A: There are so many cars on the road.
> B: Yeah. **09** 많은 교통량이 아니라면, 우리가 더 일찍 도착할 수 있을 텐데. (the heavy traffic, arrive, soon)
> A: But we still have enough time.
> B: **10** 저 짐만 없었다면, 우리가 더 일찍 출발했을 텐데. (that luggage, leave, early)

09 _____

10 _____

중간고사·기말고사 실전문제

오류 수정
[01~05] 어법상 틀린 부분을 찾아 바르게 고쳐 쓰시오.

01 If I had time, I will surf the Internet.

_____ → _____

02 Nancy behaves if she were a teacher.

_____ → _____

03 I wish you can go to Australia with me.

_____ → _____

04 Sora speaks Japanese as if she had been Japanese.

_____ → _____

05 If Wendy saw me yesterday, she would have said hello to me.

_____ → _____

단어 배열
[06~10] 우리말과 일치하도록 주어진 말을 알맞게 배열하시오.

06 만약 너의 이모가 바쁘지 않다면, 그녀는 너를 보러 올 텐데. (your aunt, she, were not, come, you, visit, to, if, would, busy)

→ _____

07 만약 그녀가 선생님의 지시를 따랐다면, 그녀는 저런 실수를 하지 않았을 텐데. (she, if, had, followed, made, that mistake, she, wouldn't, have, the teacher's directions)

→ _____

08 네가 돈을 쓰는 것에 좀 더 신중하다면 좋을 텐데. (you, spending, wish, I, more careful, about, were, money)

→ _____

09 그는 마치 백만장자인 것처럼 생활한다. (if, lives, were, as, he, a millionaire, he)

→ _____

10 물이 없다면 지구상의 모든 생명체가 죽을 것이다. (Earth, die, water, without, all life, on, would)

→ _____

빈칸 쓰기
[11~15] 우리말과 일치하도록 주어진 말을 활용하여 빈칸에 알맞은 말을 쓰시오.

11 내가 복권에 당첨된다면, 나는 전 세계로 여행을 다닐 텐데. (win, will, travel)

→ If I _____ the lottery, I _____ _____ all around the world.

12

만약 네가 날씨 예보를 확인했었다면, 너는 우산을 가져왔었을 텐데. (check, will, bring)

→ If you _____ _____ the weather forecast, you _____ _____ _____ an umbrella.

13

내가 어렸을 때 영어를 배웠더라면 좋을 텐데. (wish, learn)

→ I _____ I _____ _____ _____ when I was young.

14

Rachel은 마치 자신이 그의 엄마인 것처럼 그를 보살핀다. (care for, as if, be)

→ Rachel _____ _____ him _____ _____ _____ _____ his mother.

15

네 전화가 아니었다면, 난 오늘 아침 늦잠을 잤을 것이다. (oversleep)

→ _____ your phone call, I would _____ _____ this morning.

문장 완성

[16~20] 우리말과 일치하도록 주어진 말을 활용하여 문장을 완성하시오.

16

만약 이 지갑이 아주 비싸지 않다면, 나는 그것을 살 텐데. (buy, wallet, so expensive)

→ _____

17

그녀는 마치 자신이 유명한 가수인 것처럼 행동한다. (as if, act, be, a famous singer)

→ _____

18

그녀는 마치 우리가 친구였던 것처럼 말한다. (be, as if, talk, friend)

→ _____

19

음악이 없다면 나의 삶은 따분할 것이다. (my life, dull and boring, without)

→ _____

20

그 구명조끼가 없었다면, 그녀는 살아남지 못했을 것이다. (life jacket, survive, can, without)

→ _____

대화 완성 – 단어 배열

[21~22] 대화를 읽고, 주어진 말을 바르게 배열하여 대화를 완성하시오.

21

A: I want to be Hannah's friend.
B: If I _____.
   (talk, you, would, her, I, to, first, were)

22

A: Did you walk your dog yesterday?
B: No, I didn't. If I _____,
   I would _____.
   (have, been, tired, had, walked, not, my dog)

[23~24] 대화를 읽고, 우리말과 일치하도록 대화를 완성하시오.

23

> A: Can you go to the concert with me?
> B: No, I can't. 내가 너와 함께 그 콘서트에 갈 수 있다면 좋을 텐데.

→ I wish _____.

24

> A: Is your home close to the school?
> B: No, it isn't. 나의 집이 나의 학교와 가깝다면, 나는 버스를 타지 않을 거야.

→ If _____,
I wouldn't take the bus.

25 다음 대화가 자연스럽도록 빈칸에 알맞은 말을 쓰시오.

> A: William doesn't have a brother, does he?
> B: No, he doesn't. But he always behaves as if _____ _____ _____ _____.

[26~28] 우리말을 조건에 맞게 영작하시오.

26

조건
> know, number, call을 활용하여 9단어로 쓸 것

내가 그녀의 번호를 안다면, 나는 그녀에게 전화할 텐데.

→ _____

27

조건
> wish, not, choose, movie를 활용하여 9단어로 쓸 것

내가 이 지루한 영화를 고르지 않았다면 좋을 텐데.

→ _____

28

조건
> supermodel, as if, walk를 활용하여 8단어로 쓸 것

그녀는 마치 그녀가 슈퍼모델인 것처럼 걷는다.

→ _____

[29~31] 다음 두 문장의 의미가 일치하도록 빈칸에 알맞은 말을 쓰시오.

29 As I don't know his address, I can't write to him.

→ If I _____ his address, I _____ _____ to him.

30 Because Grace didn't finish her homework, she couldn't go for a walk.

→ If Grace _____ _____ her homework, she _____ _____ _____ for a walk.

31 I don't have enough money, so I can't buy a new camera.

→ If I _____ enough money, I _____ _____ a new camera.

[32~34] 다음 두 문장을 보기와 같이 한 문장으로 만드시오.

보기
> · Nancy didn't study hard.
> · She didn't pass the exam.
> → If Nancy had studied hard, she would have passed the exam.

32

> • The weather was not good.
> • We canceled the picnic.

→ _____

33

> • She tells lies all the time.
> • We don't like her.

→ _____

34

> • The boys made a lot of noise.
> • I couldn't concentrate on my work.

→ _____

보기 영작

[35~37] 보기 와 같이 두 문장의 의미가 일치하도록 빈칸에 알맞은 말을 쓰시오.

보기
> Because I am with my dog, I am not lonely.
> → Without my dog, I would be lonely.

35 Since I get support from my family, I can try harder.

→ _____ from my family, I _____ harder.

36 Because we have the Internet, we know what is going on in the world.

→ _____, we _____ what is going on in the world.

37 Since she got help from her boss, she could finish the project on time.

→ _____ from her boss, she _____ the project on time.

그림 영작

38 다음 그림을 보고, 주어진 말을 활용하여 문장을 완성하시오. (단, 현재 사실에 대한 가정으로 쓰시오.)

(bring / can take pictures)

If I _____ my camera with me, I _____ _____ _____ of this rainbow.

도표 영작

39 다음 표의 내용과 일치하도록 빈칸에 알맞은 말을 쓰시오.

이름	후회하는 것
Tracy	"I didn't practice enough."
Sally	"I didn't follow my teacher's advice."

(1) Tracy: I wish I _____.
(2) Sally: I wish I _____.

오류 수정 – 고난도

40 다음 글을 읽고, 틀린 문장 3개를 찾아 틀린 부분을 바르게 고쳐 쓰시오.

> We never eat rocks. (A) If we ate rocks, it will make us very sick. But some animals actually eat rocks. (B) For example, birds don't have teeth, so they eat rocks. (C) If they didn't eat rocks, what they eat could not be broken down. Crocodiles also eat rocks to make themselves sink in the water. (D) They stay underwater as they were not there. (E) With the rocks, they could not stay underwater while they hunt other animals.

	문장 기호	틀린 부분	고친 내용
(1)			
(2)			
(3)			

10

특수 구문

• 이번 챕터에서 나올 어휘들을 미리 확인해 보세요.

☐	aspirin	아스피린
☐	attend	참석하다
☐	award	수여하다; 상
☐	bake	굽다
☐	be worried about	~에 대해 걱정하다
☐	carpet	카펫
☐	department store	백화점
☐	drug	약
☐	elephant	코끼리
☐	island	섬
☐	loudly	큰 소리로
☐	meat	고기
☐	necklace	목걸이
☐	previous	앞의, 이전의
☐	probably	아마도
☐	put off	~을 연기하다, 미루다
☐	reduce	줄이다
☐	region	지역
☐	run away	도망치다
☐	shock	충격을 주다; 충격
☐	spill	엎지르다
☐	suffer from	~로 고통받다
☐	tropical	열대의
☐	volleyball	배구
☐	work	작동하다, 움직이다

Spelling 주의

• 쓸 때 철자에 주의해야 하는 단어들을 미리 익혀 두세요.

☐	assignment	숙제, 할당, 몫
☐	climb	오르다, 등반하다
☐	lawyer	변호사
☐	professor	교수
☐	receive	받다
☐	stomachache	복통

UNIT 01 강조

빈출 유형 조건 영작

다음 문장을 |조건|에 맞게 바꾸어 쓰시오.

┌ 조건 ┐
- It으로 문장을 시작할 것
- 밑줄 친 pizza를 강조하는 문장으로 쓸 것

David had <u>pizza</u> last night.

→ _____

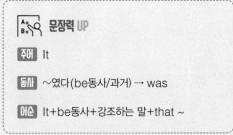

문장력 UP

주어 It

동사 ~였다(be동사/과거) → was

어순 It+be동사+강조하는 말+that ~

| 1 | <u>'~는 바로 …다'</u>라고 특정한 말을 강조할 때, 〈It＋be동사＋강조하는 말＋that ~〉으로 써요.

[일반적 문장]　　　　　　　John met Suzy at the library at 6. John은 6시에 도서관에서 Suzy를 만났다.

누가 Suzy를 만났는지 강조　→ It was <u>John</u> that[who] ~~John~~ met Suzy at the library at 6.

John이 누구를 만났는지 강조 → It was <u>Suzy</u> that[whom] John met ~~Suzy~~ at the library at 6.

언제 만났는지 강조　　　　→ It was <u>at 6</u> that John met Suzy at the library ~~at 6~~.

어디서 만났는지 강조　　　→ It was <u>at the library</u> that John met Suzy ~~at the library~~ at 6.

| 2 | 문장의 동사를 강조할 때는 〈조동사 do/does/did＋동사원형〉으로 써요.

[일반적 문장]　　He <u>loves</u> chocolate.
[동사 강조 문장]　He does love chocolate. 그는 초콜릿을 진짜 좋아해. (← '좋아하는 거 맞아?'에 대한 대답)

[일반적 문장]　　I <u>finished</u> the homework.
[동사 강조 문장]　I did finish the homework. 나는 숙제를 정말 끝냈어. (← '끝낸 거 맞아?'에 대한 대답)

빈출
유형
해결

해설
☑ 밑줄 친 pizza를 강조하면 'David이 어젯밤에 먹은 것은 바로 피자였다.'라고 써야 해요.
☑ 시제는 과거이므로 It was로 쓰고, 그 뒤에 강조할 말(pizza)을 써요.
☑ 다음으로 that을 쓴 후, 그 뒤에 나머지 말을 써요. 이때 강조하는 말 pizza는 다시 쓰지 않도록 해요.

정답 It was pizza that David had last night.

조건 영작

[01~04] 다음 문장을 |조건|에 맞게 바꾸어 쓰시오.

┌ 조건 ┐
- 밑줄 친 came을 강조하는 문장으로 쓸 것
- Paul로 시작하는 문장으로 쓸 것

01 Paul <u>came</u> to the meeting.

→ *Paul does came to the meeting.* (X)

👤 위의 오답에서 틀린 부분을 찾아 바르게 고쳐 주세요.

☑ 시제   ☑ 동사의 형태

→ _____

💬👤 동사를 강조할 때, 시제는 조동사 do/does/did로 표현하고 뒤에 동사원형을 써요.

┌ 조건 ┐
- It으로 문장을 시작할 것
- 밑줄 친 부분을 강조할 것

02 Jemin wanted to learn <u>how to swim</u>.

→ _____

03 He came by my house <u>around 7</u>.

→ _____

04 <u>My cousin</u> is helping me with the assignment.

→ _____

💬👤 〈It ~ that〉 강조 구문으로 사람을 강조할 때는 that 대신 who를 써도 돼요.

오류 수정

[05~06] 어법상 <u>틀린</u> 부분을 찾아 바르게 고쳐 쓰시오.

05 It was a blanket whom he needed then.

_____ → _____

06 Kate did saw him running away last night.

_____ → _____

단어 배열

[07~08] 우리말과 일치하도록 주어진 말을 알맞게 배열하시오.
(단, 필요시 동사의 형태를 바꾸시오.)

07
┌─────────────────────────────────┐
│ Lora는 그 유명한 가수를 정말 안다.   │
│ (know, singer, do, the, famous, Lora) │
└─────────────────────────────────┘

→ _____

08
┌─────────────────────────────────┐
│ Mark가 그 문을 칠한 것은 바로 어제였다. │
│ (door, paint, was, the, that, yesterday, │
│ it, Mark)   │
└─────────────────────────────────┘

→ _____

빈칸 쓰기

[09~10] 우리말과 일치하도록 주어진 말을 활용하여 빈칸에 알맞은 말을 쓰시오.

09
┌─────────────────────────────────┐
│ 그가 훔친 것은 바로 그녀의 마음이었다.   │
│ (heart)   │
└─────────────────────────────────┘

→ _____ _____ _____ _____

_____ he stole.

10
┌─────────────────────────────────┐
│ 그녀는 그에게 정말 사과를 했어. (apologize) │
└─────────────────────────────────┘

→ _____ _____ _____ to him.

💬👤 강조의 조동사 do/does/did를 주어의 수와 시제에 맞게 쓰고, 뒤에는 항상 동사원형을 써요.

빈출 유형 | 대화 완성

대화를 읽고, 우리말과 일치하도록 주어진 말을 활용하여 대화를 완성하시오.

A: Why do you want to be a singer?
B: That's because I want to be rich.
A: 모든 가수가 부자인 건 아니야. (all)

→ _____

 문장력 UP

주어 모든 가수(All singers) → 복수

동사 아니다(be동사/현재/부정) → are not

어순 Not+all+S+V+C(rich)

 필수 문법

| 1 | '모두 ~하는 것은 아니다'와 같이 부분 부정은 앞에 <u>not</u>을 붙여서 표현해요.

[긍정] <u>All</u> members attended. 모든 회원이 참석했다.

[전체 부정] <u>No</u> members attended. 어떤 회원도 참석하지 않았다.

[부분 부정] Not <u>all</u> members attended. 모든 회원이 참석한 것은 아니었다.

| 2 | all, every, both, always 앞에 <u>not</u>을 붙이면 부분 부정의 의미가 돼요.

[긍정] <u>Every</u> apple is delicious. 모든 사과는 맛있다.

[부분 부정] Not <u>every</u> apple is delicious. 모든 사과가 맛있는 건 아니다.

* all 뒤에는 복수 명사를 쓰지만, <u>every</u> 뒤에는 단수 명사를 쓴다는 것에 주의하세요.

[긍정] I know <u>both</u> of them. 나는 그 둘 모두를 안다.

[부분 부정] I do not know <u>both</u> of them. 나는 그 둘을 모두 아는 건 아니다.

* I don<u>'</u>t know <u>either</u> of them. 나는 그 둘 중 어느 하나도 알지 못한다. (전체 부정)

[긍정] She is <u>always</u> busy. 그녀는 항상 바쁘다.

[부분 부정] She is not <u>always</u> busy. 그녀는 항상 바쁜 것은 아니다.

* She is <u>not</u> busy all the time. 그녀는 항상 바쁘지 않다. (전체 부정)

빈출 유형 해결

해설

☑ all singers는 복수 취급하므로 be동사는 are로 써요.

☑ '모두 ~는 아니다'는 부분 부정이므로 not을 all 앞에 붙여요.

☑ All singers are not rich.(모든 가수는 부자가 아니다.)와 같이 전체 부정으로 쓰지 않도록 주의하세요.

정답 Not all singers are rich.

대화 완성

[01~04] 대화를 읽고, 우리말과 일치하도록 주어진 말을 활용하여 대화를 완성하시오.

01

A: You watched all of the Marvel movies? They must be really fun.

B: 모든 마블 영화가 재미있는 건 아니었어. (every)

→ Every Marvel movies are not fun.   (X)

위의 오답에서 틀린 부분을 찾아 바르게 고쳐 주세요.

☑ 명사의 수   ☑ 동사 수 일치 및 시제   ☑ not의 위치

→ _____

〈every+단수 명사〉로 쓰고, 이에 따라 be동사는 단수이면서 시제는 과거로 써야 해요. not을 be동사 뒤에 쓰면 전체 부정이 되고, every 앞에 쓰면 부분 부정이 돼요.

02

A: Mr. Kim seems busy all the time.

B: 그가 항상 바쁜 건 아니야. (always)

→ _____

03

A: You know Tom and Chris, right?

B: 그 둘 모두를 아는 건 아니야. (them, both)

→ _____

04

A: You can have this one or that one.

B: 나는 그 둘 중 어느 하나도 마음에 들지 않아. (them, either)

→ _____

문장 완성

[05~07] 우리말과 일치하도록 주어진 말을 활용하여 문장을 완성하시오.

05

모든 장미가 가시를 가진 것은 아니다.
(rose, have, every)

→ _____ its thorns.

every rose 다음에 오는 동사는 수 일치를 해서 has를 써요.

06

모든 소년이 꿈을 가진 것은 아니다.
(boy, have, all)

→ _____ a dream.

07

모든 가수가 노래를 잘하는 것은 아니다.
(singer, sing, can, all)

→ _____ well.

도표 영작

[08~10] 다음 즐겨 보는 스포츠 경기 조사 결과를 보고, 주어진 말을 활용하여 문장을 완성하시오.

	Baseball	Soccer	Basketball
Student A		√	√
Student B			√
Student C		√	√
Student D			√

08 _____ soccer.
(enjoy, everyone, watch)

09 _____ baseball.
(like, watch, one)

10 _____ basketball.
(student, watch, enjoy, all)

UNIT 03 동격

빈출 유형 **한 문장으로 쓰기**

다음 두 문장을 한 문장으로 바꾸어 쓸 때, 빈칸에 알맞은 말을 쓰시오.

> Mr. Davis is a teacher. He wrote many books for children.

→ _____ , _____ _____ , _____ _____ _____ for children.

문장력 UP

주어 선생님인 Mr. Davis

동사 wrote

어순 주어(명사), 동격, +V+O

 필수 문법

| 1 | 명사를 부연 설명하는 명사구는 바로 뒤에 동격 관계로 삽입할 수 있어요.

Mr. Ford visited my school. Ford 씨가 내 학교를 방문했다.

+ He is a professor at Harvard. 그는 하버드 교수이다.

= Mr. Ford, a professor at Harvard, visited my school. 하버드 교수인 Ford 씨가 내 학교를 방문했다.
　　　　　　= 동격 관계

I need aspirin. 나는 아스피린이 필요해.

+ It is a drug which reduces pain. 그것은 통증을 줄여 주는 약이다.

= I need aspirin, a drug which reduces pain. 나는 통증을 줄여 주는 약인 아스피린이 필요해.
　　　　　　　　= 동격 관계

| 2 | 소식, 소문 등의 명사는 그 뒤에 동격의 that절을 써서 그 내용을 설명할 수 있어요.

I heard the news. 나는 그 소식을 들었다.

+ He will come back next month. 그는 다음 달에 돌아올 것이다.

= I heard the news that he will come back next month.
　　　　　　　　= 동격 관계

빈출 유형 해결

해설

☑ 사람 이름 뒤에 그 직업을 나타내는 말을 콤마(,)를 써서 동격으로 삽입할 수 있어요.

☑ 그 뒤에 동사부터는 나머지 말을 그대로 써요.

정답 Mr. Davis / a teacher / wrote many books

한 문장으로 쓰기

[01~04] 다음 두 문장을 한 문장으로 바꾸어 쓸 때, 빈칸에 알맞은 말을 쓰시오.

01

> Some say Jane has a boyfriend. I don't believe the rumor.

→ I don't believe the rumor which Jane has a boyfriend . (X)

👤 위의 오답에서 틀린 부분을 찾아 바르게 고쳐 주세요.

☑ 접속사

→ I don't believe _____ _____ _____ _____ _____ _____ .

💬 a rumor 수식하는 관계대명사절이 아니라, '남자 친구가 있다'라는 소문이라고 동격 관계로 이어 주는 that절이 필요해요.

02

> Manhattan is probably the busiest place. Manhattan is an island in NY.

→ _____ , _____ _____ _____ _____ , _____ probably the busiest place.

03

> Pay phones are hard to find. Pay phones are phones in public places.

→ _____ _____ , _____ _____ _____ _____ , _____ hard to find.

04

> His plan is foolish. He will invite his friends.

→ His plan _____ he will invite his friends _____ .

단어 배열

[05~07] 우리말과 일치하도록 주어진 말을 알맞게 배열하시오.

05

> 인천에 있는 내 친구인 Sue가 내게 빵을 보냈다. (bread, Incheon, friend, Sue, me, in, my, sent)

→ _____

06

> Adolf 씨가 쓴 소설 *The Winter*가 내가 가장 좋아하는 책이다. (book, is, a, *The Winter*, novel, favorite, my, by Mr. Adolf)

→ _____

07

> 남자 그룹인 BTS는 많은 상을 받아 왔다. (BTS, band, awards, received, boy, many, a, has)

→ _____

문장 완성

[08~10] 우리말과 일치하도록 주어진 말을 활용하여 문장을 완성하시오.

08

> 그가 1등을 했다는 그 소식은 사실이 아니었다. (rumor, win, first prize)

→ _____

was not true.

09

> 많은 사람들이 굶주림으로 고통받는다는 그 사실이 나를 놀라게 했다. (fact, many, suffer from, people, hunger)

→ _____

surprised me.

10

> 나는 까만 털을 가진 강아지, Kong을 입양했다. (hair, puppy, with, a, black, adopt)

→ I _____ .

04 도치

빈출 유형 대화 완성

대화를 읽고, 우리말과 일치하도록 대화를 완성하시오.

> A: To be honest, I didn't enjoy the movie.
> B: You didn't? Actually, <u>나도 안 그랬어.</u>

→ _____

📖 문장력 UP

주어 나(I)

동사 didn't enjoy it, either
축약: did neither(부정)

어순 (도치) Neither+동사+주어

| 1 | 장소나 방향을 나타내는 부사(구)나 전치사구를 문두에 쓸 때, 주어, 동사를 도치시켜요.

일반 문장	도치된 문장
His mother sat on a chair.	On a chair sat his mother.
The change is here.	Here is the change.

* be, climb, fly, jump, go, hang, lie, sit, stand, come 등의 자동사 다음에 장소나 방향 부사구가 이어지면 주어, 동사를 도치할 수 있어요.
* 단, 주어가 대명사일 때는 도치하지 않아요. On a chair sat she. (X) → On a chair she sat. (O)

| 2 | 부정어(not, little, hardly 등)나 only를 문두에 쓸 때, 주어, 동사를 도치시켜요.

	일반 문장	도치된 문장
be동사	He is not only smart but also rich.	Not only is he smart but also rich.
조동사	He will go only when you go.	Only when you go will he go.
일반동사	He knew little about me.	Little did he know about me.

* be동사나 조동사가 있을 때는 be동사나 조동사를 주어 앞에 쓰고, 일반동사가 있는 경우 조동사 do/does/did를 주어 앞에 쓰고, 주어 뒤에는 동사원형을 써요.

| 3 | '~ 또한 그렇다/그렇지 않다'라고 할 때, So/Neither 뒤에 주어와 동사를 도치시켜요.

A: I am tired.
B: So am I.
나도 그래.

A: I was tired.
B: So were my sisters.
내 여동생들도 그랬어.

A: He isn't tired.
B: Neither are we.
우리도 안 그래.

A: I like it.
B: So do I.
나도 그래.

A: I liked it.
B: So did my sister.
내 여동생도 그랬어.

A: I didn't like it.
B: Neither did we.
우리도 안 그랬어.

빈출 유형 해결

해설
☑ 앞선 말에 대해 '~ 또한 그렇지 않았다'이므로 부정어 neither를 쓰고, 주어, 동사를 도치해서 써요.
☑ 시제는 과거이므로 〈Neither+did(조동사의 과거형)+주어〉와 같이 써요.

정답 neither did I

정답과 해설 • 25쪽

대화 완성

[01~04] 대화를 읽고, 우리말과 일치하도록 대화를 완성하시오.

01

> A: Were you okay the other day?
>   I was so shocked.
> B: 나도 그랬어.

→ So I am. _____ (X)

👤 위의 오답에서 틀린 부분을 찾아 바르게 고쳐 주세요.

☑ 시제   ☑ 어순

→ _____

💬 시제는 과거이므로 was를 쓰고, So/Neither 뒤에 주어, 동사는 도치시켜요.

02

> A: Wow, he is really good at dancing.
> B: 그는 춤뿐만 아니라 노래도 잘해.

→ Not only _____.

03

> A: Oh, I feel so worried about him.
> B: 나도 그래.

→ So _____.

04

> A: I didn't touch it.
> B: 내 여동생도 안 그랬어.

→ _____ my sister.

오류 수정

[05~06] 어법상 틀린 부분을 찾아 바르게 고쳐 쓰시오.

05 Little he understood about it.

_____ → _____

06 They were disappointed. And so I am.

_____ → _____

빈칸 쓰기

[07~08] 우리말과 일치하도록 빈칸에 알맞은 말을 쓰시오.

07

> He couldn't get up. And 민지도 그럴 수 없었어.

→ _____ _____ Minji.

💬 '~ 또한 할 수 없었다'는 의미이므로 〈neither+could+주어〉로 쓰면 돼요.

08

> It's top secret. 절대 나는 그것에 대해 이야기하지 않을 것이다.

→ Never _____ _____ _____ about it.

조건 영작

[09~10] 각각의 |조건|에 맞게 주어진 말을 활용하여 다음 문장을 완성하시오.

┤ 조건 ├
09 부정어(구)를 문장 앞에 써서 강조할 것
10 전치사구를 문장 앞에 써서 강조할 것

09 Kay는 그를 만났을 뿐만 아니라, 그와 점심도 했어. (meet)

→ _____, but also had lunch with him.

10 그의 머리 위에 그 새가 앉았어. (sit)

→ On _____.

UNIT 05 간접화법 1

빈출 유형 **문장 전환**

다음 문장을 간접화법으로 바꾸어 쓰시오.

> She said to him, "I want to sit next to you."

→ _____

 문장력 UP

주어 She

동사 said to him → told him

어순 S+V+that+S+V+부사구
* that절의 S, V와 부사구 안의 전치사의
목적어를 문맥에 맞게 바꿈.

| 1 | 직접화법은 말을 있는 그대로 전달하고, 간접화법은 전달자의 입장으로 고쳐 쓴 말이에요.

[직접화법] Jemin said, "I know the answer." "나는 정답을 알아."라고 제민이가 말했다.

[간접화법] Jemin said that he knew the answer. 제민이는 정답을 안다고 말했다.
⌐→ 전달자의 입장에서는 I가 he이며, know가 knew가 돼요.

| 2 | 직접화법의 문장을 간접화법의 문장으로 고쳐 쓸 때, 다음 단계에 따라 고쳐 쓰세요.

[직접화법]   Jinsu said to me, "You look so tired now."

1. 전달동사 바꾸기 said to me → told me / say → say
2. 인용 부호(" ")를 없애고 that절로 쓰기 * that은 생략 가능
3. that절의 주어를 전달자의 입장으로 바꾸기 You → I
4. 시제를 전달자 입장으로 바꾸기 look → looked * said와 같은 시제로
5. 시간, 장소 부사(구) 등을 전달자 입장으로 바꾸기 now → then

[간접화법]   Jinsu told me (that) I looked so tired then.

* 간접화법으로 고쳐 쓸 때 주의해야 할 시제 및 부사(구) 등을 알아 두세요.

전달동사의 시제	직접화법의 인용 부호(" ") 안의 시제		간접화법의 that절의 시제
현재(say)	서로 같음		
과거(said)	현재	→	과거
	과거	→	과거완료
	현재완료	→	과거완료

now → then	today → that day	tonight → that night
this[these] → that[those]	here → there	ago → before
yesterday → the previous day	tomorrow → the next day	last night → the previous night

---

빈출 유형 해결

해설
☑ 전달동사 said to는 told로 바꾸고, 인용 부호(" ")를 없앤 후 that절을 써요.
☑ that절의 주어 I는 그녀(she)이고, want는 말한 시점인 과거로 쓰고, next to you의 you는 그(him)가 되어야 해요.

정답 She told him that she wanted to sit next to him.

문장 전환

[01~04] 다음 문장을 간접화법으로 바꾸어 쓰시오.

01

> He said to me, "You can ask me."

→ He told me that he can ask me.   (X)

👤 위의 오답에서 틀린 부분을 찾아 바르게 고쳐 주세요.

☑ that절의 시제   ☑ that절의 주어와 목적어

→ _____

💬👤 You는 문맥상 '내가'가 되어야 하고, 시제는 과거로 맞춰 could 가 되고, 목적어 me는 문맥상 말한 사람 그(him)가 되어야 해요.

02

> They said loudly, "We want ice cream."

→ _____

03

> He said to her, "I called you a week ago."

→ _____

💬👤 전달동사가 과거(said)이고 인용 부호(" ") 안의 문장의 시제가 과거이면, 간접화법의 동사는 과거완료로 써요.

04

> Joe said to me, "I'm waiting for you."

→ _____

오류 수정

[05~06] 우리말을 영작할 때, 어법상 틀린 부분을 찾아 바르게 고쳐 쓰시오.

05

> 그는 내게 그가 아프다고 말해 줬다.
> → He told me he is sick.

_____ → _____

06

> Jim은 그의 선생님께 그가 일찍 올 수 있다고 말씀드렸다.
> → Jim told his teacher he can come early.

_____ → _____

빈칸 쓰기

[07~08] 우리말과 일치하도록 빈칸에 알맞은 말을 쓰시오.

07

> Dorothy는 그것을 본 적이 있다고 내게 말했어.

→ Dorothy _____ me _____ _____ _____ it.

💬👤 전달자의 입장에서 Dorothy가 그것을 본 것은 내게 말한 것(과 거)보다 앞서므로 과거완료 시제(대과거)로 써야 해요.

08

> 나는 엄마에게 그것을 끝냈다고 말씀드렸어.

→ I _____ my mother _____ _____ _____ it.

독해형

[09~10] 다음 동수의 일기를 읽고, 밑줄 친 문장을 간접화법으로 바꾸어 쓰시오.

> I met Peter today. He was wearing a blue shirt. **09** I said to him, "You look nice in the shirt." He smiled and thanked me. He told me that he had bought it on the Internet. So I asked him which site it was. **10** He said to me, "I can text you the address." I hope to find a nice shirt that fits me.

09 _____

10 _____

UNIT 06 간접화법 2

 빈출 유형 | 문장 전환

다음 문장을 간접화법으로 바꾸어 쓰시오.

> She said to him, "Lock the door."

→ _____

문장력 UP

주어 She

동사 said to him → told him

어순 S+V+O+OC(to부정사) ~

필수 문법

| 1 | 명령문을 간접화법으로 고쳐 쓸 때는 다음 단계에 따라 고쳐 쓰세요.

[직접화법] He said to me, "Don't pick your nose."

1. 전달동사를 명령문의 내용에 따라 바꾸기 tell(지시), ask(요청), advise(충고), order(명령)
2. 인용 부호(" ")를 없애고 〈목적어+to부정사〉로 쓰기 told me to pick * to부정사는 5형식 문장의 목적격보어
3. 부정의 명령문(Don't ~)일 때는 〈not+to부정사〉로 쓰기 told me not to pick
4. 기타 목적격 대명사, 부사 등을 전달자 입장으로 바꾸기 your → my

[간접화법] He told me not to pick my nose.

| 2 | 의문문을 간접화법으로 고쳐 쓸 때는 다음 단계에 따라 고쳐 쓰세요.

[직접화법] She said to him, "Where do you live now?"

1. 전달동사를 ask로 바꾸기 said to him → asked him / say → ask
2. that을 쓰지 않고 의문사를 접속사로 쓰기 asked him where
3. 의문사 뒤에 〈주어+동사〉의 어순으로 쓰기 asked him where you live
4. 주어, 동사, 부사(구) 등을 전달자 입장으로 바꾸기 you → he / live → lived / now → then

[간접화법] She asked him where he lived then.

* 의문사가 없는 의문문은 whether나 if를 써요.
  She asked him whether[if] he had a place to stay. 그녀는 그에게 머물 곳이 있는지 물었다.

빈출 유형 해결

해설

☑ 전달동사 said to him은 지시하는 told him으로 바꿔요.

☑ 명령문은 '~하라고 말했다'의 5형식 문장이 되도록 바꿔야 하니 told him to lock ~과 같이 써요.

정답 She told him to lock the door.

문장 전환

[01~04] 다음 문장을 간접화법으로 바꾸어 쓰시오.

01

He said to me "Is this yours?"

→ He told me this is yours. (X)

🧑 위의 오답에서 **틀린** 부분을 찾아 바르게 고쳐 주세요.

☑ 전달동사　☑ 접속사　☑ 대명사　☑ 시제

→ _____

💬🧑 의문문은 간접화법에서 전달동사를 항상 ask를 사용하며, 의문사가 없는 의문문은 접속사로 whether나 if를 써요. 시제는 과거로 맞춰야 하며, this, yours는 전달자 입장에서 각각 that과 mine으로 써요.

02

Jenny said to him, "Don't be rude to me."

→ _____

03

He said, "What did Jinsu do?"

→ _____

💬🧑 전달동사가 과거(said)이고 인용 부호(" ") 안의 문장의 시제가 과거이면, 간접화법에서 전달되는 문장의 시제는 과거완료로 써요.

04

You said to me, "What will you do tomorrow?"

→ _____

오류 수정

[05~06] 우리말을 영작할 때, 어법상 **틀린** 부분을 찾아 바르게 고쳐 쓰시오.

05

그는 내게 그 회의를 연기하라고 요청했다.
→ He asked me I put off the meeting.

_____ → _____

06

지수는 그에게 바쁜지 물었다.
→ Jisu asked him that he was busy.

_____ → _____

빈칸 쓰기

[07~08] 우리말과 일치하도록 빈칸에 알맞은 말을 쓰시오.

07

나는 엄마께 그녀가 늦을 건지 여쭤봤다.

→ I _____ my mom _____ _____
_____ _____ late.

08

Jenifer는 내게 그녀가 어떻게 느끼는지 말해 줬다.

→ Jenifer _____ me _____ _____
_____.

대화 완성

[09~10] 다음 Sam과 Sara가 나눈 어제 대화를 읽고, 질문에 간접화법으로 답하시오.

〈YESTERDAY〉
Sam: Do you want to study together here?
Sara: I can't because I have to go home.

09 Q: What did Sam ask Sara?

A: Sam asked Sara _____.

10 Q: What did Sara tell Sam?

A: Sara told him _____.

중간고사·기말고사 실전문제

오류 수정

[01~05] 어법상 <u>틀린</u> 부분을 찾아 바르게 고쳐 쓰시오.

01 It was Jack what broke my computer.

_____ → _____

02 My aunt do enjoys listening to classic music.

_____ → _____

03 Not all classmate were invited to the party.

_____ → _____

04 My daughter doesn't like meat, and neither am I.

_____ → _____

05 A lot of people ask William where is he from.

_____ → _____

단어 배열

[06~10] 우리말과 일치하도록 주어진 말을 알맞게 배열하시오.

06
> 너와 네 언니는 이 사진에서 정말로 행복해 보인다. (you, look, your sister, this picture, and, do, in, happy)

→ _____

07
> 우리 가족이 새집으로 이사한 것은 바로 지난달이었다. (that, was, my family, it, last month, moved, a new house, to)

→ _____

08
> 문 뒤에는 검은색 티셔츠를 입은 여자가 서 있었다. (the door, a woman, in, a black T-shirt, stood)

→ Behind _____.

09
> 더운 날씨에 모두가 차가운 음료를 마시는 것은 아니다. (not, drinks, hot weather, in, everyone, cold drinks)

→ _____

10
> 나의 아빠는 나에게 숙제를 끝냈는지 물으셨다. (my father, finished, me, if, had, I, asked, my homework)

→ _____

빈칸 쓰기

[11~15] 우리말과 일치하도록 주어진 말을 활용하여 빈칸에 알맞은 말을 쓰시오.

11
> 내가 집을 청소한 것은 바로 어제였다. (yesterday)

→ _____ _____ _____ _____ I

cleaned the house.

12

열대 지방에서만 이 식물들이 잘 자란다.
(grow)

→ Only in tropical regions _____ _____

_____ _____ _____.

13

Isabella는 정말 배드민턴 치는 것을 좋아한다.
(play)

→ Isabella _____ _____ _____

_____ badminton.

14

나는 베를린에 가 본 적이 없고, 나의 형도 마찬
가지다. (neither)

→ I have never been to Berlin, and _____

_____ _____ _____.

15

그는 나에게 왜 캐나다에서 공부했는지 물었다.
(study)

→ He asked me _____ _____ _____

_____ in Canada.

문장 완성

[16~20] 우리말과 일치하도록 주어진 말을 활용하여 문장을 완
성하시오.

16

그녀는 정말 천 권 이상의 책을 가지고 있다.
(have, does, one thousand, more than)

→ _____

17

이 그림들을 그린 것은 바로 코끼리들이었다.
(elephants, draw, paintings, it, that)

→ _____

18

내가 집에 도착했을 때 나는 피곤했고, 내 여동생
도 마찬가지였다. (so, tired, get home, my
sister)

→ _____

19

그녀는 사람들에게 그녀가 음악에 관심이 있다
고 말한다. (music, interested, tell, people)

→ _____

20

경찰은 그에게 어젯밤 무엇을 보았는지 물었다.
(see, the police, ask, last night)

→ _____

대화 완성 – 단어 배열

[21~22] 대화를 읽고, 주어진 말을 바르게 배열하여 대화를 완성
하시오.

21

A: You haven't touched your food.
Don't you like Korean food?
B: I _____. I'm just
not that hungry. (do, like, it)

22

A: Where did you meet Jack for the first
time?
B: It was _____
for the first time. (I, Ann's, at, party,
met, birthday, that, Jack)

대화 완성 - 문장 완성

[23~24] 대화를 읽고, 우리말과 일치하도록 대화를 완성하시오.

23

> A: Did you win first prize in the contest?
> B: No. 대회에서 1등 상을 받은 사람은 나의 언니였다.

→ It was _____.

24

> A: What did Peter spill on the carpet this morning? Did he spill coffee?
> B: 아니, 그가 오늘 아침에 카펫에 쏟은 것은 오렌지 주스였어.

→ No, it was _____.

대화 완성 - 빈칸 쓰기

25 다음 대화가 자연스럽도록 빈칸에 알맞은 말을 쓰시오.

> A: I can't understand what he is saying.
> B: _____ _____ _____. He is speaking too fast.

조건 영작

[26~28] 우리말을 |조건|에 맞게 영작하시오.

26 ┤조건├
> all, work well, machines를 활용하여 6단어로 쓸 것

모든 비싼 기계가 다 잘 작동하는 것은 아니다.

→ _____

27 ┤조건├
> a sandwich, eat, so, my brother를 활용하여 11단어로 쓸 것

나는 아침으로 샌드위치를 먹었고, 나의 형도 그랬다.

→ _____

28 ┤조건├
> order, speak loudly, my teacher를 활용하여 8단어로 쓸 것

나의 선생님은 우리에게 큰 소리로 이야기하지 말라고 지시하셨다.

→ _____

문장 전환

[29~31] 다음 문장을 〈It ~ that〉 구문을 이용하여 밑줄 친 어구를 강조하는 문장으로 바꾸어 쓰시오.

29 I bought a necklace for my girlfriend <u>at the department store</u>.

→ _____

30 Linda visited Hungary <u>four years ago</u>.

→ _____

31 <u>William</u> found my lost wallet at the subway station.

→ _____

한 문장으로 쓰기

[32~34] |보기|와 같이 다음 두 문장을 한 문장으로 만드시오.

┤보기├
> • Nancy is one of my classmates.
> • She wants to be a lawyer.
> → Nancy, one of my classmates, wants to be a lawyer.

32

> • I saw a very tall woman on the street this morning.
> • She is a popular volleyball player.

→ I saw _____, _____, on the street this morning.

33

- Slovenia is a small country in Europe.
- I visited Slovenia three years ago.

→ I visited _____, _____, three years ago.

34

- The news gave my parents a shock.
- My grandmother is suffering from a disease.

→ The news _____ gave my parents a shock.

보기 영작

[35~37] 보기 와 같이 두 문장의 의미가 일치하도록 빈칸에 알맞은 말을 쓰시오.

보기

I said to her, "I want to drink coffee."
→ I told her that I wanted to drink coffee.

35 Cindy said to me, "I met your mother in the department store."

→ Cindy _____ me _____ _____ _____ _____ my mother in the department store.

36 Mark said to us, "I will visit you with the cookies I baked yesterday."

→ Mark _____ us _____ _____ _____ _____ _____ with the cookies _____ _____ _____ the previous day.

37 My father said to me, "Don't swim in the deep water."

→ My father advised _____ _____ _____ _____ in the deep water.

그림 영작

38 다음 그림을 보고, 보기 와 같이 문장을 완성하시오.

보기

It was in a flower shop that Peter bought some roses at 7 o'clock.

(1) It was _____ that Peter bought some roses in a flower shop.

(2) It was _____ that Peter bought in a flower shop at 7 o'clock.

도표 영작

39 다음 반 친구들이 좋아하는 것을 정리한 표의 내용과 일치하도록 빈칸에 알맞은 말을 쓰시오.

	Anne	Chris	Emily	George
Swimming	✓	✓		
Reading	✓			✓

(1) George doesn't like swimming, and _____.

(2) Anne is interested in reading, and _____.

오류 수정 – 고난도

40 다음을 읽고, 틀린 문장 2개를 찾아 틀린 부분을 바르게 고쳐 쓰시오.

(A) It was the raw fish that caused my stomachache.
(B) Not only he is smart, but also kind.
(C) Andy said he was going to buy that cellphone the next day.
(D) Tracy told me that she will meet her uncle the next day.

	문장 기호	틀린 부분	고친 내용
(1)			
(2)			

불규칙 동사 변화 IRREGULAR VERBS

구분	원형	과거형	과거분사형(p.p.)	의미
A A A	cast [kæst]	cast [kæst]	cast [kæst]	던지다
	broadcast [brɔ́:dkæ̀st]	broadcast [brɔ́:dkæ̀st]	broadcast [brɔ́:dkæ̀st]	방송하다
	cost [kɔ(:)st]	cost [kɔ(:)st]	cost [kɔ(:)st]	(비용이) 들다
	cut [kʌt]	cut [kʌt]	cut [kʌt]	자르다
	fit [fit]	fit [fit]	fit [fit]	(크기 등이) 맞다
	hit [hit]	hit [hit]	hit [hit]	치다
	hurt [həːrt]	hurt [həːrt]	hurt [həːrt]	다치게 하다, 다치다
	let [let]	let [let]	let [let]	하게 하다
	put [put]	put [put]	put [put]	놓다, 두다
	quit [kwit]	quit [kwit]	quit [kwit]	그만두다
	read [riːd]	read [red]	read [red]	읽다
	set [set]	set [set]	set [set]	놓다, 설치하다
	shut [ʃʌt]	shut [ʃʌt]	shut [ʃʌt]	닫다
	spread [spred]	spread [spred]	spread [spred]	펴다, 퍼지다
A A A′	beat [biːt]	beat [biːt]	beaten [bíːtən]	때리다
A B A	become [bikʌ́m]	became [bikéim]	become [bikʌ́m]	～이 되다, ～해지다
	come [kʌm]	came [keim]	come [kʌm]	오다
	run [rʌn]	ran [ræn]	run [rʌn]	달리다
A B A′	arise [əráiz]	arose [əróuz]	arisen [ərízən]	(일 등이) 일어나다
	be (am / is / are)	was / were	been [bin]	～(이)다, ～에 있다
	blow [blou]	blew [bluː]	blown [bloun]	(바람 등이) 불다
	do [du]	did [did]	done [dʌn]	하다
	draw [drɔː]	drew [druː]	drawn [drɔːn]	당기다, 그리다
	drive [draiv]	drove [drouv]	driven [drívən]	운전하다
	eat [iːt]	ate [eit]	eaten [íːtən]	먹다
	fall [fɔːl]	fell [fel]	fallen [fɔ́ːlən]	떨어지다
	forgive [fərgív]	forgave [fərgéiv]	forgiven [fərgívən]	용서하다
	give [giv]	gave [geiv]	given [gívən]	주다
	go [gou]	went [went]	gone [gɔ(:)n]	가다

구분	원형	과거형	과거분사형(p.p.)	의미
ABA′	grow [grou]	grew [gru:]	grown [groun]	자라다, 키우다
	know [nou]	knew [nju:]	known [noun]	알다
	ride [raid]	rode [roud]	ridden [rídən]	(차나 기구 등에) 타다
	rise [raiz]	rose [rouz]	risen [rízən]	일어서다, 올라가다
	see [si:]	saw [sɔ:]	seen [si:n]	보다
	shake [ʃeik]	shook [ʃuk]	shaken [ʃéikən]	흔들다
	show [ʃou]	showed [ʃoud]	shown [ʃoun]	보여 주다
	take [teik]	took [tuk]	taken [téikən]	가져가다, 취하다
	throw [θrou]	threw [θru:]	thrown [θroun]	던지다
	write [rait]	wrote [rout]	written [rítən]	쓰다
ABB	bend [bend]	bent [bent]	bent [bent]	구부리다
	bind [baind]	bound [baund]	bound [baund]	묶다
	bring [briŋ]	brought [brɔ:t]	brought [brɔ:t]	가져오다
	build [bild]	built [bilt]	built [bilt]	(건물 등을) 짓다
	burn [bəːrn]	burnt [bəːrnt]	burnt [bəːrnt]	(불에) 타다, 태우다
	buy [bai]	bought [bɔ:t]	bought [bɔ:t]	사다
	catch [kætʃ]	caught [kɔ:t]	caught [kɔ:t]	잡다
	dig [dig]	dug [dʌg]	dug [dʌg]	파다
	dream [dri:m]	dreamt [dremt] dreamed	dreamt [dremt] dreamed	꿈꾸다
	feed [fi:d]	fed [fed]	fed [fed]	먹이다
	feel [fi:l]	felt [felt]	felt [felt]	느끼다
	fight [fait]	fought [fɔ:t]	fought [fɔ:t]	싸우다
	find [faind]	found [faund]	found [faund]	발견하다
	grind [graind]	ground [graund]	ground [graund]	갈다
	hang [hæŋ]	hung [hʌŋ]	hung [hʌŋ]	걸다
	have [hæv]	had [hæd]	had [hæd]	가지다, 먹다
	hear [hiər]	heard [həːrd]	heard [həːrd]	듣다
	hold [hould]	held [held]	held [held]	지니다, 쥐다

구분	원형	과거형	과거분사형(p.p.)	의미
A B B	keep [ki:p]	kept [kept]	kept [kept]	유지하다, 지키다
	lay [lei]	laid [leid]	laid [leid]	두다, 놓다
	lead [li:d]	led [led]	led [led]	이끌다
	leave [li:v]	left [left]	left [left]	떠나다
	lend [lend]	lent [lent]	lent [lent]	빌려주다
	lose [lu:z]	lost [lɔ(:)st]	lost [lɔ(:)st]	잃다
	make [meik]	made [meid]	made [meid]	만들다
	mean [mi:n]	meant [ment]	meant [ment]	의미하다
	meet [mi:t]	met [met]	met [met]	만나다
	pay [pei]	paid [peid]	paid [peid]	지불하다
	say [sei]	said [sed]	said [sed]	말하다
	seek [si:k]	sought [sɔ:t]	sought [sɔ:t]	찾다, 구하다
	sell [sel]	sold [sould]	sold [sould]	팔다
	send [send]	sent [sent]	sent [sent]	보내다
	shine [ʃain]	shone [ʃoun]	shone [ʃoun]	빛나다
	shoot [ʃu:t]	shot [ʃɑt]	shot [ʃɑt]	쏘다
	sit [sit]	sat [sæt]	sat [sæt]	앉다
	sleep [sli:p]	slept [slept]	slept [slept]	자다
	slide [slaid]	slid [slid]	slid [slid]	미끄러지다
	smell [smel]	smelt [smelt] smelled	smelt [smelt] smelled	냄새 맡다, 냄새가 나다
	spend [spend]	spent [spent]	spent [spent]	소비하다
	spin [spin]	spun [spʌn]	spun [spʌn]	돌다, 회전하다
	spoil [spɔil]	spoilt [spɔilt] spoiled	spoilt [spɔilt] spoiled	손상시키다, 망치다
	stand [stænd]	stood [stud]	stood [stud]	서다
	strike [straik]	struck [strʌk]	struck [strʌk]	치다, 때리다
	sweep [swi:p]	swept [swept]	swept [swept]	쓸다, 비질하다
	swing [swiŋ]	swung [swʌŋ]	swung [swʌŋ]	흔들다, 흔들리다
	teach [ti:tʃ]	taught [tɔ:t]	taught [tɔ:t]	가르치다
	tell [tel]	told [tould]	told [tould]	이야기하다

구분	원형	과거형	과거분사형(p.p.)	의미
A B B	think [θiŋk]	thought [θɔːt]	thought [θɔːt]	생각하다
	understand [ʌndərstǽnd]	understood [ʌndərstúd]	understood [ʌndərstúd]	이해하다
	wake [weik]	woke [wouk]	woken [wóukən]	깨다, 깨우다
	win [win]	won [wʌn]	won [wʌn]	이기다
	wind [waind]	wound [waund]	wound [waund]	감다
A B B′	bear [bɛər]	bore [bɔːr]	born [bɔːrn]	낳다, 참다
	bite [bait]	bit [bit]	bitten [bítən]	물다
	break [breik]	broke [brouk]	broken [bróukən]	깨뜨리다
	choose [tʃuːz]	chose [tʃouz]	chosen [tʃóuzən]	고르다
	forget [fərgét]	forgot [fərgát]	forgotten [fərgátən]	잊다
	freeze [friːz]	froze [frouz]	frozen [fróuzən]	얼다, 얼리다
	get [get]	got [gat]	gotten [gátən] / got [gat]	얻다
	hide [haid]	hid [hid]	hidden [hídən]	감추다
	speak [spiːk]	spoke [spouk]	spoken [spóukən]	말하다
	steal [stiːl]	stole [stoul]	stolen [stóulən]	훔치다
	tear [tiər]	tore [tɔːr]	torn [tɔːrn]	찢다
	wear [wɛər]	wore [wɔːr]	worn [wɔːrn]	입다
A B C	begin [bigín]	began [bigǽn]	begun [bigʌ́n]	시작하다
	drink [driŋk]	drank [dræŋk]	drunk [drʌŋk]	마시다
	fly [flai]	flew [fluː]	flown [floun]	날다
	lie [lai]	lay [lei]	lain [lein]	눕다, 가로로 놓여 있다
	ring [riŋ]	rang [ræŋ]	rung [rʌŋ]	울리다
	sing [siŋ]	sang [sæŋ]	sung [sʌŋ]	노래하다
	sink [siŋk]	sank [sæŋk]	sunk [sʌŋk]	가라앉다
	swim [swim]	swam [swæm]	swum [swʌm]	수영하다
조동사	can [kæn]	could [kud]	–	~할 수 있다
	may [mei]	might [mait]	–	~할지도 모르다
	shall [ʃæl]	should [ʃud]	–	~할 것이다
	will [wil]	would [wud]	–	~할 것이다

필독

중학 국어로 수능 잡기

✦ **필독** 중학 국어로 수능 잡기 시리즈

문학 — 비문학 독해 — 문법 — 교과서 시 — 교과서 소설

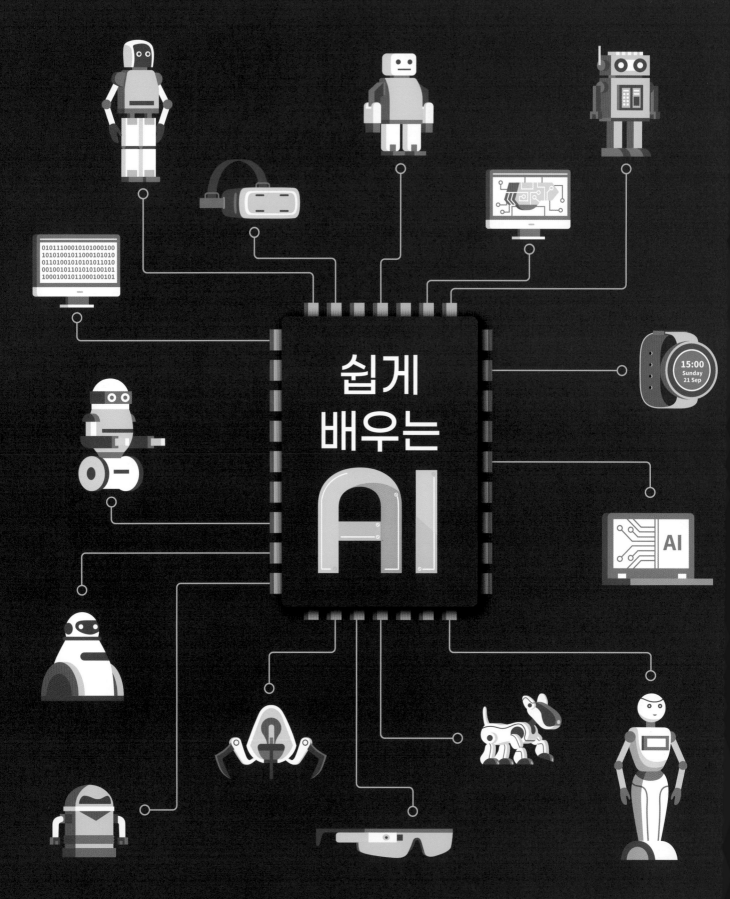

쉽게
배우는
AI

15:00
Sunday
21 Sep

AI

교육과정과 융합한
쉽게 배우는
인공지능(AI) 입문서

초등　　　　중학　　　　고교

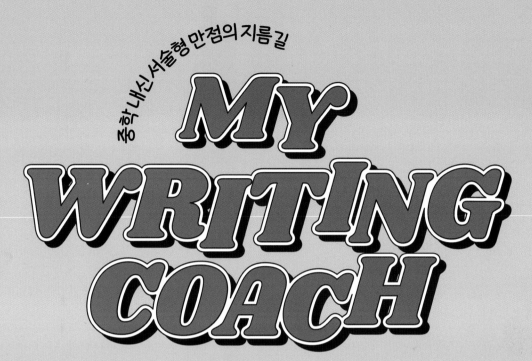

EBS

중|학|도|역|시 EBS

중학 내신서술형 만점의 지름길

MY
WRITING
COACH
내신서술형

Workbook

중3

MY WRITING COACH

내신서술형 중3

Workbook

CHAPTER

01 목적격보어가 있는 5형식 문장

중간고사·기말고사 실전문제

오류 수정

[01~05] 어법상 틀린 부분을 찾아 바르게 고쳐 쓰시오.

01 She told him stop bothering her.

_____ → _____

02 I asked him goes to the library with me.

_____ → _____

03 Her parents call her to princess.

_____ → _____

04 My sister left the door opening.

_____ → _____

05 Thousands of flowers make the park beautifully.

_____ → _____

단어 배열

[06~10] 우리말과 일치하도록 주어진 말을 알맞게 배열하시오.

06
> 나는 파티에서 누군가가 피아노 연주하는 것을 들었다. (heard, at the party, someone, I, play, the piano)

→ _____

07

> 그의 코치는 그에게 연습을 더 많이 하라고 충고했다. (more, advised, his coach, him, to, practice)

→ _____

08

> 나의 오빠는 내가 욕실을 청소하는 것을 도와주었다. (me, the bathroom, my brother, helped, clean)

→ _____

09

> 경찰은 그 건물이 비어 있는 것을 알았다. (the building, the police, found, empty)

→ _____

10

> 그 배구 경기를 보는 것은 우리를 신이 나게 만들었다. (excited, the volleyball game, watching, us, made)

→ _____

[11~15] 우리말과 일치하도록 주어진 말을 활용하여 빈칸에 알맞은 말을 쓰시오.

11

> 나는 그 학생이 정직하다고 생각한다. (think)

→ I _____ _____ _____ honest.

12

> 그 영화는 그녀를 슈퍼스타로 만들었다. (make)

→ The movie _____ _____ _____ _____.

13

> Stephanie의 친구들은 그녀를 예술가라고 부른다. (call)

→ Stephanie's friends _____ _____ _____ _____.

14

> 나는 내 남동생에게 너무 늦게 자지 말라고 말했다. (tell)

→ I _____ _____ _____ _____ _____ _____ too late.

15

> 나의 부모님은 우리가 잔디밭에서 뛰게 두셨다. (let)

→ My parents _____ _____ on the grass.

[16~20] 우리말과 일치하도록 주어진 말을 활용하여 문장을 완성하시오.

16

> 너의 열정이 너를 훌륭한 가수로 만들어 줄 것이다. (make, your passion, singer, great)

→ _____

17

> 너무 많이 먹는 것은 너를 아프게 할 수도 있다. (get, sick, eat, may)

→ _____

18

> 그녀는 그녀의 가방을 도난당했다. (steal, have, bag)

→ _____

19

> 그녀의 부모님은 그녀가 비행기 조종사가 되기를 기대하신다. (expect, become, a pilot)

→ _____

20

> 민지는 누군가가 그녀의 이름을 부르는 것을 들었다. (hear, Minji, her name, someone, call)

→ _____

[21~22] 대화를 읽고, 주어진 말을 활용하여 대화를 완성하시오.

21

> A: I'm hungry. Let's eat something.
> B: OK, I will _____.
>   (pizza, deliver, have)

22

> A: Have you seen Amy today?
> B: Yes, I _____
>   in the park. (see, play, baseball)

[23~24] 대화를 읽고, 우리말과 일치하도록 대화를 완성하시오.

23

> A: 너는 내가 설거지하는 것을 도와줄 수 있니?
> B: I want to help you. But I can't do the dishes now.

→ Can you _____?

24

A: There were so many butterflies.

They were flying all over the park.

B: 나도 나비들이 날아다니는 것을 보았어.

→ I _____ too.

25 다음 대화가 자연스럽도록 빈칸에 알맞은 말을 쓰시오.

A: When will your son come home?

B: Well, I expect _____ _____

_____ home at 7 p.m.

[26~27] 우리말을 |조건|에 맞게 영작하시오.

26 ┤조건├

ask, come, party를 활용하여 9단어로 쓸 것

그녀는 나에게 그녀의 생일 파티에 오라고 요청했다.

→ _____

27 ┤조건├

make, brother, private secretary를 활용하여 8단어로 쓸 것

Ford 씨는 Sam의 남동생을 자신의 개인 비서로 만들었다.

→ _____

[28~30] |보기|와 같이 주어진 단어를 활용하여 빈칸에 알맞은 말을 쓰시오.

┤보기├

Sujin: You can use my cellphone.

Mina: Thanks.

→ Sujin allowed Mina to use her cellphone.

(allow)

28

Neil : You should watch out for icy roads.

Jake: OK, I will.

→ _____

(advise)

29

Nancy: Can you help me find my dog?

Paul : Of course.

→ _____

(ask)

30

Peter: Do not go out of the room.

Bill : I see.

→ _____

(order)

CHAPTER
02 시제와 조동사

중간고사·기말고사 실전문제

오류 수정

[01~05] 어법상 틀린 부분을 찾아 바르게 고쳐 쓰시오.

01 When it began to rain, I have been waiting for the bus.

_____ → _____

02 The volleyball game has already finished before I turned on the TV.

_____ → _____

03 I would rather dancing than speak in front of people.

_____ → _____

04 My teacher cannot had made mistakes.

_____ → _____

05 You should have not bought such expensive headphones.

_____ → _____

단어 배열

[06~10] 우리말과 일치하도록 주어진 말을 알맞게 배열하시오.

06

| 그녀는 아침마다 체육관에 가곤 했다. (to the gym, used to, go, every morning, she) |

→ _____

07

엄마가 할머니께 전화했음이 분명하다.
(called, my mom, my grandmother, must, have)

→ _____

08

나는 누군가가 그 컵을 깨뜨린 것을 발견했다.
(that, I, had, the cup, someone, found, broken)

→ _____

09

너는 극장에 더 일찍 도착했어야 했다.
(arrived, you, have, at the theater, should, earlier)

→ _____

10

그들은 두 시간째 컴퓨터 게임을 하고 있다.
(they, computer games, been, for, have, two hours, doing)

→ _____

빈칸 쓰기

[11~15] 우리말과 일치하도록 주어진 말을 활용하여 빈칸에 알맞은 말을 쓰시오.

11

Andrew가 서점에 도착했을 때, 그녀는 이미 떠났다.
(leave, already)

→ When Andrew got to the bookstore, she
_____ _____ _____.

12

민주는 그녀의 안경을 잃어버려서 책을 읽을 수 없었다. (lose glasses)

→ Minju couldn't read books because she
_____ _____ _____ _____.

13

친구들과 나는 나의 누나가 사 준 피자를 먹었다. (eat, buy)

→ My friends and I _____ _____
_____ that my sister _____ _____
for us.

14

저는 물을 한 잔 마시고 싶습니다. (drink)

→ I _____ _____ _____ _____
a glass of water.

15

너는 마스크를 썼어야 했다. (wear)

→ You _____ _____ _____ a mask.

[16~20] 우리말과 일치하도록 주어진 말을 활용하여 문장을 완성하시오.

16

내 여동생이 나를 위해 선물을 샀을 리가 없다.
(buy, my sister, a present)

→ _____

17

채소를 먹기보다는 차라리 점심을 거르겠다.
(eat, skip, vegetables, lunch)

→ _____

18

그 아이들은 30분째 노래를 부르고 있다.
(sing, the children, 30 minutes)

→ _____

19

네가 그녀에게 먼저 전화할 수도 있었다.
(call, could, first)

→ _____

20

그녀는 6개월 동안 운전면허 시험에서 세 번 떨어졌다. (the driving test, fail, six months, three times, in)

→ _____

[21~22] 대화를 읽고, 주어진 말을 활용하여 대화를 완성하시오.

21

A: I saw your brother in the library yesterday.
B: He left for Bangkok last week. You _____ yesterday.
(him, see)

22

A: I burned my hand on a hot pot.
B: You _____ more careful. (be, should)

[23~24] 대화를 읽고, 우리말과 일치하도록 대화를 완성하시오.

23

A: You look great in this picture. Do you know how to ride horses?
B: Yes, I do. <u>나는 토요일마다 말을 타곤 했어.</u>

→ I _____ every Saturday.

24

A: Is your sister playing the guitar in a band?

B: Yes. 그녀는 2년 동안 기타를 연주해 오고 있어.

→ She _____ for two years.

25 다음 대화가 자연스럽도록 빈칸에 알맞은 말을 쓰시오.

A: You look tired. How long did you sleep last night?

B: Just three hours. I should _____ _____ more.

[26~27] 우리말을 조건에 맞게 영작하시오.

26

조건
forget, appointment를 활용하여 8단어로 쓸 것

그녀가 나와의 약속을 잊었을 리가 없다.

→ _____

27

조건
attend, the class를 활용하여 6단어로 쓸 것

너는 그 수업에 참석했어야 했다.

→ _____

[28~30] 다음 문장을 보기와 같이 괄호 안의 지시에 맞게 바꾸어 쓰시오.

보기

It's certain that my mom made some onion soup for me. (조동사 must 사용)

→ My mom must have made some onion soup for me.

28

I regret that I didn't invite you to my party. (조동사 should 사용)

→ _____

29

It's possible that Minji changed her phone number. (조동사 might 사용)

→ _____

30

It's not possible that he went out yesterday. (조동사 cannot 사용)

→ _____

CHAPTER
03 부정사/동명사

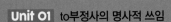

중간고사·기말고사 실전문제

오류 수정
[01~05] 어법상 틀린 부분을 찾아 바르게 고쳐 쓰시오.

01 It is impossible of us to finish this project by next week.

_____ → _____

02 This book shows us how making French food.

_____ → _____

03 Chris seems be angry because his sister broke his bike.

_____ → _____

04 Peter speaks too fast for me understanding.

_____ → _____

05 I didn't expect get a good grade on the test.

_____ → _____

단어 배열
[06~10] 우리말과 일치하도록 주어진 말을 알맞게 배열하시오.

06

> 그가 내일까지 이 책을 다 읽는 것은 쉽다.
> (for, finish, this book, easy, it, him, is, to, reading, by tomorrow)

→ _____

07

저는 마실 시원한 것을 찾고 있어요.
(cold, to, I, something, for, am, looking, drink)

→ _____

08

그는 누구에게 도움을 청해야 할지 확신하지 못했다. (ask, sure, he, who, for help, to, wasn't)

→ _____

09

내 여동생은 식탁 위에 있는 케이크에 닿을 만큼 키가 충분히 크다.
(the cake, my sister, to, is, on the table, enough, reach, tall)

→ _____

10

아빠는 집에 오는 길에 아이스크림을 사 오기로 약속하셨다.
(buy, home, promised, ice cream, on, to, my dad, his way)

→ _____

빈칸 쓰기

[11~15] 우리말과 일치하도록 주어진 말을 활용하여 빈칸에 알맞은 말을 쓰시오.

11

이모는 입을 치마를 찾지 못하셨다. (wear)

→ My aunt couldn't find _____ _____ _____ _____ .

12

Jackson은 생일 파티에 무엇을 가지고 가야 할지 결정할 수가 없다. (bring)

→ Jackson can't decide _____ _____ _____ to the birthday party.

13

나의 상사는 서류를 팩스로 보내는 방법을 모른다. (fax)

→ My boss doesn't _____ _____ _____ _____ documents.

14

그녀는 수업 시간에 매우 아픈 것처럼 보였다. (sick)

→ It seemed that _____ _____ _____ _____ during the class.

15

그는 어렸을 때 장난감 자동차를 갖고 논 것을 기억한다. (remember, play)

→ He _____ _____ _____ toy cars when he was young.

[16~20] 우리말과 일치하도록 주어진 말을 활용하여 문장을 완성하시오.

16
네가 이 호수에서 수영하는 것은 위험하다.
(swim, dangerous, this lake, you)

→ _____

17
나는 이 꽃병을 어디에 놔야 할지 모르겠다.
(to, put, this vase, know)

→ _____

18
그는 많은 책을 읽을 만큼 충분히 한가하지 않다. (enough, free, a lot of)

→ _____

19
내 여동생은 너무 아파서 학교에 가지 못했다.
(go, sick, too, my sister)

→ _____

20
나는 자주 불 끄는 것을 잊는다.
(often, turn off, forget, the light)

→ _____

[21~22] 대화를 읽고, 주어진 말을 바르게 배열하여 대화를 완성하시오.

21
A: I heard that you want to buy a new cellphone.
B: Right. Can you _____ one? (me, tell, buy, should, where, I)

22
A: Why don't we play basketball outside?
B: It's _____ basketball outside. (cold, too, to, play)

[23~24] 대화를 읽고, 우리말과 일치하도록 대화를 완성하시오.

23
A: A thief broke into my house and my uncle caught him. Isn't he brave?
B: 도둑을 잡다니 네 삼촌은 정말 용감하셨어!

→ It was _____ the thief!

24

A: Do you have time? Let's go for a walk after dinner.

B: I have a lot of homework today. 그래서 산책하러 나갈 시간이 없어.

→ So I don't have _____.

대화 완성 – 빈칸 쓰기

25 다음 대화가 자연스럽도록 빈칸에 알맞은 말을 쓰시오.

A: Do you know _____ _____ _____ to fix this camera?

B: Yes, you should go to the store next to the hospital.

조건 영작

[26~27] 우리말을 |조건|에 맞게 영작하시오.

26 ┤조건├

have, money, shirt를 활용하여 9단어로 쓸 것

그는 새 셔츠를 살 충분한 돈이 있었다.

→ _____

27 ┤조건├

use, know, machine을 활용하여 8단어로 쓸 것

너는 이 기계를 어떻게 사용하는지 아니?

→ _____

문장 전환

[28~30] 다음 문장을 |보기|와 같이 to부정사를 이용하여 다시 쓰시오.

┤보기├

I was very excited when I saw that he arrived.

→ I was very excited to see that he arrived.

28

Jin was surprised when she saw Neil on the street.

→ _____

29

Bob is happy that he can meet his favorite movie star.

→ _____

30

My teacher was disappointed when he heard the news.

→ _____

CHAPTER
04 수동태

중간고사·기말고사 실전문제

[01~05] 어법상 **틀린** 부분을 찾아 바르게 고쳐 쓰시오.

01 Basketball plays in most countries of the world.

_____ → _____

02 They were not allowed playing computer games.

_____ → _____

03 Sandy's parents were pleased to her performance.

_____ → _____

04 We can't take the car because it is repairing now.

_____ → _____

05 Their singing could heard across the room.

_____ → _____

단어 배열
[06~10] 우리말과 일치하도록 주어진 말을 알맞게 배열하시오.

06

> 그녀가 곧 도착할 것이라고 예상된다.
> (expected, very soon, to, she, is, arrive)

→ _____

07

> 저 케이크는 초콜릿으로 덮여 있다. (covered, that, cake, with, chocolate, is)

→ _____

08

> 그 책은 우리 엄마에 의해서 나를 위해 구매되었다. (by, me, was, the book, bought, for, my mom)

→ _____

09

> 그 출입구는 항상 비워진 채로 유지되어야 한다. (must, doorways, the, be, clear, kept)

→ _____

10

> 이 집은 2010년에 나무로 만들어졌다. (made, house, of, this, was, wood)

→ _____ in 2010.

빈칸 쓰기

[11~15] 우리말과 일치하도록 주어진 말을 활용하여 빈칸에 알맞은 말을 쓰시오.

11

> 그 계획에 대한 질문들이 나의 선생님에 의해 답변되었다. (answer)

→ The questions about the plan _____ _____ _____ my teacher.

12

> 그 놀라운 소식은 우리 반 아이들 모두에게 알려져야 한다. (know)

→ The surprising news _____ _____ _____ _____ all of my classmates.

13

> 이 문제는 다양한 방법으로 해결될 수 있다. (solve)

→ This problem _____ _____ _____ in various ways.

14

> Anthony는 그의 할머니에게 재미있는 이야기를 들었다. (tell)

→ Anthony was _____ _____ _____ _____ by his grandmother.

15

고양이 두 마리가 길을 건너고 있는 것이 그녀에 의해 보였다. (see)

→ Two cats _____ _____ _____

_____ _____ by her.

문장 완성

[16~20] 우리말과 일치하도록 주어진 말을 활용하여 문장을 완성하시오.

16

그 노란색 꽃병은 내 남동생에 의해 깨졌다.
(my brother, break, the yellow vase)

→ _____

17

그 영화제는 우리 마을에서 매년 9월에 열린다.
(hold, my town, the film festival, every September)

→ _____

18

몇몇 과일들은 함께 섭취되지 않아야 한다.
(eat, fruits, should, together, some)

→ _____

19

그는 다른 학생들에게 무시당했다.
(look down on, other students)

→ _____

20

이 문제는 관리자들에 의해 논의될 것이다.
(discuss, managers, this problem, will)

→ _____

대화 완성 – 단어 배열

[21~22] 대화를 읽고, 주어진 말을 바르게 배열하여 대화를 완성하시오.

21

A: Is he your favorite soccer player?
B: Yes, he is. He _____
a lot of people. (looked, by, is, upon)

22

A: Are you giving these woolen gloves to me?
B: Yes, they're gifts for you. Your hands
_____ in cold weather.
(will, warm, kept, be)

대화 완성 – 문장 완성

[23~24] 대화를 읽고, 우리말과 일치하도록 대화를 완성하시오.

23

> A: Did you find your wallet?
> B: Yes, I did. <u>그 지갑은 의자 밑에서 발견되었어.</u>

→ The wallet _____ under the chair.

24

> A: How many languages do you speak?
> B: Two. <u>캐나다에서는 영어와 프랑스어 둘 다 말해진다.</u>

→ Both English and French _____ in Canada.

대화 완성 – 빈칸 쓰기

25 다음 대화가 자연스럽도록 빈칸에 알맞은 말을 쓰시오.

> A: To whom will you give that letter?
> B: This letter will _____ _____ _____ my teacher.

조건 영작

[26~27] 우리말을 |조건|에 맞게 영작하시오.

26

> ┤조건├
> hold, the Christmas party, house를 활용하여 9단어로 쓸 것

크리스마스 파티가 그의 집에서 열릴 것이다.

→ _____

27

> ┤조건├
> popular, make, voice를 활용하여 8단어로 쓸 것

그녀는 그녀의 아름다운 목소리로 인기 있게 되었다.

→ _____

문장 전환

[28~30] 다음 문장을 수동태로 바꾸어 쓰시오.

28 His teacher made him move his seat.

→ He _____.

29 Her neighbors took care of her cats for two weeks.

→ Her cats _____ for two weeks.

30 My dad bought me some ice cream yesterday.

→ Some ice cream _____ yesterday.

CHAPTER

05 분사

중간고사·기말고사 실전문제

오류 수정

[01~05] 어법상 틀린 부분을 찾아 바르게 고쳐 쓰시오.

01 My dad took his breaking car to the shop.

_____ → _____

02 The children talked to the man look for the hospital.

_____ → _____

03 Left home early, Sarah got to the station in time.

_____ → _____

04 Being surprising at the news, they tried to keep calm.

_____ → _____

05 The man is sitting on the bench with his legs crossing.

_____ → _____

단어 배열

[06~10] 우리말과 일치하도록 주어진 말을 알맞게 배열하시오.

06

> 아기를 안고 있는 한 남자가 해변을 따라 걷고 있다. (holding, a man, walking, a baby, is, the beach, along)

→ _____

07

그는 화장실에 가고 싶었기 때문에 손을 들었다. (raised, the restroom, go, to, wanting, to, his hand, he)

→ _____

08

달력을 보면서 그는 그의 딸의 생일을 생각했다. (thought, his daughter's birthday, he, at, about, looking, the calendar)

→ _____

09

TV를 끄고 나서, 그는 기타를 연주하기 시작했다. (the guitar, the TV, began, turning, he, to, play, off)

→ _____

10

나의 형은 눈을 감은 채로 듣고 있었다. (with, was, listening, my brother, closed, his eyes)

→ _____

빈칸 쓰기
[11~15] 우리말과 일치하도록 주어진 말을 활용하여 빈칸에 알맞은 말을 쓰시오.

11

독일인 음악가에 의해 작곡된 그 노래는 신났다. (compose, excite)

→ The song _____ _____ a German musician was _____.

12

파티에 초대된 사람들은 지루해 보인다. (invite)

→ The people _____ _____ the party look _____.

13

그 기계에 대해 호기심이 있어서 그는 그것을 분해하기 시작했다. (curious)

→ _____ _____ _____ the machine, he began to take it apart.

14

문을 열면 당신은 놀라운 것을 보게 될 것이다. (open)

→ _____ _____ _____, you will see something amazing.

15

Megan은 벽에 머리를 기댄 채로 울고 있었다. (cry)

→ Megan was _____ _____ _____ against the wall.

[16~20] 우리말과 일치하도록 주어진 말을 활용하여 문장을 완성하시오. (단, 분사구문을 이용하시오.)

16
> 피자를 좀 먹으면서 그녀는 책을 한 권 읽었다.
> (some pizza, eating, read)

→ _____

17
> 돈을 충분히 가지고 있지 않아서 그녀는 손목시계를 사지 못했다. (not, buy, the watch, having, enough)

→ _____

18
> 산책하면서 우리는 우리가 가장 좋아하는 노래들에 대해 이야기했다. (favorite songs, taking a walk, talked)

→ _____

19
> 그들은 신발을 신은 채로 그녀의 방에 들어갔다. (with, enter, shoes, on)

→ _____

20
> 나의 언니는 엔진을 켜둔 채로 차에서 기다리고 있었다. (the engine, waiting, running, with, the car)

→ _____

[21~22] 대화를 읽고, 주어진 말을 바르게 배열하여 대화를 완성하시오.

21
> A: Did you call Sora yesterday?
> B: _____,
>   I couldn't call her. (her, knowing, not, number)

22
> A: He is riding a bike _____!
>   (with, shut, his eyes)
> B: You'd better stop him.

[23~24] 대화를 읽고, 우리말과 일치하도록 대화를 완성하시오.

23
> A: Did the police arrest the thief?
> B: Yes. 경찰에게 체포된 그 남자의 이름은 알려지지 않았어.

→ The name of the man _____ _____
  _____ _____ is unknown.

24

A: Why don't we take Eric to Ann's party?

B: Great idea. <u>그 파티에 데려가면, 그는 새 친구들을 만들 거야.</u>

→ _____ _____ _____ _____,

he will make new friends.

25 다음 대화가 자연스럽도록 빈칸에 알맞은 말을 쓰시오.

A: Carol is pointing at the board with her finger? What is she doing?

B: I think she is explaining something

_____ _____ _____

_____ at the board.

조건 영작

[26~27] 우리말을 |조건|에 맞게 영작하시오.

26 ┤조건├
- talk, better, feel을 활용하여 9단어로 쓸 것
- 접속사가 있는 분사구문을 쓸 것

내 선생님께 이야기한 후에 나는 기분이 훨씬 나아졌다.

→ _____

27 ┤조건├
- have, walk, my dog을 활용하여 9단어로 쓸 것
- 분사구문을 사용할 것

충분한 시간이 없어서 나는 나의 개를 산책시킬 수 없다.

→ _____

문장 전환

[28~30] 다음 두 문장의 의미가 일치하도록 분사구문을 이용하여 바꾸어 쓰시오.

28 Because my mother was very sick, I prepared dinner for my family.

→ _____ _____ _____ _____

_____, I prepared dinner for my family.

29 As soon as the baby opened his eyes, he began to cry.

→ _____ _____ _____, the baby began to cry.

30 Violet fastened her seat belt and her heart was beating fast.

→ With _____ _____ _____

_____, Violet fastened her seat belt.

중간고사·기말고사 실전문제

오류수정

[01~05] 어법상 틀린 부분을 찾아 바르게 고쳐 쓰시오.

01 This book is three times as thicker as that one.

_____ → _____

02 This tennis ball is not so big so a basketball.

_____ → _____

03 The cello is much more cheaper than I thought.

_____ → _____

04 Busan is the second large city in Korea.

_____ → _____

05 My uncle is the most diligent than any other person in my family.

_____ → _____

단어 배열

[06~10] 우리말과 일치하도록 주어진 말을 알맞게 배열하시오.

06

> 이 상자는 저 상자의 두 배만큼 무겁다.
> (this, as, is twice, heavy, as, box, box, that)

→ _____

07

나는 가능한 한 많은 사람을 돕고 싶다. (I, to, can, help, want, as, people, many, as, I)

→ _____

08

그녀는 자신이 가진 것보다 훨씬 더 많은 돈이 필요하다. (more, needs, money, than, she, she, much, has)

→ _____

09

나의 할아버지는 우리 가족 중에서 가장 나이가 많으시다. (my, grandfather, oldest, the, is, of, family members, my)

→ _____

10

나의 언니는 우리 마을의 어느 누구보다 많이 읽는다. (than, sister, in, other, my, reads, more, any, my, town, person)

→ _____

빈칸 쓰기

[11~15] 우리말과 일치하도록 주어진 말을 활용하여 빈칸에 알맞은 말을 쓰시오.

11

이 아기들은 점점 더 강해지고 있다. (strong)

→ These babies are getting _____ _____ _____.

12

그녀의 두 번째 강연은 첫 번째보다 덜 지루했다. (boring, than)

→ Her second lecture _____ _____ _____ _____ the first one.

13

Henry는 그의 선생님보다 훨씬 더 많은 책을 가지고 있다. (a lot)

→ Henry has _____ _____ _____ _____ _____ his teacher.

14

이 수박은 그 가게의 다른 어떤 과일보다도 더 무겁다. (any other)

→ This watermelon is _____ _____ _____ _____ _____ in the store.

15

캘리포니아는 미국에서 세 번째로 가장 큰 주다. (state, large)

→ California is _____ _____ _____ _____ in the United States.

[16~20] 우리말과 일치하도록 주어진 말을 활용하여 문장을 완성하시오.

16

그녀는 세계에서 가장 훌륭한 음악가 중 한 명이다. (musician, one, best)

→ _____

17

점점 더 많은 사람이 시골로 내려가고 있다. (the country, more, move, people)

→ _____

18

오디션에서 너의 연기는 다른 어떤 경쟁자들보다 훨씬 더 훌륭했다. (performance, a lot, competitor, any other, good, at, audition)

→ _____

19

너는 열심히 연습하면 할수록 드럼을 더 잘 칠 수 있다. (practice, the drums, the better, the harder, play)

→ _____

20

쿠웨이트는 세계에서 가장 작은 나라 중 하나이다. (small, one, country, the world, Kuwait)

→ _____

[21~22] 대화를 읽고, 주어진 말을 바르게 배열하여 대화를 완성하시오.

21

A: What is your favorite movie?

B: I like the *Harry Potter* series _____

_____.

(any, movie, better, than, other)

22

A: I think I'm gaining weight.

B: You have to eat less.

_____

weight you will gain.

(you, the, the, more, eat, more)

[23~24] 대화를 읽고, 우리말과 일치하도록 대화를 완성하시오.

23

A: I think Chris is a very funny guy.

B: Right. 그는 학교에서 가장 재미있는 녀석 중 하나야.

→ He is _____ _____ _____

_____ _____ in school.

24

A: Wow, your sister is very good at French. Are you good at it, too?
B: No. 나는 그녀만큼 프랑스어를 잘하지 못해.

→ I am _____ _____ _____

_____ _____ _____ her.

25 다음 대화가 자연스럽도록 빈칸에 알맞은 말을 쓰시오.

A: Are you able to reach the top shelf?
B: No, I'm not that tall, either. We need someone _____ _____ us.

조건 영작

[26~27] 우리말을 |조건|에 맞게 영작하시오.

26 ┤조건├
that, soccer, think, much를 활용하여 10단어로 쓸 것

나는 축구가 농구보다 훨씬 재미있다고 생각한다.

→ _____

27 ┤조건├
possible, should, clearly를 활용하여 9단어로 쓸 것

너는 가능한 한 상황을 분명하게 설명해야 한다.

→ _____

문장 전환

[28~30] |보기|와 같이 두 문장의 의미가 일치하도록 주어진 말을 활용하여 빈칸을 완성하시오.

┤보기├
This car is the most convenient. (more, than)
= This car is more convenient than any other car.

28

The kitchen is larger than my bedroom. (so, large)

= My bedroom is _____ _____

_____ _____ the kitchen.

29

The closet and the bookshelf are the same size. (big, as)

= The closet is _____ _____ _____

_____ _____ .

30

The Taj Mahal is the most famous place in India. (more, any other)

= The Taj Mahal is _____

_____ _____ _____

_____ in India.

CHAPTER

07 접속사

중간고사·기말고사 실전문제

오류수정

[01~05] 어법상 틀린 부분을 찾아 바르게 고쳐 쓰시오.

01 Both my grandma or my grandpa are from Busan.

_____ → _____

02 You should brush your teeth after you go to bed.

_____ → _____

03 This island is beautiful so that a lot of people want to live here.

_____ → _____

04 You lied to your mom made her very upset.

_____ → _____

05 Tracy wants to know what does my brother like.

_____ → _____

단어배열

[06~10] 우리말과 일치하도록 주어진 말을 알맞게 배열하시오.

06

> 그녀는 그녀의 숙제를 해야 했기 때문에 집에 일찍 돌아갔다. (back, went, she, home, early, she, since, homework, do, her, had to)

→ _____

07

그녀는 비록 피곤했지만, 그녀의 딸들과 함께 외출했다. (she, though, went out, with, was, tired, her daughters, she)

→ _____

08

그녀의 엄마를 보자마자, 그녀는 울기 시작했다. (began, she, to, saw, as soon as, her mom, cry, she)

→ _____

09

그 책은 너무 두꺼워서 나는 하루 만에 그것을 끝낼 수 없었다. (was, thick, I, the book, so, finish, in, couldn't, a day, it, that)

→ _____

10

나는 그에게 어젯밤에 어디 있었는지 물었다. (where, was, he, him, I, last night, asked)

→ _____

빈칸 쓰기
[11~15] 우리말과 일치하도록 주어진 말을 활용하여 빈칸에 알맞은 말을 쓰시오.

11

날씨가 추웠음에도, 내 딸은 여름옷을 입고 싶어 했다. (even, it)

→ My daughter wanted to wear summer clothes _____ _____ _____ _____ _____ .

12

그녀가 TV를 보는 동안 나는 내 방 청소를 해야 했다. (watch TV)

→ _____ _____ _____ _____ _____, I had to clean my room.

13

Henry는 첫 기차를 타기 위해서 일찍 일어났다. (so, could)

→ Henry got up early _____ _____ _____ _____ take the first train.

14

가장 큰 문제는 내가 아무것도 기억하지 못한다는 것이다. (remember)

→ The biggest problem is _____ _____ _____ anything.

15

그녀가 나의 메시지를 받았는지 아닌지는 아무도 모른다. (receive)

→ Nobody knows _____ _____

_____ _____ _____.

문장 완성

[16~20] 우리말과 일치하도록 주어진 말을 활용하여 문장을 완성하시오.

16

그는 케이크뿐만 아니라 쿠키도 사 왔다.
(but also, a cake, cookies, not only)

→ _____

17

제 차가 지나갈 수 있도록 옆으로 비켜 주시겠어요? (my car, pass, can, move aside)

→ _____

18

그 소년이 숲속에 혼자 있었다는 것은 사실이 아니다. (the forest, true, it is, that, alone, the boy)

→ _____

19

나는 우리가 그것을 제시간에 끝낼 수 있을지 확신할 수 없다. (sure, finish, I'm, on time, if)

→ _____

20

우리는 최고의 가수가 누구인지에 대해 이야기했다. (the best, talk, who, is)

→ _____

대화 완성 – 단어 배열

[21~22] 대화를 읽고, 주어진 말을 바르게 배열하여 대화를 완성하시오.

21

A: Why do Chinese people like red?

B: It is because they believe _____

_____.

(that, red, fortune, brings)

22

A: Should I take my umbrella with me?

B: Well, I'm not sure _____

_____.

(it, or, whether, rain, not, will)

[23~24] 대화를 읽고, 우리말과 일치하도록 대화를 완성하시오.

23

A: Believe me. I didn't say anything about your secrets.

B: 나는 네가 아무것도 말하지 않았다고 믿어.

→ I believe _____ _____ _____

_____ _____.

24

A: Did you watch his interview? When will he hold the next concert?

B: I don't know. 그는 그가 다음 콘서트를 언제 열지 말하지 않았어.

→ He didn't say _____ _____ _____

_____ _____ _____ _____.

대화 완성 – 빈칸 쓰기

25 다음 대화가 자연스럽도록 빈칸에 알맞은 말을 쓰시오.

A: Are you done with your homework?

B: Stop asking! This is the fifth time that you've asked me _____ _____

_____ _____ _____

_____.

조건 영작

[26~27] 우리말을 |조건|에 맞게 영작하시오.

26

조건

our picnic, rain, cancel을 활용하여 9단어로 쓸 것

내일 비가 온다면, 우리의 소풍은 취소될 것이다.

→ _____

27

조건

so many, like, why를 활용하여 9단어로 쓸 것

나는 왜 그토록 많은 사람들이 그녀를 좋아하는지 이해할 수 없다.

→ _____

문장 전환

[28~30] 두 문장의 의미가 같도록 주어진 말을 활용하여 문장을 바꾸어 쓰시오.

28

His brother and his sister didn't like my hobby. (neither)

→ _____

29

They already ate a lot of food, but they still look hungry. (although)

→ _____

30

Because he is very gentle, everyone loves him. (so, that)

→ _____

08 관계사

중간고사·기말고사 실전문제

오류 수정

[01~05] 어법상 틀린 부분을 찾아 바르게 고쳐 쓰시오.

01 Hannah remembers the student from who she borrowed the book.

_____ → _____

02 Jessy's brother who hair is very long is Ben.

_____ → _____

03 Do you know the house in that Mary lives?

_____ → _____

04 Montreal is the city when I took French lessons.

_____ → _____

05 I visited a temple, that was built 100 years ago.

_____ → _____

단어 배열

[06~10] 우리말과 일치하도록 주어진 말을 알맞게 배열하시오.

06
| 네 자전거를 빌려 간 그 사람이 누구였지? |
| (was, borrowed, the person, your bike, that, who) |

→ _____

07

그녀는 피아니스트가 되는 것이 꿈인 소녀이다.
(be, a girl, dream, is, is, to, a pianist, whose, she)

→ _____

08

그 학생들은 그들이 보고 있는 것을 믿을 수 없었다. (believe, what, were, couldn't, they, seeing, the students)

→ _____

09

우리는 그녀가 마을을 떠난 이유를 모른다.
(know, why, we, the reason, left, don't, town, she)

→ _____

10

이 집에는 정원이 있는데, 그것은 매우 아름답다. (which, this house, a garden, is, very, has, beautiful)

→ _____

빈칸 쓰기

[11~15] 우리말과 일치하도록 주어진 말을 활용하여 빈칸에 알맞은 말을 쓰시오.

11

그녀가 무엇을 입어도, 그녀는 항상 매력적으로 보인다. (wear)

→ _____ _____ _____, she always looks charming.

12

나는 가방이 농구공처럼 생긴 그 학생을 안다.
(bag)

→ I know the student _____ _____ _____ _____ a basketball.

13

너는 네 남동생을 처음 본 날을 기억하니?
(day)

→ Do you remember _____ _____ _____ _____ first saw your baby brother?

14

나의 형은 베를린에 살고 있는데, 애가 둘이다.
(live, Berlin)

→ My brother, _____ _____ _____ _____, has two children.

15

네가 어느 길을 택하든, 너는 역에 도착할 것이다. (take, way)

→ _____ _____ _____ _____, you will get to the station.

[16~20] 우리말과 일치하도록 주어진 말을 활용하여 문장을 완성하시오.

16
> 나는 그 배우가 자란 마을을 방문하고 싶어.
> (where, actor, visit, town, raise)

→ _____

17
> 그는 내가 우산을 빌린 그 소년이다.
> (umbrella, the boy, whose, borrow)

→ _____

18
> 네가 아무리 배가 고프다고 할지라도, 너는 천천히 먹어야 한다. (hungry, eat, should, however, slowly)

→ _____

19
> 내가 지금 당장 사고 싶은 것은 따뜻한 코트이다. (warm coat, buy, want, right now)

→ _____

20
> 우리가 지난여름에 갔던 그 마을을 너는 기억하니? (where, remember, last summer, the town, go)

→ _____

[21~22] 대화를 읽고, 주어진 말을 바르게 배열하여 대화를 완성하시오.

21
> A: Is she _____ ?
>   (should, to, talk, the person, I)
> B: That's right. She is the one.

22
> A: Amy seems to trust Mark.
> B: Right. Amy believes _____.
>   (Mark, whatever, says)

[23~24] 대화를 읽고, 우리말과 일치하도록 대화를 완성하시오.

23
> A: Were you looking for this book?
> B: 네. 그것은 제가 찾고 있었던 것입니다.

→ Yes. That is _____ _____ _____

  _____ _____ .

24
> A: How did he solve this math problem?
>   Do you know the way?
> B: No, I don't. 그의 선생님만이 그가 이 수학 문제를 어떻게 풀었는지 아셔.

→ Only his teacher knows _____ _____

  _____ this math problem.

대화 완성 - 빈칸 쓰기

25 다음 대화가 자연스럽도록 빈칸에 알맞은 말을 쓰시오.

> A: What do you want to eat for breakfast?
>
> B: _____ _____ _____ _____ for breakfast is a sandwich.

조건 영작

[26~27] 우리말을 |조건|에 맞게 영작하시오.

26
> |조건|
> a flat tire, help, have를 활용하여 11단어로 쓸 것

나는 타이어가 펑크 난 노인을 도왔다.

→ _____

27
> |조건|
> angry, make, say, my dad를 활용하여 10단어로 쓸 것

나의 형은 아무 말도 하지 않았고, 그것이 나의 아빠를 화나게 만들었다.

→ _____

문장 전환

[28~30] 다음 두 문장을 |보기|와 같이 한 문장으로 만드시오.

> |보기|
> This is the tree. The apples are growing on it.
> → This is the tree which[that] the apples are growing on.
> → This is the tree on which the apples are growing.
> → This is the tree where the apples are growing.

28 We used to have a garden. There were lots of flowers and herbs in it.

→ We used to have a garden _____ there were lots of flowers and herbs _____.

→ We used to have a garden _____ _____ there were lots of flowers and herbs.

→ We used to have a garden _____ there were lots of flowers and herbs.

29 I don't know the reason. My mom was angry for that reason.

→ I don't know the reason _____ my mom was angry _____.

→ I don't know the reason _____ _____ my mom was angry.

→ I don't know the reason _____ my mom was angry.

30 Do you remember the day? We saw Brad Pitt on that day.

→ Do you remember the day _____ _____ we saw Brad Pitt?

→ Do you remember the day _____ we saw Brad Pitt?

09 가정법

Unit 01 가정법 과거

Unit 02 가정법 과거완료

Unit 03 I wish+가정법

Unit 04 as if+가정법

Unit 05 without+가정법

중간고사·기말고사 실전문제

오류 수정

[01~05] 어법상 틀린 부분을 찾아 바르게 고쳐 쓰시오.

01 If she knows anything about it, she would tell you.

_____ → _____

02 If I didn't leave here yesterday, I would have met my aunt.

_____ → _____

03 I wish she is my teacher.

_____ → _____

04 She looked as if she saw a ghost.

_____ → _____

05 I wish I didn't forget about my appointment last Saturday.

_____ → _____

단어 배열

[06~10] 우리말과 일치하도록 주어진 말을 알맞게 배열하시오.

06

> 내가 할 숙제가 없다면, 그녀를 만날 수 있을 텐데.
> (have, do, meet, if, I, any homework, to, I, could, her, didn't)

→ _____

07

> 눈이 많이 왔다면, 우리는 눈사람을 만들었을 텐데. (made, if, a snowman, it, snowed, a lot, had, would, have, we)

→ _____

08

> 나의 할아버지가 아직 살아 계시다면 좋을 텐데. (my grandfather, wish, were, still, I, alive)

→ _____

09

> 나의 부모님은 마치 내가 그들과 함께 있지 않은 것처럼 다투셨다. (argued, my parents, as, them, I, been, hadn't, with, if)

→ _____

10

> 그 사고가 없었더라면, 우리는 더 일찍 도착할 수 있었을 텐데. (without, we, could, arrived, the accident, earlier, have)

→ _____

빈칸 쓰기

[11~15] 우리말과 일치하도록 주어진 말을 활용하여 빈칸에 알맞은 말을 쓰시오.

11

> 내가 거리에서 Emma Watson을 본다면, 나와 함께 사진을 찍자고 요청할 텐데. (see, ask)

→ If I _____ Emma Watson on the street, I would _____ _____ to take a picture with me.

12

> 어제 Miller 씨가 아프지 않았다면, 그녀는 회의에 참석했을 텐데. (sick, attend)

→ If Ms. Miller _____ _____ _____ _____ yesterday, she _____ _____ _____ the meeting.

13

> 나의 고양이가 말을 할 수 있다면 좋을 텐데. (talk)

→ I wish _____ _____ _____ _____.

14

> 지난 주말에 비가 오지 않았다면 좋을 텐데. (rain)

→ I wish _____ _____ _____ _____ last weekend.

15

> 이 손전등이 없었더라면, 우리는 길을 잃었을 것이다. (get lost)

→ Without this flashlight, we _____ _____ _____ _____.

[16~20] 우리말과 일치하도록 주어진 말을 활용하여 문장을 완성하시오.

16
> 그가 키가 더 크다면, 그의 손이 천장에 닿을 텐데. (the ceiling, tall, his hands, reach)

→ _____

17
> 내가 좀 더 주의했더라면, 내 남동생은 다치지 않았을 텐데. (hurt, my brother, get, more careful)

→ _____

18
> 그녀는 마치 겨울인 것처럼 두꺼운 코트를 입고 있다. (winter, wear, a thick coat)

→ _____

19
> 그녀는 그 유명한 배우와 친했던 것처럼 말한다. (the famous actor, talk, close)

→ _____

20
> 네 충고가 없었다면, 나는 그 프로젝트를 끝낼 수 없었을 것이다.
> (the project, finish, your advice)

→ _____

대화 완성 - 단어 배열

[21~22] 대화를 읽고, 주어진 말을 바르게 배열하여 대화를 완성하시오.

21
> A: What would you do _____?
>   (were, very, rich, if, you)
> B: I would travel all around the world.

22
> A: I heard that James got hurt in a car accident.
> B: _____, he would have got hurt more seriously. (hadn't, he, if, fastened, the seat belt)

대화 완성 - 문장 완성

[23~24] 대화를 읽고, 우리말과 일치하도록 대화를 완성하시오.

23
> A: Did you see Angelina Jolie in Gangnam yesterday?
> B: No, I didn't. 내가 어제 그녀를 볼 수 있었다면 좋을 텐데.

→ I wish _____ _____ _____

_____ _____ yesterday.

24

A: Is your uncle still living in this town?

B: No, he went back to New York. <u>만약 그가 여전히 이 마을에 살고 있다면, 나는 그를 자주 만날 텐데.</u>

→ If he _____ _____ _____ in this town, I _____ _____ _____ often.

25 다음 대화가 자연스럽도록 빈칸에 알맞은 말을 쓰시오.

A: Is Christina from Mexico?

B: No, she isn't. But she talks _____ _____ _____ _____ _____ _____ .

조건 영작

[26~27] 우리말을 |조건|에 맞게 영작하시오.

26 ┤조건├

run faster, can catch, if를 활용하여 10단어로 쓸 것

내가 더 빨리 달렸다면, 나는 그를 잡을 수 있었을 텐데.

→ _____

27 ┤조건├

travel, far away, if, for, cars를 활용하여 12 단어로 쓸 것

만약 차가 없다면, 우리는 멀리 여행할 수 없을 텐데.

→ _____

문장 전환

[28~30] |보기|와 같이 두 문장의 의미가 일치하도록 빈칸에 알맞은 말을 쓰시오.

┤보기├

He has an appointment with the doctor, so he can't go camping with his daughter.

→ If he <u>didn't have an appointment with the doctor,</u> he could go camping with his daughter.

28 As Benjamin didn't save enough money, he couldn't buy that car.

→ If Benjamin _____ _____ _____ _____, he _____ _____ _____ that car.

29 I am sorry that I can't spend more time with my family.

→ I wish I _____ _____ _____ _____ with my family.

30 Sora has never been to Busan, but she talks like she was born in Busan.

→ Sora talks as if _____ _____ _____ in Busan.

10 특수 구문

중간고사·기말고사 실전문제

오류 수정

[01~05] 어법상 틀린 부분을 찾아 바르게 고쳐 쓰시오.

01 It was at the bookstore who I met Sally.

_____ → _____

02 My sisters does love Hello Kitty.

_____ → _____

03 A: I should go to the dentist.
B: So I should.

_____ → _____

04 We just heard the news of the building had been damaged by a storm.

_____ → _____

05 They asked the girl where she is from Vietnam.

_____ → _____

단어 배열

[06~10] 우리말과 일치하도록 주어진 말을 알맞게 배열하시오.

06

나는 네가 정말로 이 책을 다 읽었다는 것을 믿을 수 없다. (you, finish, I, this book, can't, believe, did, reading, that)

→ _____

07

그 의사가 환자들에게 항상 친절한 것은 아니다.
(always, is, to, the doctor, kind, not, patients)

→ _____

08

내가 도서관에서 만난 사람은 바로 너의 형이다.
(it, was, met, at the library, your brother, that, I)

→ _____

09

그녀는 근면한 학생이고, 그녀의 남동생도 그렇다. (is, she, is, student, a, so, her brother, diligent, and)

→ _____

10

그는 나에게 집에 가고 싶다고 말했다.
(wanted, me, he, told, he, to, go, that, home)

→ _____

[11~15] 우리말과 일치하도록 주어진 말을 활용하여 빈칸에 알맞은 말을 쓰시오.

11

나는 버스 정류장에서 내 친구의 여동생인 소라를 만났다. (sister)

→ I met Sora, _____ _____ _____,
at the bus stop.

12

그녀의 모든 친구가 그녀의 생일 파티에 초대받은 것은 아니었다. (all)

→ _____ _____ _____ _____
were invited to her birthday party.

13

수영장으로 키 큰 남자가 뛰어들었다.
(jump, man)

→ Into the pool _____ _____ _____
_____.

14

그는 나에게 그때 도서관에 있었다고 말했다.
(be, that)

→ He _____ _____ _____ _____
_____ _____ _____ at
that time.

15

나의 선생님께서는 그 소녀들에게 그들이 배가 고픈지 물었다. (hungry)

→ My teacher asked _____
_____ _____ _____ _____.

[16~20] 우리말과 일치하도록 주어진 말을 활용하여 문장을 완성하시오.

16 그 소녀가 원한 것은 바로 치즈케이크 한 조각이었다. (cheesecake, it, the girl, want, that, piece)

→ _____

17 나는 사진 찍는 것을 좋아하고, 나의 여동생도 그렇다. (take pictures, so, my sister, like)

→ _____

18 모든 한국인이 김치를 매일 먹는 것은 아니다. (every Korean, not, eat, kimchi)

→ _____

19 영화감독인 나의 이모는 매주 영화관에 간다. (a movie director, the movie theater, my aunt)

→ _____

20 그는 이틀 전에 그 영화를 봤다고 그녀에게 말했다. (see, tell, the movie, two days)

→ _____

[21~22] 대화를 읽고, 괄호 안에 주어진 말을 바르게 배열하여 대화를 완성하시오.

21
A: Do you have a piano lesson on Tuesday?
B: No, _____ a piano lesson. (it, have, that, on Wednesday, I, is)

22
A: Boys don't usually like pink colors.
B: I don't think so. I have a son, but _____. (does, pink, like, colors, he)

[23~24] 대화를 읽고, 우리말과 일치하도록 대화를 완성하시오.

23
A: Did you meet Emma at school yesterday?
B: No, I didn't. 내가 어제 학교에서 만난 사람은 미나였어.

→ It was Mina _____ _____ _____ _____ _____ yesterday.

24

A: Wendy doesn't practice very hard.

B: I don't agree with you. <u>그녀는 정말 매우 열심히 연습해.</u>

→ She _____ _____ _____

_____.

25 다음 대화가 자연스럽도록 빈칸에 알맞은 말을 쓰시오.

A: Where is your brother?

B: Next to the Christmas tree _____

_____ _____.

조건 영작

[26~27] 우리말을 |조건|에 맞게 영작하시오.

26
조건
- taste good, this fruit, good for your health를 활용하여 15단어로 쓸 것
- not only로 시작할 것

이 과일은 맛이 좋을 뿐만 아니라 건강에도 좋다.

→ _____

27
조건
- any, expect, prize을 활용하여 6단어로 쓸 것
- little로 시작할 것

나는 어떤 상도 거의 기대하지 않았다.

→ _____

문장 전환

[28~30] 다음 두 문장을 의미가 같은 한 문장으로 만드시오.

28

· Minji spent all her money on books.

· I spent all my money on books, too.

→ Minji spent all her money on books, and

_____ _____ _____.

29

· Nicole Kidman is a famous actress.

· Nicole Kidman is going to visit Korea next month.

→ Nicole Kidman, _____ _____

_____, is going to visit Korea next month.

30

· The rumor is not true.

· That he stole the bag is the rumor.

→ The rumor _____ _____

_____ _____ is not true.

불규칙 동사 변화 확인

* 다음 동사의 의미, 그리고 과거형과 과거분사형을 쓰면서 외우세요.

	의미	과거형	과거분사형(p.p.)
☐ cast			
☐ broadcast			
☐ cost			
☐ cut			
☐ fit			
☐ hit			
☐ hurt			
☐ let			
☐ put			
☐ quit			
☐ read			
☐ set			
☐ shut			
☐ spread			
☐ beat			
☐ become			
☐ come			
☐ run			
☐ arise			
☐ be (am / is / are)			

	의미	과거형	과거분사형(p.p.)
☐ blow			
☐ do			
☐ draw			
☐ drive			
☐ eat			
☐ fall			
☐ forgive			
☐ give			
☐ go			
☐ grow			
☐ know			
☐ ride			
☐ rise			
☐ see			
☐ shake			
☐ show			
☐ take			
☐ throw			
☐ write			
☐ bend			

불규칙 동사 변화 확인

* 다음 동사의 의미, 그리고 과거형과 과거분사형을 쓰면서 외우세요.

	의미	과거형	과거분사형(p.p.)
☐ bind			
☐ bring			
☐ build			
☐ burn			
☐ buy			
☐ catch			
☐ dig			
☐ dream			
☐ feed			
☐ feel			
☐ fight			
☐ find			
☐ grind			
☐ hang			
☐ have			
☐ hear			
☐ hold			
☐ keep			
☐ lay			
☐ lead			

	의미	과거형	과거분사형(p.p.)
☐ leave			
☐ lend			
☐ lose			
☐ make			
☐ mean			
☐ meet			
☐ pay			
☐ say			
☐ seek			
☐ sell			
☐ send			
☐ shine			
☐ shoot			
☐ sit			
☐ sleep			
☐ slide			
☐ smell			
☐ spend			
☐ spin			
☐ spoil			

불규칙 동사 변화 확인

* 다음 동사의 의미, 그리고 과거형과 과거분사형을 쓰면서 외우세요.

	의미	과거형	과거분사형(p.p.)
☐ stand			
☐ strike			
☐ sweep			
☐ swing			
☐ teach			
☐ tell			
☐ think			
☐ understand			
☐ wake			
☐ win			
☐ wind			
☐ bear			
☐ bite			
☐ break			
☐ choose			
☐ forget			
☐ freeze			
☐ get			
☐ hide			
☐ speak			

	의미	과거형	과거분사형(p.p.)
☐ steal			
☐ tear			
☐ wear			
☐ begin			
☐ drink			
☐ fly			
☐ lie			
☐ ring			
☐ sing			
☐ sink			
☐ swim			
☐ can			
☐ may			
☐ shall			
☐ will			

MY WRITING COACH

내신서술형 중3

수학 꽉 잡아

중학 수학 완성

1 연산 〉 **2** 기본 〉 **3** 심화
1~3학년   1~3학년   1~3학년

사뿐

중학 사회
중학 역사

사회를 한 권으로
가뿐하게!

중학 사회

EBS	EBS	EBS	EBS
사뿐	사뿐	사뿐	사뿐
중학 사회 ①-1	중학 사회 ②-1	중학 사회 ①-2	중학 사회 ②-2
①-1	②-1	①-2	②-2

중학 역사

EBS	EBS	EBS	EBS
사뿐	사뿐	사뿐	사뿐
중학 역사 ①-1	중학 역사 ②-1	중학 역사 ①-2	중학 역사 ②-2
①-1	②-1	①-2	②-2

중|학|도|역|시 **EBS**

EBS

중학 내신 서술형 만점의 지름길

MY WRITING COACH

내신서술형

정답과 해설

중3

MY WRITING COACH

내신서술형 중 ③
정답과 해설

CHAPTER
[01 목적격보어가 있는 5형식 문장]

12 told me to come home

13 don't let me stay out

14 asked me to find

15 saw you waiting

11 〈make + 목적어 + 목적격보어(형용사)〉

12 〈tell + 목적어 + 목적격보어(to부정사)〉

13 〈let + 목적어 + 목적격보어(동사원형)〉

14 〈ask + 목적어 + 목적격보어(to부정사)〉

15 〈see + 목적어 + 목적격보어(현재분사)〉, 지각동사 see의 목적격보어로 원형부정사(wait)도 가능하지만, 그 당시에 진행 중인 동작(기다리고 있는 것)을 강조하기 위해서는 현재분사가 더 적절하다.

16 They named their daughter Jimin.

17 The doctor advised him to exercise regularly.

18 I got my brother to take a picture

19 I heard someone play[playing] the violin.

20 Can you help me (to) move the washing machine?

16 〈name + 목적어 + 목적격보어(명사)〉

17 〈advise + 목적어 + 목적격보어(to부정사)〉

18 〈사역동사 get + 목적어 + 목적격보어(to부정사)〉

19 〈hear + 목적어 + 목적격보어(동사원형 또는 현재분사)〉

20 〈help + 목적어 + 목적격보어(to부정사 또는 동사원형)〉

21 Kate allowed me to use her laptop.

22 I saw a tall guy walking into the jewelry shop.

23 make me smile

24 feel the table shake[shaking]

25 not to leave

21 〈allow + 목적어 + 목적격보어(to부정사)〉

22 〈see + 목적어 + 목적격보어(동사원형 또는 현재분사)〉

23 〈make + 목적어 + 목적격보어(동사원형)〉, 목적어와 목적격보어의 관계가 능동이므로 동사원형을 쓴다.

24 〈feel + 목적어 + 목적격보어(동사원형 또는 현재분사)〉

25 to부정사 앞에 not을 붙이면 부정의 의미가 된다.

26 Her joke made my friends laugh.

27 I saw Mina running in the park.

28 My sister told me not to wear her skirt.

29 My mistake made Jason angry.

30 Her mother's phone call had her get up early.

31 Your advice got me to buy some vegetables.

26 〈make + 목적어 + 목적격보어(동사원형)〉, 목적어와 목적격보어의 관계가 능동이므로 동사원형을 쓴다.

27 〈see + 목적어 + 목적격보어(현재분사)〉, '달리고 있는'이라고 진행 중인 동작을 강조하고 있으므로 지각동사의 목적격보어로 현재분사를 쓴다.

28 〈tell + 목적어 + 목적격보어(to부정사)〉, to부정사 앞에 not을 붙이면 부정의 의미가 된다.

29 〈make + 목적어 + 목적격보어(형용사)〉

30 〈사역동사 have + 목적어 + 목적격보어(동사원형)〉, 목적어와 목적격보어의 관계가 능동이므로 동사원형을 쓴다.

31 〈사역동사 get + 목적어 + 목적격보어(to부정사)〉

32 I can smell the chicken burning.

33 I heard people screaming on the street.

34 Cindy watched Bill walking along the beach with his dog.

35 me to open the window

36 his son to finish the homework in an hour

37 them to help their friends

32~34 〈지각동사 + 목적어 + 목적격보어(현재분사)〉, 지각동사의 목적격보어로 그 당시에 진행 중인 동작을 강조하기 위해서는 현재분사를 쓰는 것이 더 적절하다.

35 〈ask + 목적어 + 목적격보어(to부정사)〉

36 〈order + 목적어 + 목적격보어(to부정사)〉

37 〈advise + 목적어 + 목적격보어(to부정사)〉

38 Speaking in front of many people makes me nervous.

39 (1) asked / to come to his house

(2) advised / to bring his umbrella

40

	문장 기호	틀린 부분	고친 내용
(1)	(A)	be alone	alone
(2)	(C)	be	to be
(3)	(D)	came	come[coming]

38 〈make + 목적어 + 목적격보어(형용사)〉

39 (1) 〈ask + 목적어 + 목적격보어(to부정사)〉

(2) 〈advise + 목적어 + 목적격보어(to부정사)〉

40 (1) 〈want + 목적어 + 목적격보어(to부정사)
〈leave + 목적어 + 목적격보어(형용사)

(2) 〈expect + 목적어 + 목적격보어(to부정사), to부정사 앞에 not을 붙이면 부정의 의미가 된다.

(3) 〈look at + 목적어 + 목적격보어(동사원형 또는 현재분사)〉

01 I'd rather not go than sit with him.

02 you had[you'd] better not go out

03 would rather walk than take

04 Would you like to order

05 hadn't better → had better not

06 waiting → wait

07 to stay → stay

08 not rather → rather not

09 am used to sleeping

10 is used to open

Unit 05 조동사 + have + 과거분사   p. 37

01 She can't[cannot] have got[gotten] a C on the math exam.

02 You must have left it in the restroom.

03 I shouldn't[should not] have told her.

04 He might[may] have forgotten the appointment.

05 You should have watched

06 You should not have lied

07 can't[cannot] have lost

08 He must have finished

09 (A) I shouldn't[should not] have invited them.

10 (C) Benjamin might have said something rude

중간고사 · 기말고사 실전문제   pp. 38~41

01 has died → died

02 has → had

03 was → has

04 not better → better not

05 arrive → have arrived

01 현재완료 시제는 과거부터 현재에 걸쳐 일어난 일을 나타낼 때 쓴다. 2 days ago는 과거의 특정한 시점이므로 과거 시제로 써야 한다.

02 두 가지 과거의 일 중 먼저 일어난 일은 과거완료 시제로 쓴다.

03 과거에 시작된 일이 현재에도 진행 중임을 강조할 때는 현재완료진행 시제를 쓴다.

04 had better의 부정형은 had better not이다.

05 〈should have + 과거분사〉는 과거 일에 대한 유감을 나타낸다.

06 I have tried water-skiing once.

07 I found that I had left my bag on the bus.

08 I have been waiting for my cousin for an hour.

09 I would rather walk than take a crowded subway.

10 He must have gone to bed late last night.

06 과거부터 현재까지의 경험을 나타내는 현재완료 시제로 쓴다.

07 두 가지 과거의 일 중 먼저 일어난 일은 과거완료 시제로 쓴다.

08 과거에 시작된 일이 현재도 진행 중임을 강조할 때는 현재완료진행 시제를 쓴다.

09 〈would rather ~ than ...〉은 '…하느니 차라리 ~하겠다'를 의미한다.

10 〈must have + 과거분사〉는 과거의 일에 대한 강한 추측을 나타낸다.

11 came home / had already finished lunch

12 has never seen

13 have been playing basketball since

14 would like to eat

15 may have forgotten

11 주절은 과거완료 시제의 완료

12 현재완료 시제의 경험

13 현재완료진행 시제

14 ~하고 싶다: 〈would like to + 동사원형〉

15 ~했을지도 모른다: 〈may have + 과거분사〉

16 My aunt has taught[been teaching] Spanish for 15 years.

17 You had better go home and get some rest right now.

18 The politician should have been honest.

19 I used to watch a movie every Saturday.

20 My brother may have finished his homework.

16 현재완료 시제의 계속 또는 현재완료진행 시제

17 ~하는 게 낫다: 〈had better + 동사원형〉

18 ~했어야 했다: 〈should have + 과거분사〉

19 ~하곤 했다: 〈used to + 동사원형〉

20 ~했을지도 모른다: 〈may have + 과거분사〉

21 She must have missed her bus.

22 Have you ever been to Europe before?

23 shouldn't[should not] have shouted at her

24 has learned[been learning] French for 8 years

25 would like to drink

21 ~했음이 분명하다: 〈must have + 과거분사〉

22 현재완료 시제의 경험

23 ~하지 말았어야 했다: 〈shouldn't[should not] have + 과거분사〉

24 현재완료 시제의 계속 또는 현재완료진행 시제

25 ~하고 싶다: 〈would like to + 동사원형〉

26 My classmates have been playing soccer for three hours.

27 When I arrived at school, the event had already finished.

28 My uncle must have washed the dishes.

29 should have listened to my teacher

30 must have lived in London

31 may have won first prize

26 현재완료진행 시제: 〈have been + 현재분사〉

27 두 가지 과거의 일 중 먼저 일어난 일은 과거완료 시제로 쓴다.

28 ~했음이 분명하다: 〈must have + 과거분사〉

29 ~했어야 했다: 〈should have + 과거분사〉

30 ~했음이 분명하다: 〈must have + 과거분사〉

31 ~했을지도 모른다: 〈may have + 과거분사〉

32 The baby has been crying for 30 minutes.

33 Amy has been living in Vancouver for five years.

34 It has been raining since last night.

35 had lived in New York before he moved to Tokyo

36 had already started when Emily got to the theater

37 got angry because his sister had broken his laptop

32~34 현재완료진행 시제: 〈have[has] been + 현재분사〉

35 도쿄로 이사한 것보다 뉴욕에서 살았던 것이 먼저 일어난 일이므로 과거완료 시제를 써야 한다.

36 극장에 도착한 것보다 영화가 시작한 것이 먼저 일어난 일이므로 과거완료 시제를 쓴다.

37 화가 난 것보다 노트북을 고장 낸 것이 먼저 일어난 일이므로 과거완료 시제를 쓴다.

38 has been doing her homework for two hours

39 (1) had (already) finished cleaning my room
(2) had (already) gone to bed

40

	문장 기호	틀린 부분	고친 내용
(1)	(D)	living	live
(2)	(E)	had	have had
(3)	(G)	visiting	to visit

38 두 시간 전부터 지금까지 계속 숙제를 하고 있는 상황이므로 현재완료진행 시제를 쓴다.

39 (1) 여동생이 집에 온 것보다 내가 방 청소를 마친 것이 먼저 일어난 일이므로 과거완료 시제를 쓴다.

(2) 내가 숙제를 끝마친 것보다 남동생이 잠자리에 든 것이 먼저 일어난 일이므로 과거완료 시제를 쓴다.

40 (1) '과거에 거기에 살았다'는 의미이므로 과거의 상태를 나타내는 〈used to + 동사원형〉을 쓴다.

(2) ~했음이 분명하다: 〈must have + 과거분사〉

(3) ~하고 싶다: 〈would like to + 동사원형〉

CHAPTER
[03] 부정사/동명사

01 I don't mind opening the windows.

02 I usually enjoy reading books.

03 He promised to come by 3.

04 I quit exercising there.

05 to persuade → persuading

06 going → to go

07 You should avoid saying

08 She kept smiling

09 (A) I didn't forget to tell her.

10 (C) Why don't we try calling her?

중간고사 · 기말고사 실전문제   pp. 58~61

01 of → for

02 helps → to help

03 meeting → to meet

04 knows → to know

05 to have → having

01 사람의 성품이나 성격을 나타내는 형용사가 아닐 경우 의미상 주어는 〈for + 행위자〉를 쓴다.

02 to부정사는 명사를 수식해 '~할, ~하는'이라는 의미로 쓰인다.

03 to부정사는 감정을 나타내는 형용사 뒤에서 '~하게 되어'라는 의미로 쓰인다.

04 seem 뒤에 보어로 to부정사를 쓰면 '~하는 것으로 보이다'라는 뜻이다.

05 enjoy는 목적어로 동명사를 취하는 동사이다.

06 It is dangerous for young students to play soccer here.

07 He went to the convenience store to buy some milk.

08 She needs someone to talk with.

09 My sister is learning how to drive.

10 She promised to study hard this semester.

06 〈It ~ for + 행위자 + to부정사〉

07 to부정사의 부사적 역할 '~하기 위해'(목적)

08 to부정사의 형용사적 역할 '~할'

09 ~하는 법: 〈how + to부정사〉

10 promise는 목적어로 to부정사를 취하는 동사이다.

11 foolish of you to refuse

12 told me the way to solve

13 decide when to leave

14 too busy to go on vacation

15 seem to know the answers

11 〈It ~ of + 행위자 + to부정사〉

12 to부정사의 형용사적 역할 '~하는'

13 언제 ~할지: 〈when + to부정사〉

14 ~하기에 너무 …한: 〈too + 형용사 + to부정사〉

15 ~하는 것처럼 보이다: 〈seem + to부정사〉

16 It is fun for me to ride a bike.

17 There are many beautiful places to visit in Canada.

18 The ring was so expensive that he couldn't[could not] buy it.

19 It seems that you like Italian food.

20 The snow continued falling all afternoon.

16 〈It ~ for + 행위자 + to부정사〉

17 to부정사의 형용사적 역할 '~할'

18 너무 ~해서 …할 수 있다/없다: 〈so + 형용사 + that절〉

19 ~하는 것으로 보이다: 〈It seems + that절〉

20 continue는 목적어로 동명사를 취하는 동사이다.

21 I'm strong enough to carry them.

22 Can you tell me how to get to the airport

23 kind of her to feed stray cats

24 young to watch this movie

25 how to solve

21 ~하기에 충분히 …한: 〈형용사 + enough + to부정사〉

22 ~하는 방법: 〈how + to부정사〉

23 〈It ~ of + 행위자 + to부정사〉

24 ~하기에 너무 …한: 〈too + 형용사 + to부정사〉

25 어떻게 ~하는지: 〈how + to부정사〉

26 He walked carefully not to fall.

27 I had time to help the old man.

28 They decided to go to Poland next month.

29 Olivia was surprised to see a famous singer on the bus.

30 Lily is very excited to go on a trip to Europe.

31 The players were disappointed to lose the game.

26 to부정사의 부사적 역할 '~하기 위해', to부정사 앞에 not을 쓰면 부정의 의미가 된다.

27 to부정사의 형용사적 역할 '~할'

28 decide는 목적어로 to부정사를 취하는 동사이다.

29~31 감정을 나타내는 형용사＋to부정사: ~하게 되어

32 Jimin has a lot of books to read.

33 We need a basket to put these oranges in.

34 An old man found a bench to sit on.

35 so fast that they can catch the bus

36 is so small that it can fit

37 is so smart that she can read

32~34 to부정사의 형용사적 역할 '~할'

35~37 〈형용사＋enough＋to부정사〉는 〈so ~ that〉 구문으로 바꾸어 쓸 수 있다.

38 short to reach the clock

short that he cannot[can't] reach the clock

39 (1) heavy enough to

(2) so heavy that he can't[cannot]

40

	문장 기호	틀린 부분	고친 내용
(1)	(A)	of	for
(2)	(C)	goes	to go 또는 she should go
(3)	(D)	to spend	spending

38 ~하기에 너무 …한: 〈too＋형용사＋to부정사〉
= 너무 …해서 ~할 수 있다/없다: 〈so＋형용사＋that절〉

39 (1) ~하기에 충분히 …한: 〈형용사＋enough＋to부정사〉
(2) 너무 …해서 ~할 수 있다/없다: 〈so＋형용사＋that절〉

40 (1) 사람의 성품이나 성격을 나타내는 형용사가 아닐 경우 의미상 주어는 〈for＋행위자〉를 쓴다.
(2) 어디로 ~할지: 〈where＋to부정사〉 또는 〈where＋주어＋should＋동사원형〉
(3) mind는 목적어로 동명사만을 취하는 동사이다.

CHAPTER 04 수동태

Unit 01 수동태의 의미와 형태 p. 65

01 Ten employees are rewarded by the company.

02 The museum is visited by many people.

03 The contest is held by the city every year.

04 The machine is checked thoroughly by engineers.
또는 The machine is thoroughly checked by engineers.

05 cutted → cut

06 throwed → thrown

07 This book is loved by

08 The patients are treated by

09 It[The laundry] is done by

10 It[The car] is used by

Unit 02 수동태의 여러 형태 p. 67

01 were ignored by them at the party

02 wasn't[was not] tricked by them

03 will be caught by the police

04 might be woken up by the noise

05 damage → be damaged

06 give → be given

07 Will he be taken

08 has to be fixed

09 should be put

10 It[The clip] wasn't[was not] posted

Unit 03 주의해야 할 수동태 p. 69

01 Her brother is taken care of by her.

02 The mountain is covered with snow.

03 Her father was satisfied with the news.

04 She is not interested in those movies.

05 by → with

06 by → to

07 worried about the test

08 is made of grains

09 (D) the light was still turned on

10 (E) Lucy was taken care of by her mother.

01 was given a thick book by her
    was given to me by her

02 was offered 500 dollars by him
    were offered to her by him

03 was told a story by him
    was told to her by him

04 was lent his car by him
    was lent to her by him

05 Jim was sent a card. → A card was sent to Jim.

06 to → for

07 Some Mexican food was cooked for us (by her).

08 A pair of gloves was bought for me (by him).

09 were sent to me

10 am taught English

01 Some teachers were seen to go out for lunch by her.

02 He was heard screaming (by people).

03 I was made to eat vegetables by my mom.

04 She is expected to come by 7 (by me).

05 She is considered a great scientist.

06 I was allowed to use his laptop.

07 The bag was found empty by the police.

08 He was made to get up at six by his dad.

09 were left open

10 was made to go by my mom

중간고사 · 기말고사 실전문제   pp. 74~77

01 hired → were hired

02 to → for

03 me → to me

04 released → be released

05 approach → to approach

01 주어가 행위를 당하는 것을 표현할 때는 〈be동사 + 과거분사〉의 수동태를 쓴다.

02 ~로 알려지다(유명한 이유): be known for

03 4형식 문장의 직접목적어를 주어로 수동태 문장을 쓸 때는 간접목적어 앞에 전치사를 쓴다.

04 주어가 행위를 당하는 것을 표현할 때는 〈be동사 + 과거분사〉

의 수동태를 쓰는데, 조동사를 써야 하는 경우 〈조동사 + be + 과거분사〉로 쓴다.

05 지각동사의 목적격보어가 원형부정사인 문장의 수동태에서는 목적격보어인 원형부정사를 to부정사로 바꿔 쓴다.

06 My brother was injured in the soccer game.

07 The trees are being trimmed by my uncle.

08 I was surprised at the news of their wedding.

09 Cell phones should not be used in a movie theater.

10 I was asked to write a letter to him by my sister.

06 〈be동사 + 과거분사〉

07 수동태의 진행형: 〈be동사 + being + 과거분사〉

08 ~에 놀라다: be surprised at

09 〈조동사 + 수동태〉로 쓰인 문장에서는 조동사 뒤에 not을 붙이면 부정의 의미가 된다.

10 5형식 문장의 목적어를 주어로 하여 수동태 문장을 쓸 때는 동사를 수동태로 쓴 후, 목적격보어를 그대로 쓴다.

11 was found under my bed

12 will be designed by

13 can be used

14 were taken care of by

15 was painted white

11 수동태의 과거형: 〈be동사의 과거형 + 과거분사〉

12~13 〈조동사 + be + 과거분사〉

14 둘 이상의 단어로 된 동사구는 하나의 단어처럼 취급하여 항상 함께 쓴다.

15 5형식 문장의 목적어를 주어로 하여 수동태 문장을 쓸 때는 동사를 수동태로 쓴 후, 목적격보어를 그대로 쓴다.

16 Should this project be completed by next month?

17 The small island was covered with snow last night.

18 He is not interested in English literature.

19 The pizza will be delivered to them by 7 p.m.

20 She was not named the best actress of the year.

16 수동태의 의문문: 〈조동사 + 주어 + be + 과거분사 ~?〉

17 ~로 덮이다: be covered with

18 ~에 관심 있다: be interested in

19 〈조동사 + be + 과거분사〉

20 5형식 문장의 목적어를 주어로 하여 수동태 문장을 쓸 때는 동사를 수동태로 쓴 후, 목적격보어를 그대로 쓴다.

---

21 We are satisfied with your food.

22 The chicken is being roasted by my dad.

23 was destroyed

24 not invited to the party

25 should be kept

---

21 ~에 만족하다: be satisfied with

22 수동태의 진행형: 〈be동사 + being + 과거분사〉

23 수동태에서 행위자는 〈by + 행위자(목적격)〉로 쓴다.

24 수동태의 부정: 〈be동사 + not + 과거분사〉

25 〈조동사 + be + 과거분사〉

---

26 She is known as the richest person.

27 The rabbit was being chased by a lion.

28 The computer was turned on by her daughter.

29 was written by William Shakespeare

30 may be burnt by the forest fire

31 was not made by him

---

26 ~로 알려지다: be known as

27 〈be동사 + being + 과거분사〉

28 turn on의 수동태: be turned on

29 〈be동사 + 과거분사 + by + 행위자〉

30 〈조동사 + be동사 + 과거분사〉

31 수동태의 부정문: 〈be동사 + not + 과거분사〉

---

32 filled with

33 made from

34 interested in

35 was told an interesting story

　　was told to me

36 was offered the job

　　was offered to me

37 were shown some trophies

　　were shown to them

---

32 ~으로 가득 차 있다: be filled with

33 ~으로 만들어지다(원형 변화): be made from

---

34 ~에 흥미가 있다: be interested in

35~37 〈4형식 문장의 간접목적어 + 수동태 + 직접목적어 + by + 행위자〉

　　〈4형식 문장의 직접목적어 + 수동태 + 전치사 + 간접목적어 + by + 행위자〉

---

38 caught a bird

　　was caught by Danial

39 (1) be cleaned

　　(2) be made

　　(3) be washed

40

문장 기호	틀린 부분	고친 내용
(1)	(B)	as	to
(2)	(D)	break	broken
(3)	(F)	shot	be shot

---

38 〈주어 + 동사 + 목적어〉

　　= 〈주어 + 수동태 + by + 행위자〉

39 〈조동사 + be + 과거분사〉

40 (1) ~에게 알려지다: be known to

　　(2) break up(헤어지다)의 수동태는 be broken up이다.

　　(3) 동물들이 총에 맞는 것이므로 shoot(총을 쏘다)의 수동태인 be shot으로 써야 한다.

07 My brother is fixing the bike damaged by the storm.

08 Doing my homework, I ask my brother many questions.

09 Disappointed with the result, I didn't go anywhere for 2 weeks.

10 My dad is sitting on a chair with his eyes closed.

06 현재분사구가 명사를 뒤에서 수식하여 형용사 역할을 한다.

07 과거분사구가 명사를 뒤에서 수식하여 형용사 역할을 한다.

08 When I do my homework에서 접속사와 주어는 생략하고, 동사를 현재분사 형태로 바꾼다.

09 Because[Since/As] I was disappointed with the result에서 접속사와 주어를 생략하고, 동사를 현재분사로 바꾼 후(Being disappointed), Being을 생략한다.

10 〈with + 명사 + 과거분사〉

11 was satisfied with

12 reading a book written

13 Listening to music

14 Time running out

15 with a candy

11 주어가 감정을 느끼는 것이므로 과거분사 satisfied를 쓴다.

12 a book과 write는 수동 관계이므로 과거분사 written을 쓴다.

13 As I listened to music에서 접속사와 주어는 생략하고, 동사를 현재분사 형태로 바꾼다.

14 Because[Since/As] time ran out에서 접속사는 생략하고 동사를 현재분사로 바꾼 후, 주어는 주절의 주어와 다르므로 남겨 둔다.

15 〈with + 명사 + 전치사구〉

16 The flowers delivered today made my sister pleased.

17 Being sick, she was absent from school.

18 Hearing the news, my sister was totally shocked.

19 Looking at the rainbow, we were sitting on the beach.

20 My brother is sleeping with his legs on the pillow.

16 the flowers와 deliver는 수동 관계이므로 명사를 수식하는 과거분사 delivered를 쓰고, my sister가 감정을 느낀 것이므로 동사 made의 목적격보어로 과거분사 pleased를 쓴다.

17 Because[Since/As] she was sick에서 접속사와 주어는 생략하고, 동사를 현재분사 형태로 바꾼다.

18 When my sister heard the news에서는 접속사와 주어는 생략하고 동사를 현재분사 형태로 바꾸고, 주절에서는 주어가 감정을 느낀 것이므로 동사를 was shocked로 쓴다.

19 As we looked at the rainbow에서 접속사와 주어는 생략하고, 동사를 현재분사 형태로 바꾼다.

20 〈with + 명사 + 전치사구〉

21 Turning to the left

22 Tired from the work

23 (Being) Written in easy English 또는 Because [Since/As] it is written in easy English

24 sitting next to her

25 Kind and diligent

21 If you turn to the left에서 접속사와 주어는 생략하고, 동사를 현재분사 형태로 바꾼다.

22 Because[Since/As] I was tired from the work에서 접속사와 주어는 생략하고, 동사를 현재분사 형태로 바꾼다. (Being은 생략 가능)

23 Because[Since/As] it is written in easy English에서 접속사와 주어를 생략하고, 동사를 현재분사로 바꾼다. (Being은 생략 가능)

24 수식받는 명사와 분사의 관계가 능동이므로 현재분사 sitting을 쓴다.

25 Because[Since/As] she is kind and diligent에서 접속사와 주어를 생략하고, 동사를 현재분사 Being으로 바꾼다. Being은 생략할 수 있으므로 빈칸의 수에 맞춰 생략한다.

26 She showed me some pictures taken in England.

27 She was sleeping with the radio turned on.

28 The weather being fine, I walked my dog.

29 Opening the door, he saw his brother cooking.

30 Because[Since/As] she had a heavy box, she took a taxi to the station.

31 When[After] he was left alone, he began to sing.

26 pictures와 take는 수동 관계이므로 과거분사형 taken을 쓴다.

27 〈with + 명사 + 분사구〉, the radio와 turn on은 수동 관계이므로 turn을 과거분사형 turned로 쓴다.

28 Because[Since/As] the weather was fine에서 접속사는 생략하고 동사는 현재분사로 바꾼 후, 주어는 주절의 주어와 다르므로 남겨 둔다.

29 부사절의 주어가 주절의 주어와 같으므로 접속사와 주어를 생략하고, 동사를 현재분사 형태로 바꾼다.

30 분사구문이 이유를 나타내므로, 이유를 나타내는 접속사를 이용해 부사절로 바꾸어 쓴다.

31 분사구문이 때를 나타내므로, 때를 나타내는 접속사를 이용해 부사절로 바꾸어 쓴다.

---

32 That old woman wearing a red scarf is my grandmother.

33 There were a lot of old toys covered with dust.

34 These are popular computer games made for teenagers.

35 with her dog following her

36 with her jacket open

37 with a letter in her hand

---

32 수식받는 명사와 wear는 능동 관계이므로 현재분사 wearing을 쓴다.

33 수식받는 명사와 cover는 수동 관계이므로 과거분사 covered를 쓴다.

34 수식받는 명사와 make는 수동 관계이므로 과거분사 made를 쓴다.

35 〈with + 명사 + 현재분사구〉

36 〈with + 명사 + 형용사〉

37 〈with + 명사 + 전치사구〉

---

38 with the door open

39 (1) Look at that girl wearing a red hat.
(2) There were some children playing soccer.
(3) I have a cousin called Kate.

40

	문장 기호	틀린 부분	고친 내용
(1)	(A)	chatted	chatting
(2)	(C)	Drink	Drinking
(3)	(E)	fix	fixed

38 〈with + 명사 + 형용사〉

39 (1) 수식받는 명사와 wear는 능동 관계이므로 현재분사 wearing을 쓴다.
(2) 수식받는 명사와 play는 능동 관계이므로 현재분사 playing을 쓴다.
(3) 수식받는 명사와 call은 수동 관계이므로 과거분사 called를 쓴다.

40 (1) 수식받는 명사와 chat가 능동 관계이므로 현재분사 chatting을 쓴다.
(2) While we were drinking coffee에서 접속사와 주어를 생략하고, 동사를 현재분사로 바꾼 후 Being을 생략한다.
(3) 〈with + 명사 + 과거분사구〉

CHAPTER 06 비교

Unit 01 원급을 이용한 비교 표현   p. 97

01 were twice as thick as mine

02 as gently as possible

03 twice as large as mine

04 Seoul is not as[so] freezing as

05 harder → hard

06 as many as cups → as many cups as

07 The city was not as clean as I imagined.

08 He earns three times as much as I do.

09 exercises as hard as Tom does

10 can jump as high as Minsu can

Unit 02 비교급을 이용한 비교 표현   p. 99

01 It was getting darker and darker.

02 He is a lot heavier than me.

03 The drama is getting more and more boring.

04 She studies twice more than you.

05 higher → high

06 the more it becomes interesting → the more interesting it becomes

07 The darker it gets / the brighter

08 The slower you walk / the more

09 The more words you know, the less hard it will get.

10 English will become much[a lot/far] easier.

Unit 03 최상급을 이용한 비교 표현   p. 101

01 No other train arrives as early

02 is taller than any (other) member on the team

03 No (other) member is as light as

04 No (other) member is[runs] faster than

05 girl → girls

06 in → of

07 Buses are more convenient than

08 No (other) student is as light as

09 is easier than any (other) game

10 No (other) room is as big as

중간고사 · 기말고사 실전문제   pp. 102~105

01 difficult → as difficult

02 as twice → twice as

03 very → a lot[far/much]

04 the more I became bored → the more bored I became

05 kindly → kind

01 ~만큼 …한/하게: 〈as + 형용사/부사 + as〉

02 몇 배만큼 ~한/하게: 〈배수사 + as + 형용사/부사 + as〉

03 비교급 앞에 far, much, a lot을 쓰면 '훨씬 더'라는 의미로 비교급을 강조하는 표현이 된다.

04 더 ~할수록, 더 …하다: 〈the + 비교급 (주어 + 동사), the + 비교급 (주어 + 동사)〉

05 원급 비교 문장으로 so와 as 사이에는 be동사의 보어로 쓰이는 형용사(원급)가 와야 한다.

06 I can run as fast as my sister.

07 They want to leave Seoul as soon as possible.

08 We watched the boat drift farther and farther away.

09 Seoul is one of the largest cities in the world.

10 My brother reads three times more than me.

06 〈as + 형용사/부사 + as〉

07 가능한 ~한/하게: 〈as + 형용사/부사 + as possible〉

08 점점 더 ~한/하게: 〈비교급 + and + 비교급〉

09 가장 ~한 것들 중의 하나: 〈one of the + 최상급 + 복수 명사〉

10 세 배 더: 〈three times + 비교급 + than〉

11 twice as thick as

12 as early as possible

13 higher we went / the slower

14 the second oldest hotel

15 No other / more important

11 〈배수사 + as + 형용사/부사 + as〉

12 가능한 ~한/하게: 〈as + 형용사/부사 + as possible〉

13 더 ~할수록, 더 …하다: 〈the + 비교급 (주어 + 동사), the + 비교급 (주어 + 동사)〉

14 두 번째로 가장 ~한/하게: 〈the second + 최상급〉

15 〈no (other) + 명사 ~ 비교급〉은 최상급 의미를 나타낸다.

16 She painted the wall as carefully as she could.

17 Airplanes are far faster than trains.

18 Memory loss is becoming a bigger and bigger problem.

19 The healthier food I eat, the healthier I will be.

20 No other desk is as clean as her desk.

16 가능한 ～한/하게: 〈as + 형용사/부사 + as + 주어 + can [could]〉

17 〈far[a lot/much] + 비교급 + than〉

18 점점 더 ～한/하게: 〈비교급 + and + 비교급〉

19 더 ～할수록, 더 …하다: 〈the + 비교급 (주어 + 동사), the + 비교급 (주어 + 동사)〉

20 〈no (other) + 명사 ～ as + 형용사 + as〉는 최상급 의미를 나타낸다.

21 The sweeter the food is, the happier

22 pop songs as often as you can

23 as important as

24 the most expensive ring

25 The more you practice

21 더 ～할수록, 더 …하다: 〈the + 비교급 (주어 + 동사), the + 비교급 (주어 + 동사)〉

22 가능한 ～한/하게: 〈as + 형용사/부사 + as + 주어 + can [could]〉

23 〈as + 형용사/부사 + as〉

24 〈the + 최상급〉

25 〈the + 비교급 (주어 + 동사), the + 비교급 (주어 + 동사)〉

26 This animal is the slowest of all the animals.

27 The more paper we recycle, the more trees we can save.

28 No (other) painting in this museum is more valuable than this painting by Picasso.

29 not as[so] young as

30 as tall as

31 not as[so] expensive as

26 〈the + 최상급 + of + 복수 명사〉

27 〈the + 비교급 (주어 + 동사), the + 비교급 (주어 + 동사)〉

28 〈no (other) + 명사 ～ 비교급〉

29 〈as + 형용사/부사 + as〉의 부정은 〈not as[so] + 형용사/부사 + as〉로 쓴다.

30 〈as + 형용사/부사 + as〉

31 〈as + 형용사/부사 + as〉의 부정은 〈not as[so] + 형용사/부사 + as〉로 쓴다.

32 The more books Julia read, the wiser she became.

33 The longer the break time is, the happier we are.

34 The hotter the weather gets, the more cold drinks we have.

35 than any other person
No (other) person is as rich
No (other) person is richer

36 famous than any other singer
No (other) singer was as famous
No (other) singer was more famous

37 than any other park
No (other) park is as large
No (other) park is larger

32~34 〈the + 비교급 (주어 + 동사), the + 비교급 (주어 + 동사)〉

35~37 〈the + 최상급〉
= 〈비교급 + than any other + 단수 명사〉
= 〈no (other) + 명사 ～ as + 형용사 + as〉
= 〈no (other) + 명사 ～ 비교급 + than〉

38 not as[so] expensive

39 (1) is far younger
(2) is much taller

40

	문장 기호	틀린 부분	고친 내용
(1)	(A)	large	larger
(2)	(C)	worst	worse
(3)	(E)	cutest	cuter

38 〈not as[so] + 형용사/부사 + as〉

39 비교급의 강조: 〈much[a lot/far] + 비교급〉

40 (1) 〈비교급 + than〉
(2) 〈the + 비교급 (주어 + 동사), the + 비교급 (주어 + 동사)〉
(3) 〈비교급 + than any other + 단수 명사〉

CHAPTER [07] 접속사

01 〈not A but B〉 구문이 주어로 쓰인 문장에서 동사는 B에 수 일치한다.

02 시간이나 조건의 부사절에서 동사는 미래에 일어날 일이라도 현재 시제로 쓴다.

03 늦은 이유를 설명하는 내용의 부사절이므로 이유를 나타내는 접속사를 써야 한다.

04 매우 ~해서 …하다: 〈so + 형용사/부사 + that〉

05 의문사가 없는 의문문은 whether[if] 뒤에 평서문 어순으로 쓴다.

06 ~인지 (아닌지): whether[if]

07 간접의문문은 의문사 뒤에 평서문 어순으로 쓴다.

08 A가 아니라 B: 〈not A but B〉

09 after: ~한 후에

10 so that: ~하도록

11 both French and English are 또는 both English and French are

12 while he was sleeping

13 so nervous that

14 is that she is guilty

15 asked me whether

11 A와 B 둘 다: 〈both A and B〉

12 ~하는 동안: while

13 매우 ~해서 …하다: 〈so + 형용사/부사 + that〉

14 접속사 that이 이끄는 명사절은 문장의 보어로 쓰인다.

15 ~인지 (아닌지): whether[if]

16 Neither the new cellphone nor the laptop was for me.

17 After I get up, I always drink a cup of hot tea. 또는 I always drink a cup of hot tea after I get up.

18 I think that I am more diligent than my brother.

19 I wonder if he will arrive on time.

20 I don't remember where I put my backpack.

16 A도 B도 아닌: 〈neither A nor B〉

17 after: ~한 후에

18 ~라고 생각하다: think (that) ~

19 ~인지 아닌지: whether[if]

20 간접의문문은 의문사 뒤에 평서문 어순으로 쓴다.

21 either you or Amy has to

22 that Sarah won the gold medal

23 whether[if] he gets along with his new friends

24 how old this building is

25 whether[if] there is a library around here

21 A 또는 B: 〈either A or B〉, has to로 보아 B의 자리에는 3인칭 단수인 Amy가 와야 한다.

22 접속사 that이 이끄는 명사절은 문장의 목적어로 쓰인다.

23 ~인지 (아닌지): whether[if]

24 간접의문문은 의문사 뒤에 평서문 어순으로 쓴다.

25 ~인지 (아닌지): whether[if]

26 My husband was born not in Spain but in Portugal.

27 It is not surprising that she is good at singing.

28 I want to know where he lives.

29 Some other countries as well as France use French as their first language.

30 Plants as well as animals need water to survive.

31 Ann as well as Scott is looking at shooting stars.

26 A가 아니라 B: 〈not A but B〉

27 it은 가주어, that 이하가 진주어이다.

28 간접의문문은 의문사 뒤에 평서문 어순으로 쓴다.

29~31 〈not only A but (also) B〉 = 〈B as well as A〉

32 there was something wrong as soon as I heard the sound

33 attend the meeting since she caught a bad cold

34 them playing basketball although it was raining outside

35 was so heavy that she couldn't carry it by herself

36 is so young that we can't travel long distances

37 were so angry that they shouted at the audience

32 as soon as: ~하자마자

33 since: ~하기 때문에

34 although: 비록 ~일지라도

35~37 매우 ~해서 …하다: 〈so + 형용사/부사 + that〉

38 before he watched

39 (1) Carol / well as

(2) only / but also Mark

40

	문장 기호	틀린 부분	고친 내용
(1)	(B)	is he	he is
(2)	(D)	when	that
(3)	(E)	whether	if

38 ~하기 전에: before

39 (1) 〈B as well as A〉

(2) 〈not only A but (also) B〉

40 (1) 간접의문문은 의문사 뒤에 평서문 어순으로 쓴다.

(2) 목적어로 쓰인 명사절을 이끄는 접속사 that을 써야 한다.

(3) if는 부사절을 이끌어 '만약 ~하면'의 뜻으로 쓰이고, 이때 미래를 나타낼 경우 현재 시제로 쓴다.

Unit 01 관계대명사 who(m), which, that, whose p. 123

01 He takes care of cats whose owners are busy.

02 Mike is my teacher who came from England.

03 An app which I installed causes a problem.

04 She met a boy whose dad is a politician.

05 whom → who[that]

06 who → which[that]

07 it → 삭제

08 her → 삭제

09 I need running shoes that[which] I can wear when jogging.

10 I finally found someone who(m)[that] we both can trust.

Unit 02 관계대명사 what p. 125

01 I really want to share what I experienced there with you.

02 have what you had last time

03 tell him what you have in mind

04 couldn't[could not] find what I wanted

05 something what → what 또는 something that

06 that → what

07 lost what you gave me

08 to hear what you heard from him

09 (B) → It isn't what he meant to say.

10 (D) → Sam found what he had lost.

Unit 03 전치사 + 관계대명사 p. 127

01 I failed the test during which I fell asleep.

02 Do you know the boy to whom Mingyeong is talking?

03 I can see the tower at which you're pointing.

04 Can I borrow the book on which you're sitting?

05 who → whom

06 on which → which 또는 sit on → sit

07 which → whom

08 that → which

09 sticks with which I play the drums

10 the person about whom I talked

Unit 04 관계부사 when, where, why, how p. 129

01 This is how he fixed my laptop.

02 I figured out how he escaped.

03 I know why she left. 또는 I know the reason (why) she left.

04 Saturday when there is less traffic is better.

05 the way how → the way 또는 how

06 where → that[which]

07 The place where he lives has a great view.

08 No one knows the time when she will arrive.

09 when the Olympics were held in Greece.

10 where the Olympics were held in 2008.

Unit 05 관계대명사의 계속적 용법 p. 131

01 He lied to me, which made me sad.

02 My uncle, who has never cooked, is buying a kitchen knife.

03 He went camping alone, which was the first time.

04 He talked about a dog, which he had never raised before.

05 that → which

06 whom → who

07 She is waiting for Jim, who won't come.

08 Emma, who(m) we met at school, is here.

09 is going to visit Jane, who asked him to help

10 will read *The Future* again, which she has read twice.

Unit 06 복합관계대명사 / 복합관계부사 p. 133

01 Whenever you need me / call me

02 However we go / we will be late

03 Whichever you choose / it will be delicious

04 Wherever you stay / you can see the ocean

05 Who → Whoever

06 What → Whatever

07 Whatever this is, it is not mine.

08 However he apologizes, I can't forgive him.

09 You can have whatever you want.

10 We can start whenever you want.

01 who she → who

02 that → what

03 which → when 또는 at which

04 how → why 또는 how 삭제

05 however → whichever

01 관계대명사가 주어 역할을 하므로 관계사절에 주어를 중복하여 쓰지 않는다.

02 what은 선행사를 포함하는 관계대명사로 '~하는 것'이라는 의미이다.

03 선행사가 시간이므로 관계부사 when 또는 〈전치사＋관계대명사〉의 at which를 쓴다.

04 선행사가 이유이므로 관계부사 why를 쓰거나 why를 생략한다.

05 '어느 것이든'의 의미인 복합관계부사 whichever를 쓴다.

06 There are some rules that we need to follow.

07 This is what I have wanted to buy since last year.

08 We are going to visit my aunt, who lives in Vancouver.

09 These are the people from whom I got a lot of help.

10 I am watching a movie which is very exciting.

06 관계대명사 that이 접속사와 목적어의 역할을 하고 있다.

07 관계대명사 what이 이끄는 절이 문장의 보어 역할을 하고 있다.

08 관계대명사 who가 이끄는 절이 선행사를 추가 설명하고 있다.

09 관계대명사가 전치사의 목적어일 때 전치사는 관계절의 끝 또는 관계대명사 앞에 쓴다.

10 관계대명사 which가 이끄는 절이 선행사 a movie를 수식하고 있다.

11 which I bought

12 whose birthday is

13 when you helped me

14 which surprised my friends

15 Whatever she says

11 관계대명사 which가 접속사와 목적어의 역할을 하고 있다.

12 관계대명사 whose가 접속사와 소유격의 역할을 하고 있다.

13 선행사가 시간이므로 관계부사 when을 쓴다.

14 관계대명사 which가 이끄는 절이 앞의 절 전체를 추가 설명하고 있다.

15 무엇을 ~하더라도: whatever

16 Emma Watson is an actress whom I wanted to see.

17 I lost the bag in which I put my wallet.

18 My grandmother talked about a boy whose name is the same as mine.

19 My sister made a new friend, who lives next door.

20 He graduated from this university, which was built 110 years ago.

16 관계대명사 whom이 접속사와 목적어의 역할을 하고 있다.

17 관계대명사가 전치사의 목적어일 때 전치사는 관계절의 끝 또는 관계대명사 앞에 쓴다.

18 관계대명사 whose가 접속사와 소유격의 역할을 하고 있다.

19 관계대명사 who가 이끄는 절이 선행사 a new friend를 추가 설명하고 있다.

20 관계대명사 which가 이끄는 절이 선행사 this university를 추가 설명하고 있다.

21 the result was not what she expected

22 whose bike was stolen

23 whichever seat is empty

24 what she made for me

25 why Julia[she] quit it 또는 Julia[she] quit her job

21 what은 선행사를 포함하는 관계대명사이다.

22 관계대명사 whose가 접속사와 소유격의 역할을 하고 있다.

23 whichever: 어느 것이든

24 what은 선행사를 포함하는 관계대명사이다.

25 선행사가 이유이므로 관계부사 why를 쓰거나 why를 생략한다.

26 He has a daughter whose hobby is taking pictures[photos].

27 I met a guy with whom I went to school. 또는 I met a guy whom I went to school with.

28 I will give this chocolate to whomever comes first.

29 what Monica made for her boyfriend

30 what he likes the most

26 관계대명사 whose가 접속사와 소유격의 역할을 하고 있다.

27 관계대명사가 전치사의 목적어일 때 전치사는 관계절의 끝 또는 관계대명사 앞에 쓴다.

28 '누구든'의 의미인 whoever가 전치사의 목적어 역할을 해야 하므로 whomever로 써야 한다.

29~31 what은 선행사를 포함하는 관계대명사이다.

---

32 He is thinking about the winter when we traveled to Italy.

33 I went to the street where Jimin and I first met.

34 This is how Mr. Park runs his restaurant.

35 Whenever I wear my raincoat

36 Whoever wants to join our drama club

37 Wherever she goes

---

32 선행사가 시간이므로 관계부사 when을 쓴다.

33 선행사가 장소이므로 관계부사 where를 쓴다.

34 선행사가 방법이므로 관계부사 how를 쓰되, the way와 how는 함께 쓰지 않는다.

35 ~하는 언제든: whenever

36 누구든: whoever

37 어디에 ~하더라도: wherever

---

38 the bag, which is[was]

39 (1) place where
(2) year when

40

	문장 기호	틀린 부분	고친 내용
(1)	(B)	which	what 또는 whatever
(2)	(C)	the way how	the way 또는 how
(3)	(D)	who	which

38 관계대명사 which가 이끄는 절이 선행사 the bag을 추가 설명하고 있다.

39 (1) 선행사 place와 장소를 나타내는 관계부사 where를 써야 한다.
(2) 선행사 year와 시간을 나타내는 관계부사 when을 써야 한다.

40 (1) 앞에 선행사가 없으므로 선행사가 포함된 관계대명사 what을 쓰거나 명사절을 이끄는 복합관계대명사 whatever(무엇이든지)를 써야 한다.

(2) the way와 how는 함께 쓸 수 없으므로 둘 중 하나만 쓴다.

(3) 선행사인 a huge tsunami는 사물이므로 관계대명사 which를 써서 선행사를 추가 설명한다.

[09] 가정법

Unit 01 가정법 과거 p. 141

01 he had money, he would buy it

02 I had her number, I wouldn't[would not] have to wait

03 it were not snowing, I wouldn't[would not] cancel the appointment

04 he were an expert, he would know the reason

05 am → were

06 will → would

07 If I were you, I wouldn't[would not] tell him.

08 If I had more time, I would explain in detail.

09 If you were me, what would you do? 또는 What would you do if you were me?

10 What could you do if you went there? 또는 If you went there, what could you do?

Unit 02 가정법 과거완료 p. 143

01 she had had a car, she could have come

02 I had had money, I could have rented it

03 my aunt had not been busy, she would have finished it

04 he had called, we wouldn't[would not] have left without him

05 had come → came 또는 tell → have told

06 didn't have been → had not been

07 If you had been more careful, you wouldn't[would not] have gotten hurt.

08 If I had known that, I would have stopped you.

09 If it had not been so hot, I wouldn't[would not] have been sweating.

10 If I had brought my umbrella, I wouldn't[would not] have gotten all wet.

Unit 03 I wish + 가정법 p. 145

01 I wish he were my friend.

02 I wish I had a puppy.

03 I wish my grandma were healthier.

04 I wish we had watched the play together.

05 has been → were 또는 had been

06 can → could

07 I could have been there

08 I had learned how to play the violin

09 I wish there weren't so much to study.

10 I wish I were lying in my bed.

Unit 04 as if + 가정법 p. 147

01 Carl acts as if he knew me.

02 Jacob talks as if he had many friends.

03 Minsu acts as if he liked Lauren.

04 The man lives as if he had not been sick.

05 knows → knew

06 are → were

07 as if he had lived

08 as if she agreed with

09 as if he were a musician

10 as if he had been confident

Unit 05 without + 가정법 p. 149

01 If it were not for love, we couldn't[could not] live.

02 Without homework, we would have more fun.

03 If it were not for his help, I would be lost.

04 Without her advice, we would have failed.

05 was not → were not for

06 was not → had not been for

07 life would not be convenient

08 more people would have died

09 If it were not for the heavy traffic[Without the heavy traffic], we could arrive sooner.

10 If we had not had that luggage[Without that luggage], we could have left earlier.

중간고사 · 기말고사 실전문제 pp. 150~153

01 had → have 또는 will → would

02 if → as if

03 can → could

04 had been → were

05 saw → had seen

01 직설법 문장으로 바꿀 경우에는 부사절을 현재 시제로 써야 하며, 가정법 문장으로 바꿀 경우에는 주절을 〈주어 + 조동사의 과거형 + 동사원형〉으로 써야 한다.

02 〈주어＋동사＋as if＋주어＋were〉

03 〈I wish＋주어＋조동사의 과거형＋동사원형〉으로 쓴다.

04 문맥상 〈주어＋동사＋as if＋주어＋were〉로 쓴다.

05 과거 사실의 반대 가정은 가정법 과거완료로 쓴다.

06 If your aunt were not busy, she would come to visit you.

07 If she had followed the teacher's directions, she wouldn't have made that mistake.

08 I wish you were more careful about spending money.

09 He lives as if he were a millionaire.

10 Without water, all life on Earth would die.

06 가정법 과거: 〈If＋주어＋were, 주어＋조동사의 과거형＋동사원형〉

07 가정법 과거완료: 〈If＋주어＋had＋과거분사, 주어＋조동사의 과거형＋have＋과거분사〉

08 〈I wish＋주어＋were〉

09 〈주어＋동사＋as if＋주어＋were〉

10 〈without＋명사〉를 가정법 과거와 쓰면 '~이 없다면 …일 것이다'의 의미가 된다.

11 won / would travel

12 had checked / would have brought

13 wish / had learned English

14 cares for / as if she were

15 Without / have overslept

11 가정법 과거: 〈If＋주어＋동사의 과거형, 주어＋조동사의 과거형＋동사원형〉

12 가정법 과거완료: 〈If＋주어＋had＋과거분사, 주어＋조동사의 과거형＋have＋과거분사〉

13 〈I wish＋주어＋had＋과거분사〉

14 〈주어＋동사＋as if＋주어＋were〉

15 〈without＋명사〉를 가정법 과거완료와 쓰면 과거 사실의 반대 가정이 된다.

16 If this wallet were not so expensive, I would buy it.

17 She acts as if she were a famous singer.

18 She talks as if we had been friends.

19 Without music, my life would be dull and boring.

20 Without the life jacket, she couldn't[could not] have survived.

16 〈If＋주어＋were, 주어＋조동사의 과거형＋동사원형〉

17 〈주어＋동사＋as if＋주어＋were〉

18 〈주어＋동사＋as if＋주어＋had＋과거분사〉

19 〈without＋명사〉를 가정법 과거와 쓰면 현재 사실의 반대 가정이 된다.

20 〈without＋명사〉를 가정법 과거완료와 쓰면 과거 사실의 반대 가정이 된다.

21 were you, I would talk to her first

22 had not been tired / have walked my dog

23 I could go to the concert with you

24 my house were close to my school

25 he had a brother

21 〈If＋주어＋were, 주어＋조동사의 과거형＋동사원형〉

22 〈If＋주어＋had＋과거분사, 주어＋조동사의 과거형＋have＋과거분사〉

23 〈I wish＋주어＋조동사의 과거형＋동사원형〉

24 〈If＋주어＋were, 주어＋조동사의 과거형＋동사원형〉

25 〈주어＋동사＋as if＋주어＋동사의 과거형〉

26 If I knew her number, I would call her.

27 I wish I had not chosen this boring movie.

28 She walks as if she were a supermodel.

29 knew / could write

30 had finished / could have gone

31 had / could buy

26 〈If＋주어＋동사의 과거형, 주어＋조동사의 과거형＋동사원형〉

27 〈I wish＋주어＋had＋과거분사〉

28 〈주어＋동사＋as if＋주어＋were〉

29 현재 사실에 대한 반대의 가정은 가정법 과거를 쓴다.

30 과거 사실에 대한 반대의 가정은 가정법 과거완료를 쓴다.

31 현재 사실에 대한 반대의 가정은 가정법 과거를 쓴다.

32 If the weather had been good, we wouldn't[would not] have canceled the picnic.

33 If she didn't tell lies all the time, we would like her.

34 If the boys hadn't made a lot of noise, I could have concentrated on my work.

35 Without support / couldn't[could not] try

36 Without the Internet / couldn't[could not] know

37 Without help / couldn't[could not] have finished

32 〈If + 주어 + had + 과거분사, 주어 + 조동사의 과거형 + have + 과거분사〉

33 〈If + 주어 + 동사의 과거형, 주어 + 조동사의 과거형 + 동사원형〉

34 〈If + 주어 + had + 과거분사, 주어 + 조동사의 과거형 + have + 과거분사〉

35~36 〈without + 명사〉와 가정법 과거를 쓰면 현재 사실의 반대 가정이 된다.

37 〈without + 명사〉와 가정법 과거완료를 쓰면 과거 사실의 반대 가정이 된다.

38 brought / could take pictures

39 (1) had practiced enough
(2) had followed my teacher's advice

40

	문장 기호	틀린 부분	고친 내용
(1)	(A)	will	would
(2)	(D)	as	as if
(3)	(E)	With	Without

38 〈If + 주어 + 동사의 과거형, 주어 + 조동사의 과거형 + 동사원형〉

39 〈I wish + 주어 + had + 과거분사〉, I wish 다음에 가정법 과거가 오면 과거 사실에 대한 유감이나 후회를 나타낸다.

40 (1) 현재 사실의 가정이므로 주절의 동사를 과거형(would)으로 쓴다.
(2) 마치 ~인 것처럼: as if
(3) ~이 없다면: Without

CHAPTER 10 특수 구문

Unit 01 강조 p. 157

01 Paul did come to the meeting.

02 It was how to swim that Jemin wanted to learn.

03 It was around 7 that he came by my house.

04 It is my cousin that[who] is helping me with the assignment.

05 whom → that

06 saw → see

07 Lora does know the famous singer.

08 It was yesterday that Mark painted the door.

09 It was her heart that

10 She did apologize

Unit 02 부분 부정 p. 159

01 Not every Marvel movie was fun.

02 He is not always busy.

03 I don't know both of them.

04 I don't like either of them.

05 Not every rose has

06 Not all boys have

07 Not all singers can sing

08 Not everyone enjoys watching

09 No one likes to watch[watching]

10 All students enjoy watching

Unit 03 동격 p. 161

01 the rumor that Jane has a boyfriend

02 Manhattan / an island in NY / is

03 Pay phones / phones in public places / are

04 that / is foolish

05 Sue, my friend in Incheon, sent me bread.

06 *The Winter*, a novel by Mr. Adolf, is my favorite book.

07 BTS, a boy band, has received many awards.

08 The rumor that he won first prize

09 The fact that many people suffer from hunger

10 adopted Kong, a puppy with black hair

Unit 04 도치 p. 163

01 So was I.

02 is he good at dancing but also singing

03 do I

04 Neither did

05 he understood → did he understand

06 I am → was I

07 neither could

08 will I talk

09 Not only did Kay meet him

10 his head sat the bird

Unit 05 간접화법 1 p. 165

01 He told me (that) I could ask him.

02 They said loudly (that) they wanted ice cream.

03 He told her (that) he had called her a week before.

04 Joe told me (that) he was waiting for me.

05 is → was

06 can → could

07 told / that she had seen

08 told / I had finished

09 I told him that he looked nice in the shirt.

10 He told me that he could text me the address.

Unit 06 간접화법 2 p. 167

01 He asked me whether[if] that was mine.

02 Jenny told him not to be rude to her.

03 He asked what Jinsu had done.

04 You asked me what I would do the next day.

05 I → to

06 that → whether[if]

07 asked / whether[if] she would be

08 told / how she felt

09 whether[if] she wanted to study together there

10 that she couldn't because she had to go home

중간고사 • 기말고사 실전문제 pp. 168~171

01 what → that[who]

02 do enjoys → does enjoy

03 classmate → classmates

04 am → do

05 is he → he is

01 〈It ~ that〉 강조 구문에서 강조하는 대상이 사람일 경우에는 that 또는 who(m)를 쓴다.

02 문장의 동사를 강조할 때는 〈조동사 do/does/did + 동사원형〉 으로 쓴다.

03 all 뒤에는 복수 명사를 쓴다.

04 and 이하는 I don't like it, either.의 의미이므로 am이 아닌 do로 써야 한다.

05 간접화법에서 의문사 뒤에는 〈주어 + 동사〉 순으로 써야 한다.

06 You and your sister do look happy in this picture.

07 It was last month that my family moved to a new house.

08 the door stood a woman in a black T-shirt

09 Not everyone drinks cold drinks in hot weather.

10 My father asked me if I had finished my homework.

06 문장의 동사를 강조할 때는 〈조동사 do/does/did + 동사원형〉 으로 쓴다.

07 〈It + be동사 + 강조하는 말 + that ~〉

08 〈강조 어구 + 동사 + 주어〉

09 not everyone: 부분 부정 표현

10 의문사가 없는 의문문을 간접화법으로 전달할 때에는 whether 나 if를 사용한다.

11 It was yesterday that

12 do these plants grow well

13 does like to play

14 neither has my brother

15 why I had studied

11 〈It + be동사 + 강조하는 말 + that ~〉

12 〈부사구 + do/does/did + 주어 + 동사원형〉

13 문장의 동사를 강조할 때는 〈조동사 do/does/did + 동사원형〉 으로 쓴다.

14 ~ 또한 그렇지 않다: 〈neither + 조동사 + 주어〉

15 의문사가 있는 의문문을 간접화법으로 전달할 때에는 〈주어 + 동사 + 의문사 + 주어 + 동사〉로 쓴다.

16 She does have more than one thousand books.

17 It was elephants that drew these paintings.

18 I was tired when I got home, and so was my sister.

19 She tells people (that) she is interested in music.

20 The police asked him what he had seen last night.

16 문장의 동사를 강조할 때는 〈조동사 do/does/did + 동사원형〉으로 쓴다.

17 〈It + be동사 + 강조하는 말 + that ~〉

18 ~ 또한 그렇다: 〈so + be동사 + 주어〉

19 평서문의 화법 전환: 〈tell + 목적어 + that + 주어 + 동사〉

20 의문사가 있는 의문문을 간접화법으로 전달할 때에는 〈주어 + 동사 + 의문사 + 주어 + 동사〉로 쓴다.

---

21 do like it

22 at Ann's birthday party that I met Jack

23 my sister that[who] won first prize in the contest

24 orange juice that he spilled on the carpet this morning

25 Neither can I

21 동사(like)를 강조하기 위해 조동사 do를 쓴다.

22 〈It + be동사 + 강조하는 말 + that ~〉

23 〈It + be동사 + 강조하는 말 + that[who] ~〉

24 〈It + be동사 + 강조하는 말 + that ~〉

25 〈neither + 조동사 + 주어〉

---

26 Not all expensive machines work well.

27 I ate a sandwich for breakfast, and so did my brother.

28 My teacher ordered us not to speak loudly.

29 It was at the department store that I bought a necklace for my girlfriend.

30 It was four years ago that Linda visited Hungary.

31 It was William that[who] found my lost wallet at the subway station.

26 〈not all + 복수 명사〉: 부분 부정

27 〈so + do/does/did + 주어〉

28 〈order + 목적어 + not + to부정사〉

29~30 〈It + be동사 + 강조하는 말 + that ~〉

31 〈It + be동사 + 강조하는 말 + that[who] ~〉

---

32 a very tall woman / a popular volleyball player

33 Slovenia / a small country in Europe

34 that my grandmother is suffering from a disease

35 told / that she had met

36 told / that he would visit us / he had baked

37 me not to swim

32~33 명사를 부연 설명하는 명사구는 바로 뒤에 동격 관계로 삽입할 수 있다.

34 소식, 소문 등의 명사는 그 뒤에 동격의 that절을 써서 그 내용을 설명할 수 있다.

35 평서문의 간접화법 전환: 〈tell + 목적어 (+ that) + 주어 + 동사〉

36 간접화법으로 고쳐 쓸 때는 시제, 부사구 등에 주의해야 한다.

37 명령문의 간접화법 전환: 〈advise + 목적어 (+ not) + to부정사〉

---

38 (1) at 7 o'clock
(2) some roses

39 (1) neither does Emily
(2) so is George

40

	문장 기호	틀린 부분	고친 내용
(1)	(B)	he is	is he
(2)	(D)	will	would

38 (1) 〈It was + 꽃을 산 시각 + that ~〉
(2) 〈It was + 산 물건 + that ~〉

39 (1) 〈neither + do/does/did + 주어〉
(2) 〈so + be동사 + 주어〉

40 (1) 〈강조 어구 + (조)동사 + 주어〉
(2) 간접화법으로 전환할 때는 시제를 전달자 입장으로 바꿔야 한다.

MY WRITING COACH

내신서술형 중 3

Workbook

정답과 해설

01 stop → to stop

02 goes → to go

03 to princess → princess

04 opening → open

05 beautifully → beautiful

01 tell은 목적격보어로 to부정사를 쓰는 동사이다.

02 ask는 목적격보어로 to부정사를 쓰는 동사이다.

03 call(~을 …라고 부르다)의 목적격보어로 명사를 쓸 때 전치사와 함께 쓰지 않는다.

04 leave의 목적격보어로는 형용사를 쓴다.

05 '~을 …하게 만들다'라고 할 때는 목적격보어로 형용사를 쓴다.

06 I heard someone play the piano at the party. 또는 I heard someone at the party play the piano.

07 His coach advised him to practice more.

08 My brother helped me clean the bathroom.

09 The police found the building empty.

10 Watching the volleyball game made us excited.

06 지각동사 hear는 목적어와 목적격보어가 능동 관계일 때 목적격보어로 동사원형 또는 현재분사를 쓴다.

07 advise는 목적격보어로 to부정사를 쓴다.

08 사역동사 help는 목적격보어로 동사원형 또는 to부정사를 쓴다.

09 find는 목적격보어로 형용사를 쓸 수 있다.

10 목적어의 상태를 나타낼 때는 make의 목적격보어로 형용사를 쓴다.

11 think the student

12 made her a superstar

13 call her an artist

14 told my brother not to sleep

15 let us run

11 〈think + 목적어 + 목적격보어(명사)〉

12 〈make + 목적어 + 목적격보어(명사)〉

13 〈call + 목적어 + 목적격보어(명사)〉

14 〈tell + 목적어 + 목적격보어(to부정사)〉, to부정사 앞에 not을 쓰면 부정의 의미가 된다.

15 〈let + 목적어 + 목적격보어(동사원형)〉

16 Your passion will make you a great singer.

17 Eating too much may get you sick.

18 She had her bag stolen.

19 Her parents expect her to become a pilot.

20 Minji heard someone call[calling] her name.

16 〈make + 목적어 + 목적격보어(명사)〉

17 〈get + 목적어 + 목적격보어(형용사)〉

18 〈have + 목적어 + 목적격보어(과거분사)〉, 사역동사 have의 목적어와 목적격보어가 수동 관계일 때는 목적격보어로 과거분사를 쓴다.

19 〈expect + 목적어 + 목적격보어(to부정사)〉

20 〈hear + 목적어 + 목적격보어(동사원형 또는 현재분사)〉

21 have pizza delivered

22 saw her play[playing] baseball

23 help me (to) do[wash] the dishes

24 saw butterflies fly[flying]

25 him to come

21 〈have + 목적어 + 목적격보어(과거분사)〉

22 〈see + 목적어 + 목적격보어(동사원형 또는 현재분사)〉

23 〈help + 목적어 + 목적격보어(동사원형 또는 to부정사)〉

24 〈see + 목적어 + 목적격보어(동사원형 또는 현재분사)〉

25 〈expect + 목적어 + 목적격보어(to부정사)〉

26 She asked me to come to her birthday party.

27 Mr. Ford made Sam's brother his private secretary.

28 Neil advised Jake to watch out for icy roads.

29 Nancy asked Paul to help her (to) find her dog. 또는 Nancy asked Paul to find her dog.

30 Peter ordered Bill not to go out of the room.

26 〈ask + 목적어 + 목적격보어(to부정사)〉

27 〈make + 목적어 + 목적격보어(명사)〉

28 〈advise + 목적어 + 목적격보어(to부정사)〉

29 〈ask + 목적어 + 목적격보어(to부정사)〉
〈help + 목적어 + 목적격보어(동사원형 또는 to부정사)〉

30 〈order + 목적어 + 목적격보어(to부정사)〉, to부정사 앞에 not을 쓰면 부정의 의미가 된다.

CHAPTER [02] 시제와 조동사

중간고사 · 기말고사 실전문제   pp. 6~9

01 have → had 또는 have been → was

02 has → had

03 dancing → dance

04 had → have

05 should have not → shouldn't[should not] have

01 과거 이전에 시작되어 과거까지 진행 중임을 강조할 때는 과거 완료진행 시제를 쓴다. 과거에 진행 중인 동작을 나타낼 때는 과거진행 시제로 쓸 수도 있다.

02 두 가지 과거의 일 중 먼저 일어난 일은 과거완료형을 쓴다.

03 would rather 뒤에는 동사원형을 써야 한다.

04 ~했을 리가 없다: 〈cannot[can't] have + 과거분사〉

05 〈should have + 과거분사〉의 부정형은 should 뒤에 not을 쓴다.

06 She used to go to the gym every morning.

07 My mom must have called my grandmother.

08 I found that someone had broken the cup.

09 You should have arrived at the theater earlier.

10 They have been doing computer games for two hours.

06 ~하곤 했다: 〈used to + 동사원형〉

07 ~했음이 분명하다: 〈must have + 과거분사〉

08 내가 발견한 것(과거)보다 컵을 깨뜨린 것이 먼저 일어난 일이 므로 이를 과거완료형으로 쓴다.

09 ~했어야 했다: 〈should have + 과거분사〉

10 과거에 시작된 일이 현재에도 진행 중임을 강조할 때는 현재완 료 진행 시제를 쓴다.

11 had already left

12 had lost her glasses

13 ate the pizza / had bought

14 would like to drink

15 should have worn

11~13 두 가지 과거의 일 중 먼저 일어난 일은 과거완료형으로 쓴다.

14 ~하고 싶다: 〈would like to + 동사원형〉

15 ~했어야 했다: 〈should have + 과거분사〉

16 My sister cannot[can't] have bought a present for me.

17 I would rather skip lunch than eat vegetables.

18 The children have been singing for 30 minutes.

19 You could have called her first.

20 She failed[has failed] the driving test three times in six months.

16 ~했을 리가 없다: 〈cannot[can't] have + 과거분사〉

17 ~하기보다 차라리 …하겠다: 〈would rather ... than ~〉

18 과거에 시작된 일이 현재도 진행 중임을 강조할 때는 현재완료 진행 시제를 쓴다.

19 ~할 수도 있었다: 〈could have + 과거분사〉

20 현재완료 '계속'

21 cannot[can't] have seen him

22 should have been

23 used to ride horses

24 has been playing the guitar

25 have slept

21 ~했을 리가 없다: 〈cannot[can't] have + 과거분사〉

22 ~했어야 했다: 〈should have + 과거분사〉

23 ~하곤 했다: 〈used to + 동사원형〉

24 과거에 시작된 일이 현재도 진행 중임을 강조할 때는 현재완료 진행 시제를 쓴다.

25 ~했어야 했다: 〈should have + 과거분사〉

26 She cannot[can't] have forgotten the appointment with me.

27 You should have attended the class.

28 I should have invited you to my party.

29 Minji might have changed her phone number.

30 He cannot have gone out yesterday.

26 ~했을 리가 없다: 〈cannot[can't] have + 과거분사〉

27~28 ~했어야 했다: 〈should have + 과거분사〉

29 ~했을지도 모른다: 〈might have + 과거분사〉

30 ~했을 리가 없다: 〈cannot[can't] have + 과거분사〉

01 of → for

02 making → to make

03 be → to be

04 understanding → to understand

05 get → to get

---

01 사람의 성품이나 성격을 나타내는 형용사가 아닐 경우 to부정사의 의미상 주어는 〈for + 행위자〉를 쓴다.

02 ~하는 방법: 〈how + to부정사〉

03 ~하는 것으로 보이다: 〈seem + to부정사〉

04 너무 ~해서 …할 수 없다: 〈too + 형용사/부사 + to부정사〉

05 expect는 목적어로 to부정사를 취하는 동사이다.

---

06 It is easy for him to finish reading this book by tomorrow.

07 I am looking for something cold to drink.

08 He wasn't sure who to ask for help.

09 My sister is tall enough to reach the cake on the table.

10 My dad promised to buy ice cream on his way home.

---

06 〈It ~ for + 행위자 + to부정사〉

07 -thing으로 끝나는 명사를 수식하는 말은 그 뒤에 〈형용사 + to부정사〉의 순서로 쓴다.

08 누구에게 ~할지: 〈who(m) + to부정사〉

09 ~하기에 충분히 …한/하게: 〈형용사/부사 + enough + to부정사〉

10 promise는 목적어로 to부정사를 취하는 동사이다.

---

11 a skirt to wear

12 what to bring

13 know how to fax

14 she was very sick

15 remembers playing with

---

11 to부정사의 형용사적 역할 '~하는'

12 무엇을 ~할지: 〈what + to부정사〉

13 ~하는 방법: 〈how + to부정사〉

14 문맥상 that절(그녀가 아픈 것)의 시제가 문장의 동사(seemed)의 시제와 같으므로 시제를 일치시켜 과거로 쓴다.

15 ~한 것을 기억하다: 〈remember + 동명사〉

---

16 It is dangerous for you to swim in this lake.

17 I don't know where to put this vase.

18 He isn't free enough to read a lot of books.

19 My sister was too sick to go to school.

20 I often forget to turn off the light.

---

16 〈It ~ for + 행위자 + to부정사〉

17 어디에 ~할지: 〈where + to부정사〉

18 ~하기에 충분히 …한/하게: 〈형용사/부사 + enough + to부정사〉

19 너무 ~해서 …할 수 없다: 〈too + 형용사/부사 + to부정사〉

20 ~해야 하는 것을 잊다: 〈forget + to부정사〉

---

21 tell me where I should buy

22 too cold to play

23 very brave of your uncle to catch

24 time to go for a walk

25 where to go

---

21 어디에서 ~할지: 〈where + 주어 + should + 동사원형〉 또는 〈where + to부정사〉

22 너무 ~해서 …할 수 없다: 〈too + 형용사/부사 + to부정사〉

23 〈It ~ of + 행위자 + to부정사〉, 사람의 성품이나 성격을 나타내는 형용사가 쓰인 경우 to부정사의 의미상 주어는 〈of + 행위자〉를 쓴다.

24 to부정사의 형용사적 역할 '~하는'

25 어디로 ~할지: 〈where + to부정사〉

---

26 He had enough money to buy a new shirt.

27 Do you know how to use this machine?

28 Jin was surprised to see Neil on the street.

29 Bob is happy to meet his favorite movie star.

30 My teacher was disappointed to hear the news.

---

26 to부정사의 형용사적 역할 '~하는'

27 어떻게 ~하는지: 〈how + to부정사〉

28~30 감정을 나타내는 형용사 뒤의 to부정사는 '~하게 되어'의 의미이다.

CHAPTER
[04 수동태]

01 plays → is played

02 playing → to play

03 to → with[by]

04 repairing → being repaired

05 heard → be heard

01 주어가 행위를 당하는 것을 표현할 때는 〈be동사＋과거분사〉의 수동태를 쓴다.

02 5형식 문장의 수동태: 〈be동사＋과거분사＋목적격보어(to부정사)〉

03 '~에 기뻐하다'는 be pleased 뒤에 전치사 with를 주로 쓰지만, 문맥에 따라 by, about, for, at도 쓸 수 있어요. 단, to는 쓰지 않아요.

04 진행 시제의 수동태: 〈be동사＋being＋과거분사〉

05 〈조동사＋be＋과거분사〉

06 She is expected to arrive very soon.

07 That cake is covered with chocolate.

08 The book was bought for me by my mom.

09 The doorways must be kept clear.

10 This house was made of wood

06 5형식 문장의 수동태: 〈be동사＋과거분사＋목적격보어(to부정사)〉

07 ~로 덮여 있다: be covered with

08 〈4형식 문장의 직접목적어＋수동태＋전치사＋간접목적어＋by＋행위자〉

09 〈조동사＋be＋과거분사〉, 5형식 문장의 목적어를 주어로 쓴 수동태 문장에서는 목적격보어를 그대로 쓴다.

10 ~로 만들어지다: be made of

11 were answered by

12 should[must] be known to

13 can be solved

14 told an interesting story

15 were seen crossing the street

11 〈be동사＋과거분사＋by＋행위자〉

---

12 ~에게 알려지다: be known to

13 〈조동사＋be＋과거분사〉

14 〈4형식 문장의 간접목적어＋수동태＋직접목적어＋by＋행위자〉

15 5형식 문장의 수동태: 〈be동사＋과거분사＋목적격보어〉, saw의 목적격보어로 동사원형 또는 현재분사를 쓸 수 있는데, 동작이 진행 중임을 강조할 때는 현재분사를 쓸 수 있다.

16 The yellow vase was broken by my brother.

17 The film festival is held in my town every September.

18 Some fruits should not be eaten together.

19 He was looked down on by other students.

20 This problem will be discussed by the managers.

16 〈수동태＋by＋행위자〉

17 〈be동사＋과거분사〉

18 〈조동사＋not＋be＋과거분사〉

19 look down on의 수동태: 〈be동사＋looked down on〉

20 〈조동사＋be＋과거분사〉

21 is looked upon by

22 will be kept warm

23 was found

24 are spoken

25 be given to

21 look upon의 수동태: be looked upon

22 5형식 문장의 수동태: 〈be동사＋과거분사＋목적격보어〉

23~24 〈be동사＋과거분사〉

25 〈4형식 문장의 직접목적어＋수동태＋전치사＋간접목적어〉

26 The Christmas party will be held in his house.

27 She was made popular by her beautiful voice.

28 was made to move his seat by his teacher

29 were taken care of by her neighbors

30 was bought for me by my dad

26 〈조동사＋be＋과거분사〉

27 5형식 문장의 수동태: 〈be동사＋과거분사＋목적격보어〉

28 사역동사 make의 목적격보어가 원형부정사인 문장의 수동태에서는 원형부정사를 to부정사로 바꿔 쓴다.

29 take care of의 수동태: be taken care of

30 〈4형식 문장의 직접목적어 + 수동태 + 전치사 + 간접목적어 + by + 행위자〉

중간고사 · 기말고사 실전문제 pp.18~21

01 breaking → broken

02 look → looking

03 Left → Leaving 또는 (Having) Left

04 surprising → surprised

05 crossing → crossed

01 수식받는 명사와 분사의 관계가 수동일 때는 과거분사를 쓴다.

02 수식받는 명사와 분사의 관계가 능동일 때는 현재분사를 쓴다.

03 Because[Since/As] she left[had left] home early ~에서 접속사와 주어는 생략하고, 동사를 현재분사 형태로 바꾼다.

04 Although they were surprised at the news ~에서 접속사와 주어는 생략하고, Being surprised ~로 쓴다.

05 〈with + 명사 + 과거분사〉

06 A man holding a baby is walking along the beach.

07 Wanting to go to the restroom, he raised his hand.

08 Looking at the calendar, he thought about his daughter's birthday.

09 Turning off the TV, he began to play the guitar.

10 My brother was listening with his eyes closed.

06 수식받는 명사와 분사의 관계가 능동일 때는 현재분사를 쓴다.

07 Because[Since/As] he wanted to go ~에서 접속사와 주어는 생략하고, 동사를 현재분사 형태로 바꾼다.

08 While he was looking at the calendar ~에서 접속사와 주어는 생략하고, 동사를 현재분사 형태로 바꾼다.

09 After he turned off the TV ~에서 접속사와 주어는 생략하고, 동사를 현재분사 형태로 바꾼다.

10 〈with + 명사 + 과거분사〉

11 composed by / exciting

12 invited to / bored

13 Being curious about

14 Opening the door

15 crying with her head

11 수식받는 명사와 분사의 관계가 수동일 때는 과거분사(composed)를 쓰고, 음악은 신나는 감정을 일으키므로 현재분사(exciting)로 쓴다.

12 수식받는 명사와 분사의 관계가 수동일 때는 과거분사(invited)를 쓰고, 주어가 감정을 느끼는 것이므로 과거분사(bored)로 쓴다.

13 Because[Since/As] he was curious about the machine에서 접속사와 주어는 생략하고, 동사를 현재분사로 쓴다.

14 If you open the door에서 접속사와 주어는 생략하고, 동사를 현재분사로 쓴다.

15 〈with + 명사 + 전치사구〉

---

16 Eating some pizza, she read a book.

17 Not having enough money, she could not buy the watch.

18 Taking a walk, we talked about our favorite songs.

19 They entered her room with their shoes on.

20 My sister was waiting in the car with the engine running.

---

16 While she was eating some pizza ~에서 접속사와 주어는 생략하고, 동사를 현재분사 형태로 바꾼다.

17 Because[Since/As] she didn't have enough money ~에서 접속사와 주어는 생략하고, 동사를 현재분사 형태로 바꾼다. 부사절이 부정문이므로 현재분사 앞에 Not을 쓴다.

18 While we took a walk ~에서 접속사와 주어는 생략하고, 동사를 현재분사 형태로 바꾼다.

19 〈with + 명사 + 전치사〉

20 〈with + 명사 + 현재분사〉

---

21 Not knowing her number

22 with his eyes shut

23 arrested by the police

24 Taken to the party

25 with her finger pointing

---

21 Since[Because/As] I didn't know her number ~에서 접속사와 주어는 생략하고, 동사를 현재분사 형태로 바꾼다. 부사절이 부정문이므로 현재분사 앞에 Not을 쓴다.

22 〈with + 명사 + 과거분사〉

23 수식받는 명사와 분사의 관계가 수동일 때는 과거분사를 쓴다.

24 If he is taken to the party ~에서 접속사와 주어는 생략하고 동사를 현재분사로 바꾼다(Being taken). 이때 부사절 동사가 수동태이므로 Being을 생략할 수 있다.

25 〈with + 명사 + 현재분사〉

---

26 After talking to my teacher, I felt much[far] better.

27 Not having enough time, I can't[cannot] walk my dog.

28 My mother being very sick

29 Opening his eyes

30 her heart beating fast

---

26 After I talked to my teacher ~에서 주어는 생략하고 동사를 현재분사 형태로 바꾼 후 접속사는 남겨 둔다.

27 Because[Since/As] I don't have enough time ~에서 접속사와 주어는 생략하고, 동사를 현재분사 형태로 바꾼다. 부사절이 부정문이므로 현재분사 앞에 Not을 쓴다.

28 부사절의 접속사는 생략하고 동사는 현재분사로 바꾼 후, 주어는 주절의 주어와 다르므로 남겨 둔다. 주어를 남겨 둔 분사구문(독립분사구문)에서 보어(sick)를 취하는 being은 대체로 생략하지 않는다.

29 부사절의 접속사와 주어를 생략하고, 동사를 현재분사 형태로 바꾼다.

30 〈with + 명사 + 현재분사〉

CHAPTER 06 비교

중간고사 · 기말고사 실전문제 pp. 22~25

01 thicker → thick
02 big so → big as
03 more cheaper → cheaper
04 large → largest
05 the most → more

01 몇 배만큼 ~한/하게: 〈배수사 + as + 원급 + as〉
02 〈not as[so] + 형용사/부사 + as〉
03 비교급의 강조: 〈much[a lot/far] + 비교급〉
04 두 번째로 가장 ~한: 〈the second + 최상급〉
05 〈비교급 + than any other + 단수 명사〉

06 This box is twice as heavy as that box.
07 I want to help as many people as I can.
08 She needs much more money than she has.
09 My grandfather is the oldest of my family members.
10 My sister reads more than any other person in my town.

06 몇 배만큼 ~한/하게: 〈배수사 + as + 형용사/부사 + as〉
07 가능한 ~한/하게: 〈as + 형용사/부사 + as + 주어 + can[could]〉
08 비교급의 강조: 〈much[a lot/far] + 비교급〉
09 〈the + 최상급 + of + 복수 명사〉
10 〈비교급 + than any other + 단수 명사〉는 최상급 의미를 나타낸다.

11 stronger and stronger
12 was less boring than
13 a lot more books than
14 heavier than any other fruit
15 the third largest state

11 점점 더 ~한/하게: 〈비교급 + and + 비교급〉
12 덜 ~한/하게: 〈less + 비교급〉
13 비교급의 강조: 〈much[a lot/far] + 비교급〉
14 〈비교급 + than any other + 단수 명사〉
15 세 번째로 가장 ~한/하게: 〈the third + 최상급〉

16 She is one of the best musicians in the world.
17 More and more people are moving to the country.
18 Your performance was a lot better than any other competitor at the audition.
19 The harder you practice, the better you can play the drums.
20 Kuwait is one of the smallest countries in the world.

16 가장 ~한 것들 중의 하나: 〈one of the + 최상급 + 복수 명사〉
17 점점 더 ~한/하게: 〈비교급 + and + 비교급〉
18 비교급 강조: 〈much[a lot/far] + 비교급〉
　 최상급 표현: 〈비교급 + than any other + 단수 명사〉
19 더 ~할수록, 더 …하다: 〈the + 비교급 (주어 + 동사), the + 비교급 (주어 + 동사)〉
20 가장 ~한 것들 중의 하나: 〈one of the + 최상급 + 복수 명사〉

21 better than any other movie
22 The more you eat, the more
23 one of the funniest guys
24 not so[as] good at French as
25 taller than

21 〈비교급 + than any other + 단수 명사〉
22 〈the + 비교급 (주어 + 동사), the + 비교급 (주어 + 동사)〉
23 가장 ~한 것들 중의 하나: 〈one of the + 최상급 + 복수 명사〉
24 〈not as[so] + 형용사/부사 + as〉
25 〈비교급 + than〉

26 I think that soccer is much more interesting than basketball.
27 You should explain the situation as clearly as possible.
28 not so large as
29 as big as the bookshelf
30 more famous than any other place

26 비교급의 강조: 〈much[a lot/far] + 비교급〉
27 가능한 ~한/하게: 〈as + 형용사/부사 + as possible〉
28 〈not as[so] + 형용사/부사 + as〉
29 〈as + 형용사/부사 + as〉
30 〈비교급 + than any other + 단수 명사〉

[07 접속사]

중간고사 · 기말고사 실전문제   pp. 26~29

01 or → and

02 after → before

03 beautiful so → so beautiful

04 You → That you

05 does my brother like → my brother likes

01 〈both A and B〉: A와 B 둘 다

02 before: ~ 전에, after: ~한 후에

03 〈so + 형용사/부사 + that〉: 매우 ~해서 …하다

04 접속사 that이 이끄는 명사절은 문장의 주어로 쓰인다.

05 간접의문문은 의문사 뒤에 평서문 어순으로 쓴다.

06 She went back home early since she had to do her homework. 또는 Since she had to do her homework, she went back home early.

07 Though she was tired, she went out with her daughters. 또는 She went out with her daughters though she was tired.

08 As soon as she saw her mom, she began to cry. 또는 She began to cry as soon as she saw her mom.

09 The book was so thick that I couldn't finish it in a day.

10 I asked him where he was last night.

06 since: ~이기 때문에

07 비록 ~일지라도: though

08 ~하자마자: as soon as

09 매우 ~해서 …하다 〈so + 형용사/부사 + that〉

10 간접의문문은 의문사 뒤에 평서문 어순으로 쓴다.

11 even though it was cold

12 While she was watching TV

13 so that he could

14 that I don't remember

15 whether[if] she received my message

11 비록 ~일지라도: even though

12 ~하는 동안: while

13 ~하기 위해, ~하도록: so that

14 접속사 that이 이끄는 명사절은 문장의 보어로 쓰인다.

15 ~인지 (아닌지): whether[if]

16 He bought not only a cake but also cookies.

17 Can you move aside so that my car can pass?

18 It is not true that the boy was alone in the forest.

19 I'm not sure if we can finish it on time.

20 We talked about who the best singer is.

16 A뿐만 아니라 B 역시: 〈not only A but (also) B〉

17 ~하도록: so that

18 it은 가주어이고 that이 이끄는 명사절이 진주어이다.

19 ~인지 (아닌지): whether[if]

20 간접의문문은 의문사 뒤에 평서문 어순으로 쓴다.

21 that red brings fortune

22 whether it will rain or not

23 that you didn't say anything

24 when he will hold the next concert

25 whether[if] I am done with my homework

21 접속사 that이 이끄는 명사절은 문장의 목적어로 쓰인다.

22 whether: ~인지 아닌지

23 접속사 that이 이끄는 명사절은 문장의 목적어로 쓰인다.

24 간접의문문은 의문사 뒤에 평서문 어순으로 쓴다.

25 의문사가 없는 의문문은 whether[if] 다음에 평서문의 어순으로 쓴다.

26 If it rains tomorrow, our picnic will be canceled. 또는 Our picnic will be canceled if it rains tomorrow.

27 I can't[cannot] understand why so many people like her.

28 Neither his brother nor his sister liked my hobby.

29 Although they already ate a lot of food, they still look hungry. 또는 They still look hungry although they already ate a lot of food.

30 He is so gentle that everyone loves him.

26 if: 만약 ~라면

27 간접의문문은 의문사 뒤에 평서문 어순으로 쓴다.

28 A도 B도 아닌: 〈neither A nor B〉

29 although: 비록 ~일지라도

30 〈so + 형용사/부사 + that〉: 매우 ~해서 …하다

중간고사 · 기말고사 실전문제　　　　　pp. 30~33

01 who → whom

02 who → whose

03 in that → in which 또는 where

04 when → where

05 that → which

01 〈전치사 + 관계대명사(전치사의 목적어)〉로 쓸 때는 whom만 쓸 수 있다.

02 뒤에 나오는 명사 hair를 수식해야 하므로 소유격인 whose로 쓴다.

03 〈전치사 + 관계대명사〉로 쓸 때는 which만 쓸 수 있으며, 〈전치사 + 관계대명사〉는 관계부사로 바꿔 쓸 수 있다.

04 선행사가 장소이므로 〈접속사 + 부사구〉의 역할을 하는 관계부사 where로 쓴다.

05 계속적 용법의 관계사절에서 관계대명사는 that을 쓰지 않고 which(사물) 또는 who(사람)를 쓴다.

06 Who was the person that borrowed your bike?

07 She is a girl whose dream is to be a pianist.

08 The students couldn't believe what they were seeing.

09 We don't know the reason why she left town.

10 This house has a garden, which is very beautiful.

06 선행사가 사람일 경우 관계대명사 who 또는 that을 쓸 수 있다.

07 관계대명사 whose가 접속사와 소유격의 역할을 하고 있다.

08 what은 선행사를 포함하는 관계대명사로 '~하는 것'이라는 의미이다.

09 선행사가 이유이므로 〈접속사 + 부사구〉의 역할을 하는 관계부사 why를 쓴다.

10 관계대명사 which가 이끄는 절이 선행사 a garden을 추가 설명하고 있다.

11 Whatever she wears

12 whose bag looks like

13 the day when you

14 who lives in Berlin

15 Whichever way you take

11 무엇을 ~하더라도: whatever

12 관계대명사 whose가 접속사와 소유격의 역할을 하고 있다.

13 선행사가 시간(the day)이므로 〈접속사＋부사구〉의 역할을 하는 관계부사 when을 쓴다.

14 관계대명사 who가 이끄는 절이 선행사 my brother를 보충 설명하고 있다.

15 어느 것이든: whichever

---

16 I want to visit the town where the actor was raised.

17 He is the boy whose umbrella I borrowed.

18 However hungry you are, you should eat slowly. 또는 You should eat slowly however hungry you are.

19 What I want to buy right now is a warm coat.

20 Do you remember the town where we went last summer?

---

16 선행사가 장소이므로 〈접속사＋부사구〉의 역할을 하는 관계부사 where를 쓴다.

17 관계대명사 whose가 접속사와 소유격의 역할을 하고 있다.

18 아무리 ~할지라도: however

19 what은 선행사를 포함하는 관계대명사로 '~하는 것'이라는 의미로 명사절을 이끌어 주어 역할을 한다.

20 선행사가 장소이므로 〈접속사＋부사구〉의 역할을 하는 관계부사 where를 쓴다.

---

21 the person I should talk to

22 whatever Mark says

23 what I was looking for

24 how he solved

25 What I want to eat

---

21 선행사가 사람일 경우 관계대명사 who 또는 that을 쓸 수 있는데, 여기서는 관계대명사 목적격이므로 생략할 수 있다.

22 whatever: 무엇이든

23 what은 선행사를 포함하는 관계대명사로 '~하는 것'이라는 의미이고 문장의 보어 역할을 할 수 있다.

24 ~하는 방법: how

25 what은 선행사를 포함하는 관계대명사로 '~하는 것'이라는 의미이고 문장의 주어 역할을 할 수 있다.

---

26 I helped an old man whose car had a flat tire.

27 My brother didn't say anything, which made my dad angry.

28 which[that] / in
in which
where

29 which[that] / for
for which
why

30 on which
when

---

26 관계대명사 whose가 접속사와 소유격의 역할을 하고 있다.

27 관계대명사 which가 이끄는 절이 앞의 절 전체를 추가 설명하고 있다.

28 선행사가 사물이므로 관계대명사 which 또는 that을 쓴다. 〈전치사＋관계대명사〉로 쓸 때는 which만 쓸 수 있다. 선행사가 장소이므로 〈접속사＋부사구〉의 역할을 하는 관계부사 where를 쓴다.

29 선행사가 사물이므로 관계대명사 which 또는 that을 쓴다. 〈전치사＋관계대명사〉로 쓸 때는 which만 쓸 수 있다. 선행사가 이유이므로 〈접속사＋부사구〉의 역할을 하는 관계부사 why를 쓴다.

30 〈전치사＋관계대명사〉로 쓸 때는 which만 쓸 수 있다. 선행사가 시간이므로 〈접속사＋부사구〉의 역할을 하는 관계부사 when을 쓴다.

CHAPTER
[09] 가정법

01 knows → knew

02 didn't leave → hadn't left

03 is → were

04 saw → had seen

05 didn't forget → hadn't forgotten

01 〈If + 주어 + 동사의 과거형, 주어 + 조동사의 과거형 + 동사원형〉

02 〈If + 주어 + had + 과거분사, 주어 + 조동사의 과거형 + have + 과거분사〉

03 〈I wish + 주어 + were〉

04 〈주어 + 동사 + as if + 주어 + had + 과거분사〉

05 〈I wish + 주어 + had + 과거분사〉

06 If I didn't have any homework to do, I could meet her.

07 If it had snowed a lot, we would have made a snowman.

08 I wish my grandfather were still alive.

09 My parents argued as if I hadn't been with them.

10 Without the accident, we could have arrived earlier.

06 〈If + 주어 + 동사의 과거형, 주어 + 조동사의 과거형 + 동사원형〉

07 〈If + 주어 + had + 과거분사, 주어 + 조동사의 과거형 + have + 과거분사〉

08 〈I wish + 주어 + were〉

09 〈주어 + 동사 + as if + 주어 + had + 과거분사〉

10 〈without + 명사〉와 가정법 과거완료를 쓰면 과거 사실의 반대 가정이 된다.

11 saw / ask her

12 had not been sick / would have attended

13 my cat could talk

14 it had not rained

15 would have got[gotten] lost

11 〈If + 주어 + 동사의 과거형, 주어 + 조동사의 과거형 + 동사원형〉

12 〈If + 주어 + had + 과거분사, 주어 + 조동사의 과거형 + have

+ 과거분사〉

13 〈I wish + 주어 + (조)동사의 과거형〉

14 〈I wish + 주어 + had + 과거분사〉

15 〈without + 명사〉와 가정법 과거완료를 쓰면 과거 사실의 반대 가정이 된다.

16 If he were taller, his hands could reach the ceiling.

17 If I had been more careful, my brother wouldn't [would not] have got[gotten] hurt.

18 She is wearing a thick coat as if it were winter.

19 She talks as if she had been close to the famous actor.

20 Without your advice, I couldn't[could not] have finished the project.

16 〈If + 주어 + were, 주어 + 조동사의 과거형 + 동사원형〉

17 〈If + 주어 + had + 과거분사, 주어 + 조동사의 과거형 + have + 과거분사〉

18 〈주어 + 동사 + as if + 주어 + were〉

19 〈주어 + 동사 + as if + 주어 + had + 과거분사〉

20 〈without + 명사〉와 가정법 과거완료를 쓰면 과거 사실의 반대 가정이 된다.

21 if you were very rich

22 If he hadn't fastened the seat belt

23 I could have seen her

24 were still living / would meet him

25 as if she were from Mexico

21 〈If + 주어 + were, 주어 + 조동사의 과거형 + 동사원형〉

22 〈If + 주어 + had + 과거분사, 주어 + 조동사의 과거형 + have + 과거분사〉

23 〈I wish + 주어 + 조동사의 과거형 + have + 과거분사〉

24 〈If + 주어 + were, 주어 + 조동사의 과거형 + 동사원형〉

25 〈주어 + 동사 + as if + 주어 + were〉

26 If I had run faster, I could have caught him.

27 If it were not for cars, we could not travel far away.

28 had saved enough money / could have bought

29 could spend more time

30 she had been born

26 〈If + 주어 + had + 과거분사, 주어 + 조동사의 과거형 + have + 과거분사〉

27 〈If it were not for + 명사, 주어 + 조동사의 과거형 + 동사원형〉

28 〈If + 주어 + had + 과거분사, 주어 + 조동사의 과거형 + have + 과거분사〉

29 〈I wish + 주어 + (조)동사의 과거형〉

30 〈주어 + 동사 + as if + 주어 + had + 과거분사〉

CHAPTER 10 특수구문

중간고사 · 기말고사 실전문제 pp. 38~41

01 who → that

02 does → do

03 I should → should I

04 of → that

05 where → whether[if] 또는 from Vietnam → from

01 〈It ~ that〉 강조 구문에서 강조하는 대상이 사람일 때 that 대신 who를 쓸 수 있다.

02 동사를 강조할 때는 〈주어에 수 일치한 조동사(do/does/did) + 동사원형〉으로 쓴다.

03 〈so + 조동사 + 주어〉는 '~ 또한 그렇다'의 의미이다.

04 소식, 소문 등의 명사는 그 뒤에 동격의 that절을 써서 그 내용을 설명할 수 있다.

05 whether[if]를 써서 '베트남 출신인지'의 의미로 쓰거나, where she is from으로 써서 '어디 출신인지'의 의미로 써야 한다.

06 I can't believe that you did finish reading this book.

07 The doctor is not always kind to patients.

08 It was your brother that I met at the library.

09 She is a diligent student, and so is her brother.

10 He told me that he wanted to go home.

06 문장의 동사를 강조할 때는 〈조동사 do/does/did + 동사원형〉으로 쓴다.

07 항상 ~한 것은 아니다: not always

08 〈It + be동사 + 강조하는 말 + that ~〉

09 〈so + be동사 + 주어〉는 '~ 또한 그렇다'의 의미이다.

10 평서문의 간접화법 전환: 〈tell + 목적어 (+ that) + 주어 + 동사〉

11 my friend's sister

12 Not all her friends

13 jumped a tall man

14 told me that he was in the library

15 the girls whether[if] they were hungry

11 명사를 부연 설명하는 명사구는 바로 뒤에 동격 관계로 삽입할

수 있다.

12 〈not all[every/both/always]〉: 부분 부정

13 〈강조 어구 + 동사 + 주어〉

14 의미상 주절의 시제(과거)와 맞춰 was(과거)로 써야 한다.

15 의문사가 없는 의문문을 간접화법으로 전달할 때에는 〈whether [if] + 주어 + 동사〉의 어순으로 쓴다.

---

16 It was a piece of cheesecake that the girl wanted.

17 I like taking pictures, and so does my sister.

18 Not every Korean eats kimchi every day.

19 My aunt, a movie director, goes to the movie theater every week.

20 He told her that he had seen the movie two days before.

---

16 〈It + be동사 + 강조하는 말 + that ~〉

17 〈so + 조동사 + 주어〉는 '~ 또한 그렇다'의 의미이다.

18 〈not every + 명사〉: 부분 부정

19 명사를 부연 설명하는 명사구는 바로 뒤에 동격 관계로 삽입할 수 있다.

20 말한(told) 시점보다 더 과거(대과거)인 had seen(과거완료)으로 써야 한다.

---

21 it is on Wednesday that I have

22 he does like pink colors

23 that[who(m)] I met at school

24 does practice very hard

25 is my brother

---

21 〈It + be동사 + 강조하는 말 + that ~〉

22 문장의 동사를 강조할 때는 〈주어에 수 일치한 조동사(do/does/did) + 동사원형〉으로 쓴다.

23 〈It + be동사 + 강조하는 사람 + that[who(m)] ~〉

24 문장의 동사를 강조할 때는 〈조동사 do/does/did + 동사원형〉으로 쓴다.

25 〈강조 어구 + 동사 + 주어〉

---

26 Not only does this fruit taste good, but it is (also) [but (also) it is] good for your health.

27 Little did I expect any prize.

28 so did I

---

29 a famous actress

30 that he stole the bag

26~27 〈부정 어구 + (조)동사 + 주어〉

28 〈so + 조동사 + 주어〉는 '~ 또한 그렇다'의 의미이다.

29 명사를 부연 설명하는 명사구는 바로 뒤에 동격 관계로 삽입할 수 있다.

30 소식, 소문 등의 명사는 그 뒤에 동격의 that 절을 써서 그 내용을 설명할 수 있다.

MY WRITING COACH

내신서술형 중3

꿈을 키우는 인강

김정민 선생님
이정우 선생님
정승익 선생님
김청해 선생님
김준우 선생님
정유빈 선생님
장동준 선생님
김지원 선생님
김구 선생님
허준석 선생님

중학도 EBS!

EBS중학의 무료강좌와 프리미엄강좌로 완벽 내신대비!

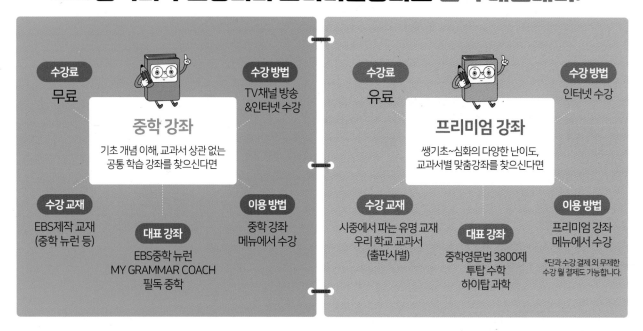

수강료 무료

수강 방법 TV채널 방송 &인터넷 수강

중학 강좌
기초 개념 이해, 교과서 상관 없는 공통 학습 강좌를 찾으신다면

수강 교재 EBS제작 교재 (중학 뉴런 등)

대표 강좌 EBS중학 뉴런 MY GRAMMAR COACH 필독 중학

이용 방법 중학 강좌 메뉴에서 수강

수강료 유료

수강 방법 인터넷 수강

프리미엄 강좌
쌩기초~심화의 다양한 난이도, 교과서별 맞춤강좌를 찾으신다면

수강 교재 시중에서 파는 유명 교재 우리 학교 교과서 (출판사별)

대표 강좌 중학영문법 3800제 투탑 수학 하이탑 과학

이용 방법 프리미엄 강좌 메뉴에서 수강

*단과 수강 결제 외 무제한 수강 월 결제도 가능합니다.

프리패스 하나면 EBS중학프리미엄 전 강좌 무제한 수강

내신 대비 진도 강좌
- ☑ 국어/영어: 출판사별 국어7종/ 영어9종 우리학교 교과서 맞춤강좌
- ☑ 수학/과학: 시중 유명 교재 강좌 모든 출판사 내신 공통 강좌
- ☑ 사회/역사: 개념 및 핵심 강좌 자유학기제 대비 강좌

영어 수학 수준별 강좌
- ☑ 영어: 영역별 다양한 레벨의 강좌 문법 5종/독해 1종/듣기 1종 어휘 3종/회화 3종/쓰기 1종
- ☑ 수학: 실력에 딱 맞춘 수준별 강좌 기초개념 3종/ 문제적용 4종 유형훈련 3종/ 최고심화 3종

시험 대비 / 예비 강좌
- · 중간, 기말고사 대비 특강
- · 서술형 대비 특강
- · 수행평가 대비 특강
- · 반배치 고사 대비 강좌
- · 예비 중1 선행 강좌
- · 예비 고1 선행 강좌

왜 EBS중학프리미엄 프리패스를 선택해야 할까요?

현직 교사들이 직접 참여하는 강의

타사 대비 60% 수준의 합리적 수강료

프리패스 회원만을 위한 특별한 혜택

자세한 내용은 EBS중학 > 프리미엄 강좌 > 무한수강 프리패스(http://mid.ebs.co.kr/premium/middle/index) 에서 확인할 수 있습니다.

*사정상 개설강좌, 가격정책은 변경될 수 있습니다.

중학도 EBS! 최고의 강의, 합리적인 가격
프리패스 구매 문의 : 1588-1580 / 연중무휴 EBS중학프리미엄